JN033557

MCT
中国語実践会話

学びなおしとステップアップ
上海出張・日本紹介

牧秀樹　齊藤正高　王港雲　董珺儀　馬佳奇　田中麻美

［著］

音声ダウンロード

開拓社

一歩前へ！ 〜学びなおしとステップアップ〜

・中国語は習ったけれど，もっと使えるようになりたい！
・仕事で中国語が必要になった。何とかしたい……
・中国語のドラマや小説がもっと分かるようになりたい。

　こんなふうに感じたことはありませんか？　その気持ちに応える教材を作りたい。この願いから私達はこの本を作りました。

　本書の目的はシンプルです。それはネイティブ・スピーカーが使う生きた表現にたくさん触れていただくことです。本書を使えば，すでに1年程度学習された方，今まさに学んでいる方が中国語の〝経験〟を増やしていただけます。

　本書の〝経験〟は上海出張に始まります。中国で暮らし，仕事をして，観光もします。帰国後も相手と関係を維持していけるように，ウェブ会議や日本紹介の場面も用意しました。レッスンは一般的教科書よりも多く，50課を用意しました。各課は独立しているので，興味のある部分から始められます。どれも実践的な内容ですから，将来中国語を使おうと思っている方も，すぐにビジネスで使う方も中国語の〝予習〟ができます。

　「外国語を学ぶにはその外国語を使う練習をするとよい」と言われますが，本書では中国語を身につけるための練習問題を700問準備しました。みな本文に解答がありますから，独習もできます。また，調べ学習の入り口となるコラムも準備していますので，教室でも話題が広がると思います。

　これにくわえ，1000問の『最小中国語テスト』(MCT: Minimal Chinese Test) を用意しました。MCT は1課につき3分以内で終わるナチュラル・スピードの音声連動式穴埋めテストです。

　最小英語テスト（MET）の研究から，この形式のテストは TOEIC などの大きなテストの得点と相関があることが判明しています。学習者の語学能力を測ることができると同時に，大変作りやすいテストですから，中国語を教えている先生にも活用していただけると思います。

　最小テストシリーズについては以下の著作を御覧ください。
　牧秀樹 (2018)『The Minimal English Test（最小英語テスト）研究』開拓社，東京.
　牧秀樹 (2022)『最小中国語テスト（MCT）ドリル』開拓社，東京.
　ウェブサイト (https://www.minimaltest.org) もご利用ください。

謝辞

　2020年から2022年までの3年間，岐阜大学地域交流協力会の技術交流研究会運営助成金を受け，最小中国語テスト研究会の設立と活動を助成していただきました。本書はその成果の一部です。ここに記して感謝を申し上げます。

本書の使い方

1) 中国語の基礎を復習したい方は**復習編**を御覧ください。

2) 各レッスンは**会話文**と**解説・補充表現**の2頁，**練習a・b**の2頁，合計4頁です。

3) 最初に音声を聞きながら，**会話文**の大意を把握してください。**語彙と文法**にはポイントが載せてあり，**補充表現**で語彙を拡げることもできます。

4) **コラム**（「豆知識」「小美の中国お仕事コラム」）では中国語の学習法・中国社会・ビジネス知識を広げることができます。本書を授業で使用する場合は，コラムの観点を調べて発表する等，アクティブラーニングにも使用できると考えます。参考文献・ウェブリソースは巻末を御覧ください。

5) **練習a**はピンインから簡体字に書き換える問題で，音声を意識した受信型トレーニングです。**練習b**は日本語から中国語に訳す問題で，発信型トレーニングです。これらの問題は会話文から作られています。したがって，会話文に解答がありますので独習も可能です。このドリルを通して使える表現を丸ごと覚えることに挑戦してください。

6) レッスン末尾には会話文の**日本語訳**が載っています。これで本文の細部を把握してください。必要だと思える表現は「**覚えておきたい表現**」に書いておかれると，より表現の幅が広がることでしょう。補充表現を使って作文をしてみることもお勧めいたします。

7) 4課ごとに**最小中国語テスト**（MCT: Minimal Chinese Test）があります。これは音声を聞きながら再生を止めずに自然な中国語の速度にあわせてカッコを埋めていくという問題です。画数の比較的少ない簡体字を選んでぬいてあります（合計1000問）。書けない部分は飛ばして，速度についていくことに主眼をおいてください。初見で50%くらい得点できれば良い方と言えます。何度も挑戦することもお勧めいたします。

8) 巻末には簡単な**検字表**がつけてあります。同じ発音の文字をまとめて覚えるのに有効だと思います。その他の付録もお役立てください。

音声は，開拓社ホームページからダウンロードできます。

http://www.kaitakusha.co.jp/book/book.php?c=2314

Track 1 から Track 50 まであり，会話文と最小中国語テストの通し番号と対応しています。

中国語について

いわゆる中国語は，中華人民共和国（PRC: People Republic of China），台湾，シンガポール，華僑の住む地域等で使われている言語です。言語の使用地域と国家の領域は重ならない部分もありますが，中国語圏のうち最大の地域は PRC で，約 14 億人が暮らしており，2010 年から世界第 2 位の GDP があります（参考：アメリカ約 3.2 億人，日本約 1.3 億人）。

英語を用いる地域の人口は 30 億人ほどですが，中国語はこれに次ぐ話者がいる言語です。

表記は PRC 等では簡体字（Simplified Chinese，参考：1956 年，漢字簡化方案）を用います。簡体字は画数が少ないですが，略字ではなく，法律や契約書などにも使われる公式の文字です。また，台湾等の地域では繁体字（Traditional Chinese）を用います。ただし，簡体字を用いる地域でも古典の出版など，特殊な場合には繁体字で表記されます。

本書で扱う言語は，主に PRC で話され，簡体字で表記される漢民族の共通語です。

PRC は多民族国家で，56 の民族がいます。このうち約 90% を占めるのが漢民族です。いわゆる〝中国語〟は少数民族言語との関係からは汉语（hànyǔ）と言います。これは漢民族の言語という意味です。また，PRC には 7 つの大きな方言があり，方言との関係では，全土で通用する共通語を普通话（pǔtōnghuà）と言い，教育やメディアなどで使われています。このほかに，中国語を表す言葉として中文（zhōngwén）も用いられます。この言葉は本来は書き言葉を指しますが，口語の場合にも用いられます。

中国語の主な特徴をあげると，以下になります。

1　発音では声調や四声といわれる高低アクセントが重要です。声調によって意味が大きく異なります。

　例：妈 mā　お母さん　　马 mǎ　ウマ

2　一文字が一音節でできています。単語の境界を越えて音がつながったり，単語間の音が欠落したりする現象は基本的にありません。一部のアル化（そり舌音化）では発音されない音があり，また，語気詞が結合することもあります。

　例：了＋啊 → 啦

3　文の組み立て方は英語などと同じく基本的に SVO 型です。つまり，目的語が動詞の後ろに位置します。日本語にみられる格助詞（が，を，に等）や英語にみられる格変化（I, my, me 等）がありませんので，単語を並べる順番がコミュニケーションに大きく影響します。

　例：私は彼を愛する。　　I love him.　　　我爱他。

　　　彼は私を愛する。　　He loves me.　　　他爱我。

4　時や場所などは動詞より前に位置します。つまり，動作が行われる状況を先に言っておく言語です。この点は日本語と似ていると言われます。

　　例：我　今天　在　家　吃　饭。　　私は今日家でご飯を食べる。

5　基本的に時系列に沿って文を組み立てます。つまり，先に起こることを前に言い，後で起こることは後ろで言います。

　　例：到　十二点　睡（12 時になる・眠る → 12 時に眠る）

　　　　睡　到　十二点（眠る・12 時になる → 12 時まで眠る）

6　中国語の動詞の後ろには完了・変化（V 了），経験（V 过），持続（V 着）などの動詞の段階を表す成分（アスペクト助詞）がつくことがあります。

7　過去・現在・未来などを表す特定の文法的標識（マーカー）はありません。しかし，時制の標識がないからと言って，中国語で時制を表現できないということではありません。時制を表すには時を表す名詞や助動詞などを使います。

　　例：我　明天　吃了　午饭，要　去　你家。　　明日昼食を食べたら，君の家に行く。

8　動詞や形容詞の後ろには，中国語独自の〝補語〟とよばれる成分（英語の補語と異なる）がつくことがあり，様々な意味をつけ加えます。

　　例：高兴　得　跳起来。　　跳びあがるくらい嬉しい。

9　動詞は一般的に任意に省略することはありません。むしろ同じ動詞をくり返すことがあります。

　　例：你　说　汉语　说　得　好。　　あなたは中国語を上手に話します。

　　※この場合前の说は省略可能です。

ピンインの表記について

　　是は単独の場合 shì としました。ほかは概ね辞典の表記にしたがっています。

わかち書きについて

　　中国語の文は通常単語の間を空けませんが，学習教材では単語をわかち書きします。わかち書きには単語の範囲を定める必要がありますが，本書では紙幅の都合で頻出する単語の組み合わせ（两位など）は一連の語として扱っています。

目 次

復習編

会話文 1-50

コラム一覧

復習編

1. 発音

発音はピンイン（拼音）で表します。ピンインには以下の要素があります。

1.1　声調（四声）：高低変化

第一声 mā 妈　　第二声 má 麻　　第三声 mǎ 马　　第四声 mà 骂　　軽声 māma 妈妈
高く平ら　　　　中段から上昇　　　低く抑える　　　急降下　　　　　四声の後ろに短く付

け足す音です。高さ
は中段ですが，第四
声の後では下段につ
けます。

・第四声の始めは第一声より高い。
・第三声が連続すると第二声＋第三声に変化する。

1.2　母音：息を邪魔しないで出す音

単母音：唇の形は大きく変化しない。カッコ内は子音がつかない場合の表記です。

a	o	e	i (yi)	u (wu)	ü (yu)	er
あごを下げ	唇を丸め	エの唇でオ。舌	唇を横に	細い口で汽	笛を吹く	e の後で舌
てア。	てオ。	面を下に引く。	引くイ。	笛の様にウ。	口でイ。	をそる。

複合母音：単母音を切らずにつなぐ。e は前後の母音の影響をうけてエとなる。

前大型	ai	ei	ao	ou
介音 i	ia (ya)	ie (ye)	iao (yao)	iou (you)
介音 u	ua (wa)	uo (wo)	uai (wai)	uei (wei)
介音 ü	üe (yue)			

鼻音：-n　　口を横に開き，舌先でンと区切り唇の閉鎖で終わる。
　　　 -ng　口を縦に開き，舌根と口の奥でンと区切り唇の開放で終わる。

an		en	in	ian	uan	uen	ün	üan
			(yin)	(yan)	(wan)	(wen)	(yun)	(yuan)
ang	ong	eng	ing	iang	uang	ueng	iong	
			(ying)	(yang)	(wang)	(weng)	(yong)	

1.3　子音：息を邪魔して作る音

無気音：息を出す時に摩擦がなく濁音に近い。
有気音：息を激しく出して摩擦がある。

調音部位		無気音	有気音		
唇音		b(o)	p(o)	m(o)	f(o)
舌尖音	舌先と上歯の歯茎	d(e)	t(e)	n(e)	l(e)
舌根音	舌根と軟口蓋	g(e)	k(e)	h(e)	
舌面音	舌先は下歯裏	j(i)	q(i)	x(i)	
巻舌音	舌先は上歯茎の上	zh(i)	ch(i)	sh(i)	r(i)
舌歯音	舌先は上歯裏	z(i)	c(i)	s(i)	

※カッコ内は練習に使う母音

1.4　間違えやすい発音

1　ian はイエン，iang はイアンです。鼻音によって a が影響を受けます。
2　-iu は iou, -ui は uei, -un は uen の音を短く発音します。
3　z, c, s の後ろの i は唇を横に引く平たいウ。zi ci si はヅ ツ スに近い音です。
4　j, q, x の後ろの u は ü の発音です。
5　不は通常 bù，第四声前で bú です。一は序数等では yī。数量等では通常 yì，第四声前では yí。
6　少数の単語にアル化（そり舌 r の追加）があり，儿（-r）の前の i, n, ng は発音しません。
7　隔音記号 ’ は母音が連続しないことを表します。例：西安 Xī'ān

SDGs 中文版 (Sustainable Development Goals)

可持续 发展 目标 kěchíxù fāzhǎn mùbiāo

1. 零 贫穷
líng pínqióng

No Poverty

2. 零 饥饿
líng jī'è

Zero Hunger

3. 良好 健康 与 福祉
liánghǎo jiànkāng yǔ fúzhī

Good Health and Well-Being

4. 优质 教育
yōuzhì jiàoyù

Quality Education

5. 性别 平等
xìngbié píngděng

Gender Equality

6. 清洁 饮水 与 卫生 设置
qīngjié yǐnshuǐ yǔ wèishēng shèzhì

Clean Water and Sanitation

7. 经济 适用 的 清洁 能源
jīngjì shìyòng de qīngjié néngyuán

Affordable and Clean Energy

8. 体面 工作 和 经济 增长
tǐmiàn gōngzuò hé jīngjì zēngzhǎng

Decent Work and Economic Growth

9. 产业、创新 和 基础 设置
chǎnyè、chuàngxīn hé jīchǔ shèzhì

Industry, Innovation and Infrastructure

10. 减少 不平等
jiǎnshǎo bùpíngděng

Reduced Inequalities

11. 可持续 城市 和 社区
kěchíxù chéngshì hé shèqū

Sustainable Cities and Communities

12. 负 责任 消费 和 生产
fù zérèn xiāofèi hé shēngchǎn

Responsible Consumption and Production

13. 气候 行动
qìhòu xíngdòng

Climate Action

14. 水下 生物
shuǐxià shēngwù

Life below Water

15. 陆地 生物
lùdì shēngwù

Life on Land

16. 和平、正义 与 强大 机构
hépíng、zhèngyì yǔ qiángdà jīgòu

Peace, Justice and Strong Institutions

17. 促进 目标 实现 的 伙伴 关系
cùjìn mùbiāo shíxiàn de huǒbàn guānxi

Partnerships for the Goals

联合国 Liánhéguó 经济和社会事务部 jīngjì hé shèhuì shìwùbù

2. 基本の単語

2.1 主な代名詞

我 wǒ 私	你 nǐ / 您 nín あなた　あなた（敬語）	他 tā / 她 tā / 它 tā　～自己 zìjǐ 彼　　彼女　　それ　　自身・自分	
我们 wǒmen 私達	咱们 zánmen 私達二人	你们 nǐmen 君達	他们 tāmen 彼ら（男女） 她们 tāmen 彼女達（女性）
这个 zhè(i)ge これ	那个 nàge/nèige あれ	这些 zhèxiē これら	那些 nàxiē あれら
这儿 zhèr ここ	这里 zhèli ここ	那儿 nàr あそこ	那里 nàli あそこ

2.2 主な疑問詞

谁 shéi だれ	哪个 nǎge / něige どれ	哪儿 nǎr どこ	哪里 nǎli どこ	什么 shénme なに	怎么 zěnme どうやって・どうして
什么时候 shénme shíhou いつ		什么地方 shénme dìfang どこ		多少 duōshao いくつ・どれだけ	
几 jǐ いくつ（一桁を想定）		多长时间 duōcháng shíjiān どれだけ（時間）			

2.3 数

一 yī　二 èr　三 sān　四 sì　五 wǔ　六 liù　七 qī　八 bā　九 jiǔ　十 shí
二十 èrshí　五十四 wǔshisì　一百 yìbǎi　一千 yìqiān　两千 liǎngqiān　一万 yíwàn
两万 liǎngwàn　二百零一 èrbǎi líng yī（201）　二百三（十）èrbǎi sān(shí)（230）
　※数字にはさまれた十は軽声（shi）となります。
　※〇（ゼロ）は líng と発音します。4桁の西暦年は数字を粒読みします。部屋番号・電話番号等も数字を粒読みしますが，この場合，一を yāo と発音します。

2.4 時

年 nián 年	月 yuè 月	号 hào 日	日 rì 日
春天 chūntiān 春	夏天 xiàtiān 夏	秋天 qiūtiān 秋	冬天 dōngtiān 冬

去年 qùnián　　今年 jīnnián　　明年 míngnián
去年　　　　　今年　　　　　来年

上（个）月 shàng(ge)yuè　　这（个）月 zhè(ge)yuè　　下（个）月 xià(ge)yuè
先月　　　　　　　　　　　今月　　　　　　　　　来月

上星期 shàng xīngqī　　这个星期 zhège xīngqī　　下星期 xià xīngqī
先週　　　　　　　　　今週　　　　　　　　　　来週

星期一　　星期二　　星期三　　星期四　　星期五　　星期六　　星期天 ~tiān・星期日 ~rì
月曜日　　火曜日　　水曜日　　木曜日　　金曜日　　土曜日　　日曜日

前天 qiántiān　　昨天 zuótiān　　今天 jīntiān　　明天 míngtiān　　后天 hòutiān
一昨日　　　　　昨日　　　　　今日　　　　　明日　　　　　明後日

十天前 shí tiān qián　　　　　　　十天后 shí tiān hòu
10 日前　　　　　　　　　　　　10 日後

一点 yì diǎn　　两点半 liǎng diǎn bàn　　三点零五分 sān diǎn líng wǔ fēn
1:00　　　　　2:30　　　　　　　　　　3:05

九点一刻 jiǔ diǎn yí kè　　　　　　十二点三刻 shí'èr diǎn sān kè
9:15　　　　　　　　　　　　　　12:45

2.5　基本名詞

水 shuǐ　火 huǒ　风 fēng　雨 yǔ　树 shù　花 huā　路 lù　车 chē　票 piào　书 shū
みず　　ひ　　　かぜ　　あめ　　樹　　花　　道　　車　　切符　　本

茶 chá　菜 cài　药 yào　纸 zhǐ　笔 bǐ　报 bào　门 mén　钱 qián　字 zì　家 jiā
茶　　　料理　　くすり　紙　　ペン　新聞　ドア　お金　　字　　家

房间 fángjiān　　桌子 zhuōzi　　椅子 yǐzi　　窗户 chuānghu
部屋　　　　　　テーブル　　　椅子　　　　窓

衣服 yīfu　　　帽子 màozi　　毛巾 máojīn　　手绢 shǒujuàn
服　　　　　　帽子　　　　　タオル　　　　ハンカチ

眼镜 yǎnjìng　　口罩 kǒuzhào　　钱包 qiánbāo　　书包 shūbāo
メガネ　　　　　マスク　　　　　財布　　　　　書類カバン

米饭 mǐfàn　　面条 miàntiáo　　饺子 jiǎozi　　面包 miànbāo
ご飯・白米　　麺　　　　　　　餃子　　　　　パン

布丁 bùdīng　　蛋糕 dàngāo　　盘子 pánzi　　筷子 kuàizi
プリン　　　　ケーキ　　　　皿　　　　　箸

手机 shǒujī　　电视 diànshì　　电脑 diànnǎo　　冰箱 bīngxiāng
ケータイ　　　テレビ　　　　　パソコン　　　冷蔵庫

商店 shāngdiàn　　饭店 fàndiàn　　车站 chēzhàn　　公园 gōngyuán
店　　　　　　　　ホテル　　　　駅　　　　　　公園

厨房 chúfáng　　浴室 yùshì　　厕所 cèsuǒ　　洗手间 xǐshǒujiān
キッチン　　　　バスルーム　　トイレ　　　　トイレ

2.6 基本形容詞

好 hǎo よい	坏 huài 悪い	多 duō 多い	少 shǎo 少ない
大 dà 大きい・年上だ	小 xiǎo 小さい・年下だ	难 nán 難しい	容易 róngyì 簡単だ
高 gāo 背が高い	矮 ǎi 背が低い	贵 guì 高価だ	便宜 piányi 安い
早 zǎo （時刻が）早い	晚 wǎn （時刻が）おそい	快 kuài （スピードが）速い	慢 màn （スピードが）おそい
旧 jiù 古い	新 xīn 新しい	干净 gānjìng 清潔だ	脏 zàng 汚い
方便 fāngbiàn 便利だ	优秀 yōuxiù 優秀だ	漂亮 piàoliang きれいだ	美 měi 美しい
舒服 shūfu 心地よい	疼 téng 痛い	困 kùn ねむい	累 lèi 疲れている
热 rè 暑い	冷 lěng 寒い	暖和 nuǎnhuo 温かい	凉快 liángkuai 涼しい
好吃 hǎochī （食べて）おいしい	好喝 hǎohē （飲んで）おいしい	好看 hǎokàn （見て）きれいだ	好听 hǎotīng （聞いて）心地よい

2.7 基本動詞

吃 chī 食べる	喝 hē 飲む	看 kàn 見る・読む	听 tīng 聞く	说 shuō 言う	写 xiě 字を書く	带 dài 持つ	走 zǒu 歩く
跑 pǎo 走る	住 zhù 住む・泊まる	去 qù 行く	来 lái 来る	等 děng 待つ	回 huí 帰る	坐 zuò 座る	站 zhàn 立つ
买 mǎi 買う	用 yòng 使う	洗 xǐ 洗う	要 yào 欲する	穿 chuān 着る	脱 tuō 脱ぐ	送 sòng 贈る・送る	做 zuò 作る
给 gěi あげる	出 chū 出る	进 jìn 入る	笑 xiào 笑う	哭 kū 泣く	找 zhǎo 探す	学 xué 学ぶ	办 bàn 処理する

工作 gōngzuò 働く	休息 xiūxi 休む	开始 kāishǐ 始める	结束 jiéshù 終わる・終える
参加 cānjiā 参加する	准备 zhǔnbèi 準備する	出发 chūfā 出発する	觉得 juéde 思う・感じる

離合動詞（分離したり結合したりする動詞）

结婚 jié∥hūn 結婚する	留学 liú∥xué 留学する	报名 bào∥míng 申し込む	毕业 bì∥yè 卒業する
睡觉 shuì∥jiào 眠る	起床 qǐ∥chuáng 起きる	洗澡 xǐ∥zǎo 入浴する	吃惊 chī∥jīng 驚く

例：他 结婚 了。 彼は結婚した。 他 结过 一次 婚。 彼は一度結婚したことがある。

7

3. 中国語の基本的な組み立て方

3.1　名詞が述語の文：（主語）是（名詞）。一部の場合（主語）（名詞）。

我 是 日本人。	Wǒ shì Rìběnrén.	私は日本人です。
这 不 是 可乐。	Zhè búshì kělè.	これはコーラではありません。
你 是 中国人 吗?	Nǐ shì Zhōngguórén ma?	あなたは中国人ですか？
我 也 是 日本人。	Wǒ yě shì Rìběnrén.	私も日本人です。
我们 都 是 同学。	Wǒmen dōu shì tóngxué.	私達はみな同級生です。
今天 二月 五号。	Jīntiān èr yuè wǔ hào.	今日は２月５日です。

　説明したいこと（述語）が名詞の場合は，主語の後に「是＋目的語」を使います。是は判断などを表す動詞です。日付・時刻・出身地・値段等を説明する場合は主語の直後に名詞をおけます。この文型を名詞述語文といい，名詞述語文も否定には不是を使います。是には副詞の用法もあります。

3.2　形容詞が述語の文：（主語）（副詞など）（形容詞）（補語）。

我 很 忙。	Wǒ hěn máng.	私は忙しい。
我 不 忙。	Wǒ bù máng.	私は忙しくない。
你 忙 吗?	Nǐ máng ma?	あなたは忙しいですか？
我 比 他 大 三岁。	Wǒ bǐ tā dà sān suì.	私は彼より３歳年上です。
他 最 忙。	Tā zuì máng.	彼が一番忙しい。
这个 贵，那个 便宜。	Zhège guì, nàge piányi.	これは高いが，あれは安い。
中国 人口 很 多。	Zhōngguó rénkǒu hěnduō.	中国は人口が多い。
车站 离 这儿 很 远。	Chēzhàn lí zhèr hěn yuǎn.	駅はここから遠い。
越来越 冷 了。	Yuèláiyuè lěng le.	だんだん寒くなってきた。

3.3　動詞が述語の文：（主語）（時・在＋場所）（動詞）（補語）（目的語）。
※時や場所は主語の前でもよい。

我 来。	Wǒ lái.	私は来ます。（主語・動詞）
我 不 来。	Wǒ bù lái.	私は来ません。（否定）
他 已经 来 了。	Tā yǐjīng lái le.	彼はもう来ました。（完了・実現）
他 还 没 来。	Tā hái méi lái.	彼はまだ来ていない。（実現の否定）
我 去过 上海。	Wǒ qùguò Shànghǎi.	上海に行ったことがある。（経験）
我 没 去过。	Wǒ méi qùguò.	行ったことがない。（経験の否定）

我 等着。	Wǒ děngzhe.	私は待っている。(持続)
我 正在 吃饭 呢。	Wǒ zhèngzài chī fàn ne.	食事をしています。(進行)
我 就要 出发 了。	Wǒ jiùyào chūfā le.	私はすぐ出発します。(近接未来)
我 今天 在 家 吃。	Wǒ jīntiān zài jiā chī.	私は今日家で食べます。(状況)
我 跟 朋友 一起 去。	Wǒ gēn péngyǒu yìqǐ qù.	友達といっしょに行く。(共同)
我 给 你 打 电话。	Wǒ gěi nǐ dǎ diànhuà.	私は君に電話をかける。(相手)
我 从八点 到五点 工作。	Wǒ cóng bādiǎn dào wǔdiǎn gōngzuò.	8時から5時まで働く。(起点終点)
我 看完了 这本书。	Wǒ kànwán zhè běn shū.	この本を読み終えた。(結果補語)
我 回来 了。	Wǒ huílai le.	帰ってきました。(方向補語)
我 看 一个小时 电视。	Wǒ kàn yíge xiǎoshí diànshì.	1時間テレビを見る。(時間補語)
他 说 汉语 说得 流利。	Wǒ shuō hànyǔ shuō de liúlì.	彼は中国語を流暢に話す。(様態補語)
我 说得 不 流利。	Wǒ shuōde bù liúlì.	私は話すのが流暢ではない。(様態補語の否定)
我 听得懂。	Wǒ tīngdedǒng.	聞いて分かる。(可能補語)
我 听不懂。	Wǒ tīngbudǒng.	聞いて分からない。(可能補語否定)
我 会 游泳。	Wǒ huì yóuyǒng.	泳げる。(習得)
我 不 会 游泳。	Wǒ bú huì yóuyǒng.	カナヅチだ。(未習得)
明天 我 能 来。	Míngtiān wǒ néng lái.	明日来られる。(実現可能)
我 不能 来。	Wǒ bùnéng lái.	来られない。(実現不能)
你 可以 参加。	Nǐ kěyǐ cānjiā.	参加してよい。(許可)
我 想 吃。	Wǒ xiǎng chī.	食べたい。(願望)
我 要 吃。	Wǒ yào chī.	食べたい。(強い願望)
我 不想 吃。	Wǒ bùxiǎng chī.	食べたくない。(拒絶)
你 要 注意。	Nǐ yào zhùyì.	注意すべき。(必要)
你 不用 来。	Nǐ búyòng lái.	来なくていい。(不要)
他 应该 在 家。	Tā yīnggāi zàijiā.	家にいるはずだ。(当然)

※要は願望・必要・未来等を表します。願望の場合は不想で否定し，必要の場合は不用で否定します。不要は禁止の意味です。

※動詞が補語を伴う場合は不能で否定せず，可能補語の否定型を使い，V不（補語）とします。例：买不到（買えない）

3.4　持っていると伝える（所有の文）：（主語）有（モノ・人）（＋説明）。

我 有 笔。	Wǒ yǒu bǐ.	ペンを持っています。
我 没有 笔。	Wǒ méiyou bǐ.	ペンを持っていない。
我 没有 时间 写信。	Wǒ méiyou shíjiān xiě xìn.	私は手紙を書く時間がない。

3.5　どこかにいると伝える（所在の文）：（主語）在（場所）。

| 我 在 家。 | Wǒ zài jiā. | 私は家にいます。 |
| 我 不 在 家。 | Wǒ bú zài jiā. | 私は家にいません。 |

　中国語では基本的に未知・不特定の対象は主語になれません。例えば*一个人在教室里とは言えず，教室里有一个人 (Jiàoshìli yǒu yí ge rén) と言います。

　詳しい場所は，学校 东边 (xuéxiào dōngbian)，〜南面 nánmiàn 等とします。西 xī, 北 běi, 前 qián, 后 hòu, 左 zuǒ, 右 yòu, 上 shàng, 下 xià 等。「そば」は，〜附近 fùjìn, 旁边 pángbiān を使います。我这儿は「私のところ」です。

3.6　存在・出現・消失・自然現象など（存現文）：（場所・時）（動詞）（目的語）。

学校 里 有 游泳池。	Xuéxiàoli yǒu yóuyǒngchí.	学校にプールがある。（存在）
后面 来了 一 辆 车。	Hòumiàn láile yí liàng chē.	後ろから車が来た。（出現）
下午 下 雨。	Xiàwǔ xià yǔ.	午後に雨が降る。（自然現象）

3.7　質問をする（疑問文）

你 买 吗?	Nǐ mǎi ma?	買いますか？（吗疑問文）
你 买 什么?	Nǐ mǎi shénme?	何を買いますか？（疑問詞）
你 买 不 买?	Nǐ mǎi bù mǎi?	買いますか？（反復疑問文）
你 喝 咖啡 还是 喝 茶?	Nǐ hē kāfēi háishi hē chá?	コーヒーそれともお茶？（選択疑問文）
我 来，你 呢?	Wǒ lái, nǐ ne?	私は来ますが，君は？（省略疑問）

　応答は基本的に質問に使われている動詞や形容詞の肯定・否定を使います。

　中国語の疑問詞には不特定の対象を指す代名詞の意味もあります。例えば什么には〝何〞のほかに〝何か〞の意味もあり，これが就を介して呼応する文型もあります。

　例：你 想 吃 什么，就 吃 什么。Nǐ xiǎng chī shénme, jiù chī shénme.
　　　　君が何かを食べたいなら（その）何かを食べなさい。→　好きなものを食べて。

　疑問詞疑問文の場合は吗を使いませんが，不定代名詞は吗で疑問文を作れます。

　例：你 去 哪儿 吗? Nǐ qù nǎr ma?　どこかに行きますか？

3.8　何かをして欲しい・しないで欲しい（命令文）

等!	Děng!	待て！
等等!	Děngdeng!	ちょっと待って！
请 等 一下。	Qǐng děng yíxià.	ちょっと待ってください。
不要 说!	Búyào shuō!	言わないで！
别 看!	Bié kàn!	見ないで！

　動詞を反復したり，V一下の形式を取ると動作の意味が軽くなり，これを相手に対して使うと相手の動作負担を軽くして丁寧になります。

3.9　気持ちをのせたい（語気詞の使い方）

他 来 吧。	Tā lái ba.	彼は来るだろう。（推量）
你 吃 吧。	Nǐ chī ba.	食べて。（軽い命令）
我们 吃 吧。	Wǒmen chī ba.	食べましょう。（勧誘）
好 啊!	Hǎo a!	いいなあ！（感嘆など）
狗啊，猫啊…	gǒu a, māo a …	犬とか，猫とか…（例示）

3.10　細部の組み立て

名詞のつなぎ方

我 和 他	wǒ hé tā	私と彼（並列）
你、她 和 我	nǐ、tā hé wǒ	あなた，彼女，そして私（列挙）
我 的 笔	wǒ de bǐ	私のペン（所有の的）
我 妹妹	wǒ mèimei	私の妹（的の省略　家族・所属等）
中国菜	Zhōngguó cài	中華料理（的は不要　方式・分野等）
姐姐 做 的 炒饭	jiějie zuò de chǎofàn	姉が作ったチャーハン（節の修飾）
一 本 书	yì běn shū	1冊の本（数詞＋量詞＋名詞）
这 本 书	zhè běn shū	この本（指示詞＋量詞＋名詞）
那 两 本 书	nà liǎng běn shū	あの2冊の本（指示詞＋数詞＋量詞＋名詞）

形容詞のつなぎ方

又 便宜 又 好吃	yòu piányi yòu hǎochī	安くて美味しい
越 多 越 好	yuè duō yuè hǎo	多いほど良い

動詞のつなぎ方

我 去 车站 接 你。	Wǒ qù chēzhàn jiē nǐ.	駅に行って君を出迎える。（連動文）
我 先 吃饭 再 说。	Wǒ xiān chīfàn zài shuō.	まず食べて後で言う。（前後の明示）

我们 走着去 吧。　　Wǒmen zǒuzhe qù ba.　　私達は歩いて行こう。(動詞の持続 ＋動詞)

3.11　重点や視点を変える

我 是 昨天 来 的。　　Wǒ shì zuótiān lái de.　　私は昨日来たのです。(是… 的文 状況や方法の強調)

我 把 这个 放在 那儿。　Wǒ bǎ zhèige fàngzài nàr.　これをそこに置きます。(処 置式文)

车 被 人 坏 了。　　Chē bèi rén huài le.　　車が誰かに壊された。(受動)

我 让 他 去 中国。　　Wǒ ràng tā qù Zhōngguó.　彼を中国に行かせる。(使役)

我 请 你 吃饭。　　Wǒ qǐng nǐ chīfàn.　　君にご飯食べてもらう。(兼 語式)

兼語式は $S_1 V_1 (O_1 = S_2) V_2 O_2$ をとる文型で，前半の目的語が後半の主語を兼ねます。この文型は主に使役を表します。

3.12　動作の段階を細かく言う（例）

看 kàn 見る　　看了 kànle 見た　　看到了 kàndàole 見えた (到達)
看清楚了 kànqīngchule はっきり見えた　　看懂了 kàndǒngle 見て分かった

3.13　了の使い方

a. 我 学 了 两年 汉语。　　Wǒ xuéle liǎngnián hànyǔ.　2年間中国語を学ん だ。(完了)

b. 我 学 了 两年 汉语 了。　Wǒ xuéle liǎngnián hànyǔle.　2年間学んでいる。 (継続)

動詞の後の了は完了を表し，文末の了は実現を表します。上の文は a，b とも中国語を2年間学んだ動作は完了していますが，b は文末の了があるので2年間学んだ状態が発話時に実現して，2年前から開始して2年間学んでいて，これからも学んでいくという意味がでてきます。このほかに了には断定・命令・強調の用法もあります。

4. よくつかう表現

あいさつなど

你 好。	Nǐ hǎo.	こんにちは。
您 好。	Nín hǎo.	こんにちは。(敬語)
你们 好。	Nǐmen hǎo.	(みなさん) こんにちは。
再 见。	Zài jiàn.	さようなら。
谢谢。	Xièxie.	ありがとう。
不 谢。	Bú xiè.	どういたしまして。
不 客气。	Bú kèqi.	どういたしまして。
对不起。	Duìbuqǐ.	すみません。
没 关系。	Méi guānxi.	かまいません。
请 多 关照。	Qǐng duō guānzhào.	よろしくお願いします。
欢迎 欢迎!	Huānyíng huānyíng.	ようこそ。
欢迎 再来!	Huānyíng zài lái.	また来てください。

決まり文句

祝 你 生日 快乐!	Zhù nǐ shēngrì kuàilè!	誕生日おめでとう。
祝 你 身体 健康。	Zhù nǐ shēntǐ jiànkāng.	ご健康で。
祝 你 万事 如意。	Zhù nǐ Wànshì rúyì.	万事上手くいきますよう。
祝 你 春节 愉快。	Zhù nǐ chūnjié yúkuài.	春節おめでとう。
祝 你 幸福!	Zhù nǐ xìngfú!	お幸せに！
请 多 保重。	Qǐng duō bǎozhòng.	お大事に。
早日 恢复。	Zǎorì huīfù.	早く良くなってください。
请 您 原谅。	Qǐng nín yuánliàng.	どうぞお許しください。
实在 抱歉。	Shízài bàoqiàn.	本当にすみません。
新禧 新禧!	Xīnxǐ xīnxǐ.	あけましておめでとう。
恭喜 毕业。	Gōngxǐ bìyè.	卒業おめでとう。
我 期待 下次 能 见 你。	Wǒ qīdài xiàcì néng jiàn nǐ.	次に会えることを期待しています。

5. 句読点 <small>(标点符号 biāodiǎn fúhào)</small>

。	句号	jùhào	句点。文の終わり
，	逗号	dòuhào	読点。文の区切り
、	顿号	dùnhào	並列，列挙
？	问号	wènhào	疑問符
！	叹号	tànhào	感嘆符
；	分号	fēnhào	文や句の並列
：	冒号	màohào	文を提示する
" "	引号	yǐnhào	引用・セリフ
《 》	书名号	shūmínghào	書名
（ ）	括号	guāhào	カッコ，語の説明など
——	破折号	pòzhéhào	ダッシュ，転換
……	省略号	shěnglüèhào	引用やセリフの省略など

※段落は通常，書き始めを 2 文字分空けます。

※人名の黒枠 (黒框 hēikuàng) は故人を表します。

会話文 1-50

主な登場人物

✓ 林 茂 Lín Mào 岐阜県のアパレル・メーカー社員。男性。

✓ 伊藤 美惠 Yīténg Měihuì 林の後輩。女性。

✓ 江 丽 Jiāng Lì 上海申美服装設計公司の社員。女性。

✓ 张 澜 Zhāng Lán 上海申美服装設計公司の主任。男性。

1

空港

伊藤　这里 就是 上海 吗？和 日本 的 感觉 完全 不 一样 呢。
Zhèli jiùshi Shànghǎi ma ? Hé Rìběn de gǎnjué wánquán bù yíyàng ne.

林　是 啊。这里 就是 中国 上海 最 有名 的 浦东机场 啊。
Shì a. Zhèli jiùshi Zhōngguó Shànghǎi zuì yǒumíng de Pǔdōngjīchǎng a.

伊藤　原来 如此，回去 的 时候 我 要 在 这里 的 免税店 买点 特产 带回去。
Yuánlái rúcǐ, huíqu de shíhou wǒ yào zài zhèli de miǎnshuìdiàn mǎi diǎn tèchǎn dàihuíqu.

林　喂，伊藤，你 忘了 我们 来 这里 的 目的 吗？
Wèi, Yīténg, nǐ wàngle wǒmen lái zhèli de mùdì ma?

伊藤　哈哈，对不起，是 我 太 兴奋 了。我 可 没有 忘记 我们 是 来 出差 的，说起来，这边 是不是 会 有 一位 江 女士 来 接待 我们？
Hāhā, duìbuqǐ, shì wǒ tài xīngfèn le. Wǒ kě méiyou wàngjì wǒmen shì lái chūchāi de, shuōqǐlai, zhèbian shìbúshì huì yǒu yíwèi Jiāng nǚshì lái jiēdài wǒmen?

林　是的。之前 我 已经 和 她 联系过 了，她 会 带 我们 到 公司 那里 去 交接 业务 的。
Shìde. Zhīqián wǒ yǐjing hé tā liánxìguo le, tā huì dài wǒmen dào gōngsī nàli qù jiāojiē yèwù de.

伊藤　对了，林先生，我 想 请教 一下，办理 入境 需要 做 些 什么 呢？
Duìle, Lín xiānsheng, wǒ xiǎng qǐngjiào yíxià, bànlǐ rùjìng xūyào zuò xiē shénme ne?

林　我们 到 那边 排队，轮到 我们 的 时候，先 把 护照 递交上去。对了，你 的 护照 拿出来 了 吗？
Wǒmen dào nèibian páiduì, lúndào wǒmen de shíhou, xiān bǎ hùzhào dìjiāoshàngqu. Duìle, nǐ de hùzhào náchūlai le ma?

伊藤　啊，不好意思，我 的 护照 放在 行李箱 里面 了，请 稍 等 一下!
A, bùhǎoyìsi, wǒ de hùzhào fàngzài xínglixiāng lǐmian le, qǐng shāo děng yíxià!

林　因为 我们 是 第一次 来 中国，除了 递交 护照 外，还 需要 拍照 和 按 指纹，总之 按照 工作人员 的 提示 做 就 行 了。
Yīnwèi wǒmen shì dìyīcì lái Zhōngguó, chúle dìjiāo hùzhào wài, hái xūyào pāizhào hé àn zhǐwén, zǒngzhī ànzhào gōngzuòrényuán de tíshì zuò jiù xíng le.

伊藤　这么 多 的 步骤，岂 不是 要 很 久？
Zhème duō de bùzhòu, qǐ búshì yào hěn jiǔ?

林　不是的，一般 来说 10 分钟 左右 就 能 完成 了。不过 工作人员 可能 还 会 问 一下 我们 来 中国 是 做 什么 的，你 只要 如实 回答 是 来 出差 的 就 好 了。
Búshìde, yìbān láishuō shí fēnzhōng zuǒyòu jiù néng wánchéng le. Búguò gōngzuò rényuán kěnéng hái huì wèn yíxià wǒmen lái Zhōngguó shì zuò shénme de, nǐ zhǐyào rúshí huídá shì lái chūchāi de jiù hǎo le.

伊藤　现在 可 真是 方便 呢!
Xiànzài kě zhēnshì fāngbiàn ne!

≫ 語彙と文法

就是〜 〜だ。就は間隙がないこと，限定や強意を表す　机场 空港　原来如此 なるほど，そうですか　兴奋 興奮（する）　出差（発音注意 chūchāi）出張（する）　交接 交替する・連絡する・交際する　办理 処理（する）　轮到〜 〜の番になる　入境 入国　因为〜（理由）〜だから　除了〜（以）外 〜のほかに　递交 提出する・渡す　排队 列に並ぶ　按照〜 〜にしたがう　步骤 ステップ・手順　岂不（是）ではないか（反語・確認）　只要〜就好了 〜だけでいい　可 強調を表す

≫ 補充表現　　中国語圏の国際空港（一部）

北京首都国际机场	Běijīng shǒudū guójì jīchǎng
北京大兴国际机场	Běijīng dàxīng guójì jīchǎng
天津滨海国际机场	Tiānjīn bīnhǎi guójì jīchǎng
上海浦东国际机场	Shànghǎi pǔdōng guójì jīchǎng
上海虹桥国际机场	Shànghǎi hóngqiáo guójì jīchǎng
重庆江北国际机场	Chóngqìng jiāngběi guójì jīchǎng
成都双流国际机场	Chéngdū shuāngliú guójì jīchǎng
武汉天河国际机场	Wǔhàn tiānhé guójì jīchǎng
西安咸阳国际机场	Xī'ān xiányáng guójì jīchǎng
香港国际机场	Xiānggǎng guójì jīchǎng
台湾桃园国际机场	Táiwān táoyuán guójì jīchǎng

豆知識　一兆元クラブ

2021 年の中華人民共和国の GDP は世界第 2 位でおよそ 17 兆ドルくらいです。第 1 位のアメリカは 23 兆ドル，第 3 位の日本は 5 兆ドルです（IMF 調べ）。

近年，中国国内では〝一兆元クラブ〟（万亿俱乐部 Wànyì jùlèbù）という言葉があり，2022 年，域内総生産（GRP）が 1 兆元を超えた都市が 24 となりました。

24 都市の内訳は以下です（達成年度順）。

上海市	北京市	広州市	深圳市	天津市	蘇州市	重慶市	武漢市
成都市	杭州市	南京市	青島市	無錫市	長沙市	寧波市	鄭州市
仏山市	福州市	泉州市	南通市	合肥市	西安市	済南市	東莞市

このうち，北京市と上海市の GRP はそれぞれ 4 兆元くらいです。

2017 年の指摘ですが，中国の 35 都市が世界にある様々な国の GDP の規模を超えているとされています。北京・天津など黄河河口の都市群の経済規模はオーストラリアよりも大きく，上海など長江デルタ都市群はイタリアよりも大きく，香港などの珠江デルタ都市群は韓国より大きな経済規模があります（Desjardins, 2017）。ちなみに，北京市・天津市・上海市・重慶市は直轄市で，省に属しません。

練習 1a 〉 本文を参照してピンインから簡体字にしてください。

1. Yuánlái rúcǐ.

---

2. Duìbuqǐ, wǒ tài xīngfèn le.

---

3. Wǒmen shì lái chūchāi de.

---

4. Zhīqián wǒ yǐjīng hé tā liánxìguo le.

---

5. Wǒ xiǎng qǐngjiào yíxià.

---

6. Qǐ búshì yào hěn jiǔ ?

---

7. Yìbān láishuō shí fēnzhōng zuǒyòu jiù néng wánchéng le.

覚えておきたい表現

練習 1b > 本文を参照して中国語に訳してください。

1. なるほど，そうですか。

2. すみません。興奮しちゃって。

3. 私達は出張に来たのです。

4. 以前に（私は）もう彼女に連絡してある。

5. ちょっと教えてほしいです。

6. 長くかかるのでないですか？

7. ふつう10分くらいで終わる。

《日本語訳》

○ここが上海ですか？日本と感じがまったく違いますね。○そう。ここが中国上海で一番有名な浦東空港だよ。○そうなんですか。帰りにここの免税店でお土産を買って帰ろうかな。○伊藤さん，ここに来た目的を忘れたの？○ハハ，すみません。興奮しちゃって。出張に来たことは忘れていませんよ。そう言えば，ここに江さんが迎えに来てくれるんですよね。○そう。以前に彼女に連絡してある。彼女が会社に業務を連絡しに連れて行ってくれるはずだよ。○あ，林さん，ちょっと教えて欲しいんですけど，入国審査って何が要るんですか？○あそこで列に並んで，順番が来たら，パスポートを出すんだ。そうだ。パスポートは出してある？○あ，すみません。スーツケースの中です。ちょっと待ってください。○ぼく達は初めて中国に来たからパスポートを提出するほかにも写真撮影と指紋記録がある。まあ，係員の指示に従えばいい。○そんなにたくさん手順があると，長くかかるんじゃ？○いや，ふつう10分くらいで終わる。でも，係員が何をしに中国に来たのかって尋ねるかもしれないから，素直に出張で来たと言えばいい。○今って本当に便利ですね！

現地のケータイ

伊藤 林 先生, 你 看 那边 的 高塔, 看上去, 就 像 天空树 一样。
Lín xiānsheng, nǐ kàn nàbian de gāo tǎ, kànshàngqu, jiù xiàng Tiānkōngshù yíyàng.

江女士 伊藤 小姐, 这个 是 上海 的 东方 明珠, 是 上海 的 标志性 建筑 之一。
Yīténg xiǎojiě, zhège shì Shànghǎi de Dōngfāng míngzhū, shì Shànghǎi de biāozhìxìng jiànzhù zhīyī.

伊藤 哇, 真 好看。
Wa, zhēn hǎokàn.

林 对了, 江 小姐, 我 想 请教 你 一个 问题, 因为 我们 会 在 中国 待 比较 长 的 一段 时间, 所以 我 想 我们 应该 要 有 一个 中国 的 手机。我们 应该 去 哪里 购买 呢?
Duìle, Jiāng xiǎojiě, wǒ xiǎng qǐngjiào nǐ yíge wèntí, yīnwèi wǒmen huì zài Zhōngguó dāi bǐjiào cháng de yíduàn shíjiān, suǒyǐ wǒ xiǎng wǒmen yīnggāi yào yǒu yíge Zhōngguó de shǒujī. Wǒmen yīnggāi qù nǎli gòumǎi ne?

江女士 你们 只要 去 办理 一张 中国 的 电话卡 就 好 了, 把 电话卡 插到 你们 的 手机里 就 可以 正常 使用 了。在 中国 有 中国移动、中国 联通 和 中国电信 等 几个 通信 运营商, 就 像 日本 的 DOCOMO 一样, 待会 在 公司 把 业务 先 交接 完成 后, 我 就 带 你们 去 办理 电话卡 吧。
Nǐmen zhǐyào qù bànlǐ yìzhāng Zhōngguó de diànhuàkǎ jiù hǎo le, bǎ diànhuàkǎ chādào nǐmen de shǒujīli jiù kěyǐ zhèngcháng shǐyòng le. Zài Zhōngguó yǒu Zhōngguó yídòng, Zhōngguóliántōng hé Zhōngguódiànxìn děng jǐge tōngxìn yùnyíngshāng, jiù xiàng Rìběn de DOCOMO yíyàng, dāihuì zài gōngsī bǎ yèwù xiān jiāojiē wánchéng hòu wǒ jiù dài nǐmen qù bànlǐ diànhuàkǎ ba.

伊藤 江 小姐, 我们 是不是 去 租 一张 电话卡 比较 好?
Jiāng xiǎojiě, wǒmen shìbushì qù zū yìzhāng diànhuàkǎ bǐjiào hǎo?

江女士 放心 吧, 伊藤 小姐, 外国人 可以 在 中国 申请 指定 时间 天数 的 通信 套餐。只要 在 办理 的 时候 填写 好, 就 可以 办理 在 有效 期 内 正常 使用 的 电话卡 了。
Fàngxīn ba, Yīténg xiǎojiě, wàiguórén kěyǐ zài Zhōngguó shēnqǐng zhǐdìng shíjiān tiānshù de tōngxìn tàocān. Zhǐyào zài bànlǐ de shíhou tiánxiě hǎo, jiù kěyǐ bànlǐ zài yǒuxiào qīnèi zhèngcháng shǐyòng de diànhuàkǎ le.

林 那, 我们 需要 带 什么 证件 吗? 我 记得 如果 在 日本, 需要 带 的 资料 还 蛮 多 的, 我们 可能 还 需要 准备 一下。
Nà, wǒmen xūyào dài shénme zhèngjiàn ma? wǒ jìde rúguǒ zài Rìběn, xūyào dài de zīliào hái mán duō de, wǒmen kěnéng hái xūyào zhǔnbèi yíxià.

江女士 在 中国, 你们 去 办理 的 时候 只要 把 你们 的 护照 带上 就 可以 啦。
Zài Zhōngguó, nǐmen qù bànlǐ de shíhou zhǐyào bǎ nǐmen de hùzhào dàishàng jiù kěyǐ la.

林 太 好 了。对了, 伊藤, 你 的 护照 应该 还 带 在 身上 吧?
Tài hǎo le. Duìle, Yīténg, nǐ de hùzhào yīnggāi hái dài zài shēnshàng ba?

伊藤 啊, 抱歉, 刚才 入境 的 手续 结束 后 我 又 放回 行李箱 了, 在 去 办理 之前 麻烦 先 让 我 取出来!

A, bàoqiàn, gāngcái rùjìng de shǒuxù jiéshù hòu wǒ yòu fànghuí xínglixiāng le, zài qù bànlǐ zhīqián máfan xiān ràng wǒ qǔchūlai!

≫ 語彙と文法

看上去（描写）見たところ　像～一样　～みたい・～のようだ　之一　の一つ　卡　カード　应该（当然）のはず　把～　～を（具体的で成立している処置の対象に使う）　待会（儿）しばらくして・あとで　租　借りる　套餐　セットメニュー　填写（空欄のある書類に）書き込む　如果　もし（仮定の条件）　结束　終わる　放回（元の場所に）戻す　蛮　たいへん　让（使役）させる

≫ 補充表現　　　中国で見られる携帯電話端末のメーカー（一部）

华为	Huáwéi	ファーウェイ　本社深圳市。1987年設立。
维沃	Wéiwò	Vivo　歩歩高 bùbùgāo 傘下。広東省東莞市。1995年設立。
欧珀	Ōupò	OPPO　歩歩高傘下。2004年設立。
小米	Xiǎomǐ	シャオミ　北京市。2010年設立。
联想	Liánxiǎng	レノボ　本社香港，本店米国モリスビル。1984年設立。
摩托罗拉	Mótuōluólā	モトローラ　2014年からレノボの子会社。
诺基亚	Nuòjīyà	ノキア　フィンランド・エスポー。1865年設立。
三星	Sānxīng	サムスン　大韓民国水原市。1969年設立。
索尼	Suǒní	ソニー　日本国東京都。1946年設立。
苹果	Píngguǒ	アップル　米国カリフォルニア州。1976年設立。

《小美の中国お仕事コラム》　駐在員の仕事

　駐在員とは本国の会社に雇われて海外に派遣され，現地で生活しながら本国の会社のために働く社員のことです。グローバルに働く職業と言えますが，基本的な立場は本国の会社員です。このほかに外国企業に直接雇用される現地採用の職員もいます。

　駐在員の仕事は一般的な仕事に海外勤務での大変さが足されるイメージです。調べもの一つするのにも言語や知識不足からすんなりいかないこともしばしばで，セオリーがないことも多いため，持てるものすべてを使う試行錯誤の毎日です。しかし，やりがいは大きく，日々成長を感じられると思います。

　駐在員の業務内容は駐在員の数だけあると言われ，一概には言えません。ここでは大まかに仕事の内容をあげておきます。

①**情報収集**:商工会議所等のデータベースを調査します。また，ジェトロ（日本貿易振興機構）への情報提供やマッチング依頼などを行います。

②**リサーチ**：中国と日本のネットやSNSを比べ，共通点やトレンドから仕事に生かせる情報をピックアップし，週末に繁華街やデパートで売り場や道行く人の流行をチェックします。

③**展示会など**：中国では規模の大きな展示会や卸の市場等がたくさんあるため，足しげく通います。ブースを出すこともあります。

④**第三者への依頼**：駐在員の大事なスキルは人脈の広さで，インターネットの検索などで問題が解決しない場合も多く，頼れる人がいれば頼るというのも大事なお仕事です。第三者をアテンドできるレベルともなれば，それだけ新たなビジネスにも繋がります。

⑤**新規取引先の開拓**：取引先を開拓する営業は日本と同じです。まずはひたすらアポイントや資料送付の許可を取り付けます。

1. Kànshàngqu, jiù xiàng Tiānkōngshù yíyàng.

2. Wǒmen huì zài Zhōngguó dāi bǐjiào cháng de yíduàn shíjiān.

3. Wǒ xiǎng wǒmen yīnggāi yào yǒu yíge Zhōngguó de shǒujī.

4. Nǐmen zhǐyào qù bànlǐ yìzhāng Zhōngguó de diànhuàkǎ jiù hǎo le,

5. Wǒmen shìbúshì qù zū yìzhāng diànhuàkǎ bǐjiào hǎo?

6. Wǒmen xūyào dài shénme zhèngjiàn ma?

7. Wǒmen kěnéng hái xūyào zhǔnbèi yíxià.

覚えておきたい表現

練習 2b 本文を参照して中国語に訳してください。

1. (見たところ) スカイツリーみたいです。

2. 私達は中国でわりと長い時間滞在するだろう。

3. 私達は中国のケータイを一つ持っていた方がいいと (私は) 思う。

4. (あなた達は) 1枚中国の SIM (電話カード) を手続きに行くだけでいいです。

5. (私達は) 1枚 SIM カードをレンタルしに行く方がよくないですか?

6. (私達は) 何か証明書類を持っていく必要がありますか?

7. (私達は) やはり少し準備する必要があるかもしれない。

《日本語訳》

○林さん, あの高いタワーを見て。スカイツリーみたい。○伊藤さん, これは東方明珠, 上海のランドマーク建築の一つなの。○わあ, とってもきれい。○そうだ。江さん, ちょっと教えてもらいたいんだけど。滞在期間がわりに長くなるから, 中国のケータイがあるといいのだけれど, どこで買えばいいかな? ○中国の SIM カードの手続きをすればいいですよ。ケータイに挿せば正常に機能します。中国には中国移動・中国聯通・中国電信などキャリアがあって日本のドコモと同じです。あとで, 会社で業務を報告したら手続きに行きましょう。○江さん, レンタルしに行く方がよくないですか? ○だいじょうぶ。伊藤さん。外国人は時間・日数を指定した通信メニューに申し込みできるの。申し込みの時に書類を書けば, 有効期限内は正常に使えるようにしてくれる。○何か証明書類が必要かな? 日本だと持っていく書類が多くて, ちょっと準備しなくちゃいけなかった覚えがある。○中国ではパスポートを持っていくだけでいいですよ。○それは便利だね。そうだ。伊藤さん。パスポートは身につけてる? ○あ, すみません。入国の手続きが終わった後, またスーツケースに戻しました。手続きの前に出させてもらいますね!

3 地下鉄

伊藤 林 先生，你 看 明白 了 吗?
Lín xiānsheng, nǐ kàn míngbai le ma?

林 姑且 是 看 明白 了，上海 地铁 的 交通卡 有 两种 形式，一种 是 长期 有效 按 次数 计费 的 储值卡，另外 一种 是 指定 天数内 任意 搭乘 的 临时卡。
Gūqiě shì kàn míngbai le, Shànghǎi dìtiě de jiāotōngkǎ yǒu liǎngzhǒng xíngshì, yìzhǒng shì chángqī yǒuxiào àn cìshù jìfèi de chǔzhíkǎ, lìngwài yìzhǒng shì zhīdìng tiānshùnèi rènyì dāchéng de línshíkǎ.

伊藤 那，我们 应该 选择 哪种 呢?
Nà, wǒmen yīnggāi xuǎnzé nǎzhǒng ne?

林 我 稍微 算了 一下，根据 我们 预计 在 这里 逗留 的 时间，还是 办理 储值卡 比较 划算。
Wǒ shāowēi suànle yíxià, gēnjù wǒmen yùjì zài zhèlǐ dòuliú de shíjiān, háishi bànlǐ chǔzhíkǎ bǐjiào huásuàn.

伊藤 走，我们 去 柜台 办 交通卡 吧!
Zǒu, wǒmen qù guìtái bàn jiāotōngkǎ ba!

林 先 等 一下! 伊藤，你 有 人民币 吗?
Xiān děng yíxià! Yīténg, nǐ yǒu rénmínbì ma?

伊藤 人民币 是 中国 的 货币 吗? 没有 啊，我 的 钱包里 只有 福泽 先生。
Rénmínbì shì Zhōngguó de huòbì ma? Méiyou a, wǒ de qiánbāoli zhǐyǒu Fúzé xiānsheng.

林 果然 如此，幸好 我 在 上海机场 的 时候。就 已经 提前 换好了 人民币 了。
Guǒrán rúcǐ, xìnghǎo wǒ zài Shànghǎijīchǎng de shíhou. jiù yǐjīng tíqián huànhǎole rénmínbì le.

伊藤 林 先生，你 真是 太 可靠 了!
Lín xiānsheng, nǐ zhēnshì tài kěkào le!

(林先生去办理交通卡后)

林 给，这 是 你 的 交通卡，我们 走 吧。应该 怎么 才 能 去 到 我们 的 目的地 呢?
Gěi, zhè shì nǐ de jiāotōngkǎ, wǒmen zǒu ba.Yīnggāi zěnme cái néng qù dào wǒmen de mùdìdì ne?

伊藤 放心 吧，在 你 去 办卡 的 时候，我 已经 查过 地图软件 了，知道 应该 怎么 换乘 才 能 到达，这次 就 由 我 来 带路 吧!
Fàngxīn ba, zài nǐ qù bàn kǎ de shíhou, wǒ yǐjīng cháguo dìtúruǎnjiàn le, zhīdào yīnggāi zěnme huànchéng cai nèng dàodá, zhècì jiù yóu wǒ lái dàilù ba!

林 好的，那 就 交给 你 了。
Hǎode, nà jiù jiāogěi nǐ le.

(两人乘上地铁)

广播 "前方 到站 中兴路站，请 到站 的 乘客 提前 准备 下车。"

"Qiánfāng dàozhàn Zhōngxìnglùzhàn, qǐng dàozhàn de chéngkè tíqián zhǔnbèi xiàchē."

伊藤	林 先生，我们 到了！快 下 车！

Lín xiānsheng, wǒmen dàole! Kuài xià chē!

林	等等，伊藤，我们 不是 要 到 中山路站 吗？

Děngdeng, Yīténg, wǒmen búshì yào dào Zhōngshānlùzhàn ma?

伊藤	对 啊，再不 下车 就 来不及 了！

Duì a, zàibù xiàchē jiù láibují le!

林	你 听错 了，广播 是 "中兴站"，可不是 "中山站"，中山站 在 后面 呢。

Nǐ tīngcuò le, guǎngbō shì Zhōngxīngzhàn, kěbúshì Zhōngshānzhàn, Zhōngshānzhàn zài hòumiàn ne.

伊藤	啊，原来 如此！

A, yuánlái rúcǐ!

≫ 語彙と文法

看明白（見て）分かる　姑且 とりあえず　按 ～に応じて　储值 入金する　搭乗 （乗り物に）乗る　根据 ～によれば　划算 割に合う・ひきあう　柜台 カウンター・窓口　果然 案の定　幸好 ちょうどよく　提前 前もって　办 処理する　靠 頼る・もたれる　放心 安心する　软件 ソフトウェア　由 ～によって。行為者を表す　带路 道案内・ガイド（する）　交给～ ～に渡す　再不 さもないと　了 断定・命令を表す　可 強調。可不是には「もちろん」の意味もある

≫ 補充表現　　上海の地下鉄の忘れ物

雨伞	yǔsǎn	傘
纸袋 / 布袋 / 塑料袋	zhǐdài / bùdài / sùliàodài	紙袋 / 布袋 / ビニル袋
帽子 / 围巾 / 手套	màozi / wéijīn / shǒutào	帽子 / マフラー / 手袋
身份证 / 驾照	shēnfènzhèng / jiàzhào	身分証 / 運転免許
手提包 / 双肩包	shǒutíbāo / shuāngjiānbāo	ハンドバッグ / リュックサック
现金 / 零钱包 / 卡包	xiànjīn / língqiánbāo / kǎbāo	現金 / 小銭入れ / カード入れ
耳机 / 饭盒	ěrjī / fànhé	イヤホン / 弁当箱
钥匙 / 钥匙圈	yàoshi / yàoshiquān	鍵 / キーホルダー
保温杯 / 水杯	bǎowēnbēi / shuǐbēi	保温カップ / ボトル
手机 / 充电宝	shǒujī / chōngdiànbǎo	ケータイ電話 / 充電器

豆知識　上海の地下鉄

　上海地下鉄は 16 路線 413 駅があります（上海地铁，2018）。営業距離は 670km あまりで，世界最長の都市交通システムと言われています。平日の輸送量はのべ 1000 万人，休日は 700 万人程度です。料金は 6km までが 3 元，以降 10km 毎に 1 元加算されます。スマホなどを使って，キャッシュレス決済で乗車でき，乗り場にむかうゲートでは荷物チェックなどをしている場合もあります。ホームには自動ドアが設置されている場合もあります。

　じつは，会話文にでている「中山駅」という駅は上海地下鉄にはありません。中山という名が付く駅は一号線の中山北路站（～ běilùzhàn）か，2 号線の中山公园站（～ gōngyuánzhàn）です。中兴站とよく似た駅名なので，聞き違いの例として挙げてあります。

1. Nǐ kàn míngbai le ma?　Gūqiě shì kàn míngbai le.

---

2. Wǒmen yīnggāi xuǎnzé nǎzhǒng ne?

---

3. Bànlǐ chǔzhíkǎ bǐjiào huásuàn.

---

4. Wǒmen qù guìtái bàn jiāotōngkǎ ba!

---

5. Nǐ zhēnshì tài kěkào le!

---

6. Zàibù xiàchē jiù láibují le!

---

7. Nǐ tīngcuò le.

覚えておきたい表現

練習 **3b** > 本文を参照して中国語に訳してください。

1. 分かりましたか？とりあえず分かった。

2.（私達は）どれを選んだらいいですか？

3. チャージ式のカードを申し込むと割がいい。

4.（私達は）窓口に行って交通カードを申し込みましょう。

5.（あなたは）本当に頼りになりますね！

6. 下車しないと間に合いません！

7. 聞き間違いだよ。

《日本語訳》

○林さん，分かりましたか？○とりあえず分かった。上海の交通カードには2種類ある。一つは長期有効で回数によって料金が決まるチャージ式のカード。もう一つは指定日数の間は自由に乗車できる臨時カードだ。○じゃあ，どっちを選べばいいんですか？○ちょっと計算してみたけど，滞在期間を考えるとやっぱりチャージ式の方が得だね。○じゃ，行きましょう。窓口で交通カードを作りましょう。○待って，伊藤さん。人民元はある？○人民元って中国のお金ですか。ないです。財布の中は〝福澤さん〟だけです。○そんなところだと思った。ぼくが上海空港で両替してあるからいいけど。○林さんって頼りになりますね。（林さんが交通カードの手続きに行った後）○ほら，君の交通カード。行こう。どうやって目的地に行けばいいかな。○安心してください。カードを作ってもらっている間に地図ソフトで調べておきました。どうやって乗り継げば着くかは分かりますから，今度は私がガイドをします。○分かった。まかせたよ。（二人は地下鉄に乗る）○「次は中興路駅，目的地の乗客は降りる準備をしてください」○林さん，着きましたよ。降りましょう。○待って，伊藤さん。中山路駅に行くんじゃなかった？○そうですよ。はやく降りないと間に合わないです。○聞き間違いだよ。放送は「中興駅」で「中山駅」じゃない。中山駅は後だよ。○あ，そうですか！

4 道を尋ねる

林 伊藤，这里 离 酒店 远 吗？我 感觉 我们 已经 走了 很 久 了。
Yīténg, zhèlǐ lí jiǔdiàn yuǎn ma? Wǒ gǎnjué wǒmen yǐjīng zǒule hěn jiǔ le.

伊藤 林 先生，根据 江 小姐 告诉 我 的 路，从 地铁站 出来 以后，这么 走 就 能 到 了 呀。
Lín xiānsheng, gēnjù Jiāng xiǎojiě gàosu wǒ de lù, cóng dìtiězhàn chūlai yǐhòu, zhème zǒu jiù néng dàole ya.

林 可是，你 看 前面 那家 咖啡店，我 感觉 我们 之前 已经 路过过 一 次 了。
Kěshi, nǐ kàn qiánmian nàjiā kāfēidiàn, wǒ gǎnjué wǒmen zhīqián yǐjīng lùguòguo yícì le.

伊藤 啊，好像 真的 是 这样 的，对不起，看来 我们 是 迷路 了。
A, hǎoxiàng zhēnde shì zhèyàng de, duìbuqǐ, kànlai wǒmen shì mílù le.

林 那，我们 去 问 一下 人 吧，前面 的 那家 水果店，老板 应该 是 本 地人，找 他 问 路 应该 没有 问题。
Nà, wǒmen qù wèn yíxià rén ba, qiánmian de nèijiā shuǐguǒdiàn, lǎobǎn yīnggāi shì běndìrén, zhǎo tā wèn lù yīnggāi méiyou wèntí.

（两人走进水果店）

林 你好，我 想 问 一下，请问 您 知道 维也纳 酒店 吗？
Nǐhǎo, wǒ xiǎng wèn yíxià, qǐngwèn nín zhīdào Wéiyěnà jiǔdiàn ma?

老板 维也纳 酒店？这 附近 有 两家 维也纳 酒店 呢。你们 要 去 的 是 哪 一家？
Wéiyěnà jiǔdiàn? Zhè fùjìn yǒu liǎngjiā Wéiyěnà jiǔdiàn ne. Nǐmen yào qù de shì něi yìjiā?

林 我们 要 去 的 是 维也纳 中山西路店，请问 离 这里 远 吗？
Wǒmen yào qù de shì Wéiyěnà Zhōngshānxīlùdiàn, qǐngwèn lí zhèlǐ yuǎn ma?

老板 中山西路 的 维也纳 酒店？那 倒是 不 远，你们 从 这边 走过去，在 第一个 红绿灯 路口 左 转，然后 走到 新华书店 的 路口 再 右 转 就 到 了。
Zhōngshānxīlù de Wéiyěnà jiǔdiàn? Nà dàoshi bù yuǎn, nǐmen cóng zhèbian zǒuguòqu, zài dìyīge hónglǜdēng lùkǒu zuǒ zhuǎn, ránhòu zǒudào Xīnhuáshūdiàn de lùkǒu zài yòu zhuǎn jiù dào le.

林 真是 太 感谢 了。
Zhēnshì tài gǎnxiè le.

老板 听 你们 口音 不 像 是 本地人，是 来 上海 旅游 的 吗？
Tīng nǐmen kǒuyīn bú xiàng shì běndìrén, shì lái Shànghǎi lǚyóu de ma?

林 不是，我们 是 日本人，是 来 上海 出差 的。
Búshì, wǒmen shì Rìběnrén, shì lái Shànghǎi chūchāi de.

老板 那，你们 的 中文 说得 可 真 不错 啊!
Nà, nǐmen de Zhōngwén shuōde kě zhēn búcuò a!

林 哈哈，您 过奖 了。
Hāhā, nín guòjiǎng le.

語彙と文法

离（距離）から・まで　酒店 ホテル。饭店に同じ　告诉 O₁ O₂ O₁（人）に O₂（事）を伝える
路过 通る　迷路 道に迷う　水果 果物・フルーツ　老板 主人・社長・研究室のボス等を指す
本地人 地元の人　倒是 なかなか・まずまず　红绿灯 信号　路口（分かれ道の）角　转 曲がる。
拐（guǎi）も使う　过奖（褒められた時の応答で）ほめすぎだ。哪里哪里（どこが？）と組み合
わせて使うこともある

補充表現　　道案内の表現

沿着 这条路 一直 走。	Yánzhe zhètiáolù yìzhí zǒu.	この道沿いにまっすぐ。
第一次 十字路口 往左拐。	Dìyīcì shízìlùkǒu wǎngzuǒguǎi.	一つ目の十字路を左。
请 在 静安寺 换 车。	Qǐng zài Jìng'ānsì huàn chē.	静安寺で乗り換えて。
在 加油站 旁边。	Zài jiāyóuzhàn pángbiān.	給油所のそばにある。
在 邮局 对面。	Zài yóujú duìmian.	郵便局の向かいにある。
走 五分钟 就 到 了。	Zǒu wǔfēnzhōng jiù dàole.	5 分歩くと着きます。
过 马路。	Guò mǎlù.	大通りを渡ります。

豆知識　　上海の路

　日本の国際空港から 2 ～ 4 時間のフライトで上海浦東空港に着きます。上海の人口はおよそ
2400 万人（人口密度 3800 人/km）です（参考：東京都は 1400 万人，1 万 5000 人/km）。

　このような大都市の上海には道路の名前の付け方に基本的な規則があります。南北に走る道
路には省の名前がつけられ，東西に走る道路には中国の都市の名前がつけられています。そして，
新しい道路には中国の地図と対称して名付けるようになっています。つまり，上海北部には中
国北部の名前をつけるようになっているのです。

　例えば，外滩の近くには南北に走る河南路，四川中路，江西南路があり，東西に走る福州路，
北京东路，天津路，南京东路，九江路などがあります。もちろん例外もたくさんあります。

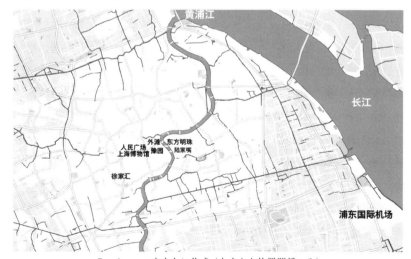

Google map をもとに作成（大まかな位置関係のみ）

練習 　**4a** 〉　本文を参照してピンインから簡体字にしてください。

1. Zhèli lí jiŭdiàn yuăn ma?

2. Wŏ gănjué wŏmen zhīqián yĭjīng lùguòguo yícì le.

3. Duìbuqĭ, kànlai wŏmen shì mílù le.

4. Lăobăn yīnggāi shì bĕndìrén, zhăo tā wèn lù yīnggāi méiyou wèntí.

5. Nĭmen cóng zhèbian zŏuguòqu, zài dìyīge hónglǜdēng lùkŏu zuŏ zhuăn.

6. Ránhòu zŏudào Xīnhuáshūdiàn de lùkŏu zài wăng yòu zhuăn jiù dào le.

7. Nín guò jiăng le.

覚えておきたい表現

練習 **4b** 本文を参照して中国語に訳してください。

1. ここはホテルから遠いですか？

2.（私達は）前にすでに一度通ったことがあると（私は）思う。

---

3. すみません，（私達は）道に迷ったようです。

---

4. 主人は地元の人のはずだから，彼に道を聞けば大丈夫だ。

5.（あなた達は）ここから歩いて行って，最初の信号の角で左に曲がりなさい。

---

6. その後，新華書店の角まで歩いて右に曲がれば，すぐに着きます。

---

7. 褒めすぎです。

《日本語訳》
○伊藤さん，ここはホテルから遠いの？もうずいぶん歩いている感じがする。○林さん，江さんの言った道だと，地下鉄駅を出て，こうやって歩けばすぐ着くはずだけど。○でも，前の喫茶店，一回通ったことがあるんじゃないかな？○あ，本当だ。すみませんが，どうやら道に迷ったみたいです。○じゃ，誰かに聞きに行こう。前にみえる果物屋，主人が地元の人にちがいない。あの人に聞けば大丈夫だ。（二人は果物屋に入る）○こんにちは。ちょっと聞きたいのですが，ウィーンホテルを知っていますか？○ウィーンホテル？この近くに2軒あるよ。行きたいのはどっちだい？○中山西路店です。遠いですか。○中山西路のウィーンホテルか，それなら遠くないな，ここから歩いて一つ目の信号の角を左に曲がって，新華書店の角まで歩いたら右に曲がれば着くよ。○ありがとうございます。○口ぶりからするとここらの人じゃないね。上海には旅行で来たのかい？○いいえ，ぼくたちは日本人で，上海には出張で来たんです。○そうかい。中国語がうまいね。○ハハ，ご冗談を。

◆ **MCT 1-4** 音声を聞きながらカッコに簡体字（1文字）を書き入れてください。

1 这里就是上海吗？和（¹　）本的感觉完全（²　）一样呢。是啊。这里就是中国上海最有（³　）的浦东机场啊。原来如此，回（⁴　）的时候我要（⁵　）这里的免税店买点特产带回去。喂，伊藤，你忘（⁶　）我们来这里的目的吗？哈哈，对不起，是我（⁷　）兴奋了。我（⁸　）没有忘记我们是来出差的，说起来，这（⁹　）是不是会有一位江女士来接待我（¹⁰　）？是的。之前我已经和她联系过了，她（¹¹　）带我们到公司那里去交接业务的。对了，林先生，我想请教一下，（¹²　）理入境需要做些什么呢？我们到那边排队，轮到我们的时候，先把护照递交上去。对了，你的护照拿（¹³　）来了吗？啊，不好意思，我的护照放（¹⁴　）行李箱里面了，请稍等一下！因为我们是第（¹⁵　）次来中国，除了递交护照（¹⁶　），还需要拍照和按指纹，总之按照工作人员的提示做就（¹⁷　）了。这么多的步骤，岂不是要很（¹⁸　）？不是的，一般来说10分钟左右就能完成了。不过工作人员可能还会（¹⁹　）一下我们来中国是做什么的，你（²⁰　）要如实回答是来出差的就好了。现在可真是方便呢！

2 林先生，你看那边的高塔，看（¹　）去，就像天空树一样。伊藤小姐，这（²　）是上海的东方明珠，是上海的标志性建筑（³　）一。哇，真好看。对（⁴　），江小姐，我想请教你一（⁵　）问题，因为我们会在中国待比较（⁶　）的一段时间，所以我想我们应该要有一个中国的（⁷　）机。我（⁸　）应该去哪里购买呢？你们只要（⁹　）办理一张中国的电话（¹⁰　）就好了，把电话卡插到你们的手机里就可（¹¹　）正常使用了。在中国有中国移动、中国联通和中国电信等（¹²　）个通信运营商，就像日本的DOCOMO一样，待会在（¹³　）司把业务先交接完成（¹⁴　），我就带你们去办理电话卡吧。江小姐，我们是不是去租一张电话卡比较好？放（¹⁵　）吧，伊藤小姐，外国人可以在中国申请指定时间（¹⁶　）数的通信套餐。只要在办理的时候填写好，就可以办理在有效期（¹⁷　）正常使用的电话卡了。那，我们需要带什么证件吗？我（¹⁸　）得如果在日本，需要带的资料还蛮（¹⁹　）的，我们可能还需要准备一下。在中国，你们去办理的时候只要把你们的护照带上就可以啦。太好了。对了，伊藤，你的护照应该还带在身上吧？啊，抱歉，刚才入境的手续结束后我（²⁰　）放回行李箱了，在去办理之前麻烦先让我取出来！

3 林先生，你看明白（¹ ）吗？姑且是看明白了，上海地铁的交通卡（² ）两种形式，一种是长期有效按次数（³ ）费的储值卡，另外一种是指定天数内任意搭乘的临（⁴ ）卡。那我们应该选择哪种呢？我稍微算了一下，根据我们预计（⁵ ）这里逗留的时间，还是办理储值卡（⁶ ）较划算。走，我们去柜台（⁷ ）交通卡吧！先等一下！伊藤，你有人民币吗？人民（⁸ ）是中国的货币吗？没有啊，我的钱包里（⁹ ）有福泽先生。果然如此，幸好我在上海机场的时候，就（¹⁰ ）经提前换好了人民币了。林先生，你真是（¹¹ ）可靠了！给，这是你的交通卡，我们走吧。应该怎么（¹² ）能去到我们的目的地呢？放心吧，在你去办卡的时候，我已经查（¹³ ）地图软件了，知道应该怎么换乘才能到（¹⁴ ），这次就（¹⁵ ）我来带路吧！好的，那就（¹⁶ ）给你了。"前方到站中兴路站，请到站的乘客提前准备（¹⁷ ）车。"林先生，我们到了！快下（¹⁸ ）！等等，伊藤，我们不是要到中山路站吗？对啊，再不下车就来不（¹⁹ ）了！你听错了，广播是"中兴站"，可不是"中山站"，中山站在（²⁰ ）面呢。啊，原来如此！

4 伊藤，这里离酒店远吗？我感觉我们已经走了很（¹ ）了。林先生，根据江小姐告诉我的路，（² ）地铁站出来以后，这（³ ）走就能到了呀。可是，你看前面那家咖啡店，我感觉我们之前已经路过过一次了。啊，好像真的是这样的，（⁴ ）不起，看来我们是迷路了。那，我们（⁵ ）问一下人吧，前面的那家（⁶ ）果店，老板应该是（⁷ ）地人，找他问路应该没有问题。你好，我想（⁸ ）一下，请问您知道维也纳酒店吗？维也纳酒店？这附近（⁹ ）两家维也纳酒店呢。你（¹⁰ ）要去的是哪（¹¹ ）家？我们要去的是维也纳中山西路店，请问离这里远吗？中山西路的维也纳酒店？那倒是（¹² ）远，你们（¹³ ）这边走过去，（¹⁴ ）第一个红绿灯路口（¹⁵ ）转，然后走到新华（¹⁶ ）店的路口再右转就到了。真是太感谢了。听你们口音（¹⁷ ）像是本地人，是来上海旅游的吗？不是，我们是日本人，是来上海（¹⁸ ）差的。那，你们的中（¹⁹ ）说得可真不错啊！哈哈，您过奖（²⁰ ）。

ホテルにチェックイン

前台人员 两位 好，请问 有 什么 需要 帮忙 呢?
Liǎngwèi hǎo, qǐngwèn yǒu shénme xūyào bāngmáng ne?

林 你好，我们 在 网上 预订了 两间 双人房。
Nǐhǎo, wǒmen zài wǎngshàng yùdìngle liǎngjiān shuāngrénfáng.

前台人员 好的，请 两位 出示 身份证。
Hǎode, qǐng liǎngwèi chūshì shēnfènzhèng.

林 我们 是 外国人，没有 中国 的 身份证，请问 用 护照 可以 吗?
Wǒmen shì wàiguórén, méiyou Zhōngguó de shēnfènzhèng, qǐngwèn yòng hùzhào kěyī ma?

前台人员 可以 的，请 两位 出示 护照。
Kěyī de, qǐng liǎngwèi chūshì hùzhào.

(办理手续)

前台人员 这 是 两位 的 房卡，房间号 分别 是 1807 和 1809，请 两位 收好。
Zhè shì liǎngwèi de fángkǎ, fángjiānhào fēnbié shì 1807 hé 1809, qǐng liǎngwèi shōuhǎo.

伊藤 我 想 请问 一下，这里 的 房间费 包含 早餐 吗?
Wǒ xiǎng qǐngwèn yíxià, zhèlǐ de fángjiānfèi bāohán zǎocān ma?

前台人员 是的，两位 预订 的 房间 是 包含 早餐 的，请 两位 在 早上 十点半 前 带着 房卡 到 三楼 的 餐厅 享用。
Shìde, liǎngwèi yùdìng de fángjiān shì bāohán zǎocān de, qǐng liǎngwèi zài zǎoshang shídiǎnbàn qián dàizhe fángkǎ dào sānlóu de cāntīng xiǎngyòng.

林 请问，房间 里面 有 手机 的 充电器 吗?
Qǐngwèn, fángjiān lǐmian yǒu shǒujī de chōngdiànqì ma?

前台人员 不好意思，我们 的 酒店 没有 为 客人 提供 充电器 的 服务。虽然 日本 和 中国 的 电压 不 一样，但是 手机 充电器 的 规格 是 全球 通用 的，输入 电压 没有 限制。两位 可以 放心 使用。
Bùhǎoyìsi, wǒmen de jiǔdiàn méiyou wèi kèrén tígōng chōngdiànqì de fúwù. Suīrán Rìběn hé Zhōngguó de diànyā bù yíyàng, dànshi shǒujī chōngdiànqì de guīgé shì quánqiú tōngyòng de, shūrù diànyā méiyou xiànzhì. Liǎngwèi kěyī fàngxīn shǐyòng.

林 好的，电梯 是 那边 吧?
Hǎode, diàntī shì nèibian ba?

前台人员 是的，请 两位 在 搭乘 电梯 前，先 用 房卡 在 电梯里 的 感应器 上 刷卡，然后 再 按下 对应 楼层 的 按钮。
Shìde, qǐng liǎngwèi zài dāchéng diàntī qián, xiān yòng fángkǎ zài diàntǐli de gǎnyìngqì shàng shuākǎ, ránhòu zài ànxià duìyìng lóucéng de ànniǔ.

伊藤 哦，看来 这家 酒店 的 安保 设施 做得 不错 呢。我们 快 走 吧，林 先生!
Ó, kànlai zhèjiā jiǔdiàn de ānbǎo shèshī zuòde búcuò ne. Wǒmen kuài zǒu ba, Lín xiānsheng!

前台人员 希望 两位 客人 住店 愉快!
Xīwàng liǎngwèi kèrén zhù diàn yúkuài!

語彙と文法

位（人を尊んで数える量詞）～名　帮忙　手伝う　双人房　ダブルルーム，大きなサイズの
ベッドが置いてある部屋。大床房 (dàchuángfáng) ということもある。ベッドが二つあ
るツインルームは双床房 (shuāngchuángfáng) という　分别　それぞれ　1807　yāo bā
líng sān 部屋番号・電話番号などの場合は1を yāo と読む　收　受けとる　楼　階・棟
餐厅　レストラン　享用（楽しんで）使う　为（発音 wèi）ために　虽然～但是… ～だが…
全球　グローバル　输入　入力（する）　电梯　エレベーター　感应器　センサー　刷卡　カー
ドをスキャンする　按钮　ボタン　安保　セキュリティ

補充表現　　ホテル用語

前台・总台・服务台	qiántái・zǒngtái・fúwùtái	フロント
接待处・登记处	jiēdàichù・dēngjìchù	受付
收款处	shōukuǎnchù	会計
咨询	zīxún	案内
单人房・～间	dānrénfáng・～ jiān	シングルルーム
标准间	biāozhǔn jiān	スタンダードルーム
套间	tàojiān	スイートルーム
叫醒服务	jiàoxǐng fúwù	モーニングコール
客房送餐	kèfáng sòngcān	ルームサービス
入住・登记	rùzhù・dēngjì	チェックイン
退房	tuìfáng	チェックアウト
押金	yājīn	デポジット・保証金

豆知識　　ホテルの名前

　固有名詞は中国語学習の盲点と言われることがあります。例えば，日本人の氏名や会社名な
どは中国語で発音されると，日本語と結びつかないことがよくあります。ホテルの名前も音訳
や意訳で名前がついていて，日本語や英語の名前と結びつきにくい場合があります。ですから，
中国語の名前も把握しておくといいでしょう。以下に例を挙げておきます。

花园饭店	Huāyuán fàndiàn	ガーデン・ホテル
迎宾馆	Yíngbīnguǎn	ゲスト・ホテル
洲际大酒店	Zhōujì dàjiǔdiàn	コンチネンタル・ホテル
香格里拉大酒店	Xiānggélǐlā dàjiǔdiàn	シャングリラ・ホテル
君悦大酒店	Jūnyuè dàjiǔdiàn	ハイアット・ホテル
希尔顿酒店	Xī'ěrdùn jiǔdiàn	ヒルトン・ホテル
波特曼丽嘉酒店	Bōtèmàn lìjiā jiǔdiàn	ポートマン・リッツ・カールトン
四季酒店	Sìjì jiǔdiàn	フォー・シーズンズ・ホテル
万豪酒店	Wànháo jiǔdiàn	マリオット・ホテル

1. Qǐngwèn yǒu shénme xūyào bāngmáng ne?

---

2. Wǒmen zài wǎngshàng yùdìng le liǎng jiān shuāngrén fáng.

---

3. Qǐng chūshì shēnfènzhèng.

---

4. Zhè shì liǎngwèi de fángkǎ, qǐng shōuhǎo.

---

5. Shǒujī chōngdiànqì de guīgé shì quánqiú tōngyòng de.

---

6. Qǐng xiān yòng fángkǎ zài diàntīli de gǎnyìngqì shàng shuākǎ.

---

7. Zhèjiā jiǔdiàn de ānbǎo shèshī zuò de bú cuò ne.

覚えておきたい表現

練習　**5b** 〉 本文を参照して中国語に訳してください。

1. 何かお手伝いが必要なことはありますか？

2.（私達は）ネットで二つダブルルームを予約しています。

3. 身分証をお示しください。

4.（これは）お二人のカードキーです。受けとってください。

5. 携帯電話の充電器の規格は世界共通です。

6. まずカードキーを使いエレベーターのセンサーでスキャンしてください。

7. このホテルのセキュリティ設備はいいですね。

《日本語訳》
○お二人様，いらっしゃいませ。○こんにちは。ネットでダブルルームを二つ予約してあります。○承知しました。お二人の身分証をお願い致します。○私たちは外国人ですので，中国の身分証はありません。パスポートを使えますか。○結構です。パスポートをお願い致します。（手続きをする）○こちらがお二人のカードキーでございます。部屋番号はそれぞれ 1807 と1809 でございます。どうぞ確認を。○すこしお聞きしたいのですが，こちらの宿泊料に朝食は含まれますか？○はい，お二人のご予約された部屋は朝食込みの料金です。朝 10 時半前にカードキーをお持ちになり三階のレストランでお楽しみいただけます。○あの，部屋にケータイの充電器はありますか？○申し訳ございません。私どものホテルではお客様のために充電器を用意しておりません。日本と中国の電圧は異なりますが，充電器の規格はグローバルなもので入力電圧には制限はありません。安心してご利用いただけるかと存じます。○分かりました。エレベーターはそこですか？○はい，エレベーターに乗る前にまずカードキーをセンサーでスキャンしていただき，ご利用の階のボタンを押してください。○このホテルのセキュリティは立派ですね。行きましょう。林さん。○お二人様よいご滞在を。

6 今後の予定（ホテルのカフェで）

服务员	两位 好，请问 需要 些 什么 呢？
	Liǎng wèi hǎo, qǐngwèn xūyào xiē shénme ne?
林	嗯…我 要 一杯 美式 咖啡 吧，伊藤，你 看看 要 点 什么？
	Ń…wǒ yào yìbēi měishì kāfēi ba, Yīténg, nǐ kànkan yào diǎn shénme?
伊藤	我 看看，我 要 一杯 卡布奇诺 吧，再 加上 这个 草莓 蛋糕！
	Wǒ kànkan, wǒ yào yìbēi kǎbùjīnuò ba, zài jiāshàng zhège cǎoméi dàngāo!
服务员	好的，一杯 美式 咖啡，一杯 卡布奇诺 还 有 一份 草莓 蛋糕，是 吗？
	Hǎode, yìbēi měishì kāfēi, yìbēi kǎbùjīnuò hái yǒu yífèn cǎoméidàngāo, shì ma?
林	是的，谢谢。
	Shìde, xièxie.

（服务员离开）

林	怎么样？伊藤，昨天 睡得 还 好 吗？
	Zěnmeyàng? Yīténg, zuótiān shuìde hái hǎo ma?
伊藤	很 好，这里 的 床铺 挺 软 的，睡得 非常 踏实。
	Hěn hǎo, Zhèlǐ de chuángpù tǐng ruǎn de, shuìde fēicháng tāshi.
林	那，我们 来 商量 一下 接下来 的 安排 吧？
	Nà, wǒmen lái shāngliang yíxià jiēxiàlai de ānpái ba?
伊藤	好的。
	Hǎode.
林	按照 原定 的 计划，我们 这次 在 中国 大概 会 逗留 三 到 六个 月 在 此 期间，我们 应该 尽量 配合 中国 分公司 的 同事们 的 安排，昨天 江 小姐 给 我们 介绍 的 张 先生，就是 这个 项目 的 主要 负责人，我们 主要 和 他 对接 就 好 了。
	Ànzhào yuándìng de jìhuà, wǒmen zhècì zài Zhōngguó dàgài huì dòuliú sān dào liùge yuè zài cǐ qījiān, wǒmen yīnggāi jǐnliàng pèihé Zhōngguó fēngōngsī de tóngshìmen de ānpái, zuótiān Jiāng xiǎojiě gěi wǒmen jièshào de Zhāng xiānsheng, jiùshi zhège xiàngmù de zhǔyào fùzérén, wǒmen zhǔyào hé tā duìjiē jiù hǎo le.
伊藤	我 明白 了。在 此 期间 我 一定 会 好好 配合 张 先生 工作 的。嘿 嘿嘿。
	Wǒ míngbai le. Zài cǐ qījiān wǒ yídìng huì hǎohao pèihé Zhāng xiānsheng gōngzuò de. Hēihēihēi.
林	你 偷笑 什么 啊？看上去 这么 得意 的 样子。
	Nǐ tōuxiào shénme a? Kànshàngqu zhème déyì de yàngzi.
伊藤	没有，我 在 想 难得 来 一次 中国，趁 工作 之余，一定 要 好好 到 处 逛逛。
	Méiyou, wǒ zài xiǎng nándé lái yícì Zhōngguó, chèn gōngzuò zhīyú, yídìng yào hǎohao dàochù guàngguang.
林	也是。不过 也 不用 太 着急，这次 的 项目 要是 落实了 之后，以后

还 可能 有 要 出差 来到 中国 的 机会，到时候 也 不一定 是 来 上海，说不定 能 到 北京 或者 深圳 的 分公司。

Yěshì. Búguò yě búyòng tài zháojí, zhècì de xiàngmù yàoshi luòshíle zhīhòu, yǐhòu hái kěnéng yǒu yào chūchāi láidào Zhōngguó de jīhuì, dàoshíhou yě búyídìng shì lái Shànghǎi, shuōbudìng néng dào Běijīng huòzhě Shēnzhèn de fēngōngsī.

伊藤　哇，那 真是 太 棒 了!
　　　Wa, nà zhēnshì tài bàng le!

林　　所以 你 要 好好 推进 这个 项目 呀!
　　　Suǒyǐ nǐ yào hǎohao tuījìn zhège xiàngmù ya!

伊藤　是的!
　　　Shìde!

（服务员端着盘子上前）

服务员　两位，这 是 你们 点 的 咖啡 和 蛋糕，请 享用。
　　　　Liǎngwèi, zhè shi nǐmen diǎn de kāfēi hé dàngāo, qǐng xiǎngyòng.

》 語彙と文法

需要些什么 何か必要ですか？　些は丁寧な感じを表す　再加上 そのうえ　份 ～（人）分
还好 まあまあ良い　床铺 ベッド　踏实 落ちついている　商量 相談する　接下来 次・これから　安排 手配する　原定 最初に決めた　项目 プロジェクト　负责人 責任者　对接 連携する・ドッキングする　配合 チームで仕事する　逛 ぶらぶら歩く　也是（呆れて）ほんとうにもう　着急 慌てる　落实 確実にする・具体化する　说不定 ～かもしれない

》 補充表現　　カフェ用語

热混合咖啡	Rè hùnhé kāfēi	ホットブレンドコーヒー
冰拿铁咖啡	bīng nátiě kāfēi	アイスカフェラテ
柠檬红茶	níngméng hóngchá	レモンティー
抹茶拿铁	mǒchá nátiě	抹茶ラテ
橙汁	chéngzhī	オレンジジュース
健怡可乐	jiànyí kělè	ダイエットコーラ
冰激凌	bīngjīlíng	アイスクリーム

豆知識　単語のニュアンス

　『東方中国語辞典』（2004 年）は面白い辞書です。「中国人の頭の中を辞書にする」をコンセプトにおよそ 200 人の中国語専門家が 17 年の歳月をかけて作りました。大きな特長は 800 項目近くの「どうちがう？」というコラムがあることです。

　ここの本文にある踏实 tāshi という語を引くと〝落ちついている心理状態〟を指すと載っています。したがって，睡得踏实が〝ぐっすり眠る〟という意味になるのですが，「どうちがう？」をチェックすると，ほかにも扎实 zhāshi という言葉もあり，こちらは〝堅実な技量を身につけている〟ことを表すそうです。したがって，次のような違いが分かります。

　学得踏实（落ち着いて）真面目に勉強する　学得扎实（手落ちがなく）しっかり勉強する

1. Wǒ yào yìbēi kǎbùjīnuò ba, zài jiāshàng zhège cǎoméi dàngāo!

_____

2. Wǒ zuótiān shuìde fēicháng tāshi.

_____

3. Wǒmen lái shāngliang yíxià jiēxiàlai de ānpái ba?

_____

4. Wǒmen yīnggāi jǐnliàng pèihé Zhōngguó fēngōngsī de tóngshìmen.

_____

5. Zhāng xiānsheng jiùshi zhège xiàngmù de zhǔyào fùzérén.

_____

6. Wǒmen zhǔyào hé tā duìjiē jiù hǎo le.

_____

7. Chèn gōngzuò zhī yú, yídìng yào hǎohao dàochù guàngguang.

....

覚えておきたい表現

_____

_____

_____

_____

練習 **6b** > 本文を参照して中国語に訳してください。

1. 私はカプチーノが欲しいです，このイチゴケーキを追加します。

2. 私は昨日ぐっすり眠りました。

3.（私達は）これからの手配をすこし相談しましょう。

4. 私達はできるだけ中国支社の同僚達に協力すべきだ。

5. 張さんがこのプロジェクトの主要な責任者です。

6. 私達は主に彼と連携していけばいい。

7. 仕事の合間にきっと（しっかり）いろいろな所を見て回ります。

《日本語訳》
○何になさいますか？○ぼくはアメリカンコーヒーにする。伊藤さんは何を頼む？○カプチーノにします。それにこのイチゴケーキ！○分かりました。アメリカンコーヒー一つ，カプチーノ一つ，それにイチゴケーキ一つですね？○そうです。ありがとう。（ウェイターが去る）○どう？伊藤さん，昨日はよく眠れた？○いい感じです。ここのベッドは柔らかくてぐっすり寝られました。○じゃあ，これからの手順をちょっと相談しようか？○はい。○当初の計画だと今回は中国に３カ月から６カ月滞在して，この期間でできるだけ中国支社の仲間が手配してくれた仕事に協力していかなくてはいけない。昨日，江さんが紹介してくれた張さんがこのプロジェクトの主要な責任者で，彼と連携するのがいい。○分かりました。出張の間，しっかり張さんと協力しましょう。へへへ○忍び笑いか？機嫌がよさそうだね。○いいえ，中国に来るなんて滅多にないから仕事の合間にあちこち行きますよ。○困ったもんだ。でも，あまり慌てる必要はない。今回のプロジェクトがやりとげられたら，また中国に出張に来るチャンスがある。上海に限らず，北京や深圳の支社にも行けるかもしれない。○わ，すごい。○だから，しっかりこのプロジェクトをやろう！○そうですね。（ウェイターが皿をもってくる）○ご注文のコーヒーとケーキです，どうぞ。

タクシーを呼ぶ

（酒店的前台）

林 你好，请问 可以 帮 我们 预约 一辆 出租车 吗? 下午 两点半 从 酒
店 出发 到 浦东 的 申美 公司。
Nǐhǎo, qǐngwèn kěyǐ bāng wǒmen yùyuē yíliàng chūzūchē ma? Xiàwǔ liǎngdiǎnbàn cóng jiǔdiàn chūfā dào Pǔdōng de Shēnměi gōngsī.

前台人员 我们 这边 可以 为 您 提供 出租车 预约 服务。不过，我们 推荐 您
使用 "滴滴打车"。 在 中国 只要 使用 这个 APP，无论 在 哪里 都
能 轻易 地 叫到 出租车，非常 的 方便。
Wǒmen zhèbian kěyǐ wèi nín tígōng chūzūchē yùyuē fúwù. Búguò, wǒmen tuījiàn nín shǐyòng "Dīdīdǎchē". Zài Zhōngguó zhǐyào shǐyòng zhèige APP, wúlùn zài nǎli dōu néng qīngyì de jiàodào chūzūchē, fēicháng de fāngbiàn.

林 哦? 我 应该 怎么 找到 这个 APP 呢?
Ó? Wǒ yīnggāi zěnme zhǎodào zhèige APP ne?

人员 不好意思，可以 借用 一下 您 的 手机 吗? 从 手机 的 应用市场 这
里 搜索 一下，就 能 下载 了。然后 再 用 您 的 手机号 注册 一个
账号，就 可以 随时 随地 地 叫到 出租车 了。
Bùhǎoyìsi, kěyǐ jièyòng yíxià nín de shǒujī ma? Cóng shǒujī de yìngyòngshìchǎng zhèli sōusuǒ yíxià, jiù néng xiàzài le. Ránhòu zài yòng nín de shǒujīhào zhùcè yíge zhànghào, jiù kěyǐ suíshí suídì de jiàodào chūzūchē le.

林 真是 个 优秀 的 APP 呢。
Zhēnshì ge yōuxiù de APP ne.

人员 先生，是否 还 需要 我们 这边 给 您 预约 出租车 呢?
Xiānsheng, shìfǒu hái xūyào wǒmen zhèbian gěi nín yùyuē chūzūchē ne?

林 不用 了，我 自己 用 这个 APP 来 预约 就 好 了。
Búyòng le, wǒ zìjǐ yòng zhège APP lái yùyuē jiù hǎo le.

人员 好的，很 高兴 为 您 服务。
Hǎode, hěn gāoxìng wèi nín fúwù.

伊藤 林 先生，就是 这个 APP 可以 随时 叫到 出租车 吗?
Lín xiānsheng, jiùshi zhège APP kěyǐ suíshí jiàodào chūzūchē ma?

林 是的，我 正在 研究 怎么 使用 呢。
Shìde, wǒ zhèngzài yánjiū zěnme shǐyòng ne.

伊藤 林 先生，等 你 搞清楚 怎么 用了 以后，请 帮 我 下载 一个!
Lín xiānsheng, děng nǐ gǎoqīngchu zěnme yòngle yǐhòu, qǐng bāng wǒ xiàzài yíge!

林 没 问题。
Méi wèntí.

語彙と文法

出租车 タクシー　推荐 推薦する・勧める　无论～ ～にかかわりなく　轻易 手軽に・たやすく
应用市场（スマホの）アプリストア　搜索 検索（する）　下载 ダウンロード（する）　注册 登録
（する）　账号 アカウント・口座　随时随地 いつでもどこでも　是否 ～かどうか　研究 検討す
る・研究する　搞清楚 はっきりする

補充表現　　スマートフォンの用語

智能手机	Zhìnéngshǒujī	スマートフォン
短信	duǎnxìn	ショートメール
蓝牙	lányá	ブルートゥース
应用软件	yìngyòng ruǎnjiàn	アプリ
Wifi 密码	Wifi mìmǎ	Wifi パスワード
翻译软件	fānyì ruǎnjiàn	翻訳アプリ
飞行模式	fēixíng móshì	フライトモード
网络搜索	wǎngluò sōusuǒ	ネット検索

豆知識　中国語の文成分

中国語の文成分（文中の語の役割）には次に挙げる 6 種があります。

①主语 zhǔyǔ	主語	一般に名詞（句）で，述語の説明対象。
②谓语 wèiyǔ	述語	主語の説明。
③宾语 bīnyǔ	目的語	動詞の後ろの連帯成分。
④补语 bǔyǔ	補語	動詞・形容詞の後ろにつく補充成分。
⑤定语 dìngyǔ	連体修飾語	名詞の前の修飾成分。
⑥状语 zhuàngyǔ	連用修飾語	動詞・形容詞の前の修飾成分。

これを理解すると，中国語の用法辞典を読むことができます。ここでは高兴を例に単語の理解を深めてみましょう。用例辞典には次のような記述が書いてあります（李億民，1995）。

高兴：【形】愉快で興奮する。定语・谓语・状语・补语になる。

この記述から次のような用例が正しいことが分かります。

高兴的事情　　うれしいこと（定语：連体修飾語　的 de を使う）
我很高兴。　　私はうれしい。（谓语：述語）
她高兴地走着。　彼女はうれしそうに歩いている。（状语：連用修飾語　地 de を使う）
我们过得高兴。　私達は楽しく過ごす。（补语：補語）

また〝高兴〟は生活の豊かさには使えず，この場合は〝美好〟を使うことも分かります。

*他家有汽车、游泳池，生活十分高兴。　*は病句（おかしな文）です。
　彼の家には車もプールもあり，生活は十分うれしい。（×）

他家有汽车、游泳池，生活十分美好。
　彼の家には車もプールもあり，生活は十分立派だ。（○）

形容詞の中には「述語になれない形容詞」があります。例えば，高速を用例辞典で引くと次のように書いてあります。

高速：高速度。定语・状语になる。状语になっても地 de を伴わない。重ね型にしない。

したがって，高速铁路（高速鉄道）はＯＫですが，*我的汽车很高速（私の車は高速だ）は間違いだと分かります。この場合は我的汽车速度很快（私の車はスピードが速い）の方が自然でしょう。

1. Qǐng wèn kěyǐ bāng wǒmen yùyuē yíliàng chūzūchē ma?

2. Wǒmen zhèbian kěyǐ wèi nín tígōng chūzūchē yùyuē fúwù.

3. Zhǐyào shǐyòng zhège APP, wúlùn zài nǎli dōu néng jiàodào chūzūchē.

4. Cóng shǒujī de yìngyòngshìchǎng sōusuǒ yíxià, jiù néng xiàzài le.

5. Wǒ zìjǐ yòng zhège lái yùyuē.

6. Hěn gāoxìng wèi nín fúwù.

7. Wǒ zhèngzài yánjiū zěnme shǐyòng ne.

覚えておきたい表現

練習 7b > 本文を参照して中国語に訳してください。

1. （お尋ねしますが）私達（を助けて）タクシーを1台予約できますか。

....

2. 私達の所は（あなたのために）タクシー予約サービスを提供できます。

....

3. このアプリを使うだけで，どこでもタクシーを呼ぶことができます。

....

4. ケータイのアプリストアからすこし検索すれば，すぐにダウンロードできます。

....

5. 私は自分でこれを使って予約します。

....

6. お役に立ててうれしいです。

....

7. （私は）どうやって使うか研究しているところです。

....

《日本語訳》

（ホテルのフロントで）○タクシーを1台予約できますか？午後2時半，ホテルから出発して浦東の申美公司までです。○私どもではタクシーの予約サービスを承っております。ですが〝滴滴打車〟をお勧めします。中国ではこのアプリさえ使えば，どこにいても手軽にタクシーを呼べるので，大変便利です。○そのアプリはどうやって探せばいいのかな？○すみませんが，ケータイをお借りできますか？ケータイのアプリストアから検索してダウンロードできます。そして，ケータイ番号でアカウントを登録すれば，いつでもどこでもタクシーを呼べるようになります。○ほんとうに優れたアプリだね。○お客さま，まだ私どもでタクシーのご予約は必要ですか？○いや，もう要らないです。このアプリを使って自分で予約すればいいからね。○承知しました。お役に立ててうれしいです。○林さん，そのアプリ，いつでもタクシーを呼べるの？○そうだよ。どうやって使うか試しているところ。○林さん，分かったら私にも一つダウンロードしてください！○いいよ。

（出租车上）

司机 两位 好，请问 是 到 浦东 的 申美 公司 吗?
Liǎngwèi hǎo, qǐngwèn shì dào Pǔdōng de Shēnměi gōngsī ma?

伊藤 是的。
Shìde.

司机 好的，两位 请 系好 安全带。
Hǎode, liǎngwèi qǐng jìhǎo ānquándài.

林 对了，师傅，我 想 向 你 打听 个 事，你 知道 我们 的 目的地 附近
有没有 适合 年轻人 买 衣服 的 店?
Duìle, shīfu, wǒ xiǎng xiàng nǐ dǎtīng ge shì, nǐ zhīdào wǒmen de mùdìdì fùjìn yǒu
méiyou shìhé niánqīngrén mǎi yīfu de diàn?

司机 买 衣服 吗? 两位 可以 去 陆家嘴 的 正大广场 那 瞧瞧，那里 比较
多 的 专卖店，应该 会 有 合适 你们 的 吧。
Mǎi yīfu ma? Liǎngwèi kěyǐ qù Lùjiāzuǐ de Zhèngdàguǎngchǎng nà qiáoqiao, nàlǐ bǐjiào
duō de zhuānmàidiàn, yīnggāi huì yǒu héshì nǐmen de ba.

伊藤 陆家嘴? 真是 有趣 的 名字 呢。
Lùjiāzuǐ? Zhēnshì yǒuqù de míngzi ne.

司机 哈哈哈，上海 还 有 许多 更 有趣 的 地名 呢，你们 一定 会 有 机会
见到 的。
Hāhāhā, Shànghǎi hái yǒu xǔduō gèng yǒuqù de dìmíng ne, nǐmen yídìng huì yǒu jīhuì
jiàndào de.

林 师傅，我 想 问 一下 你 说 的 正大广场 的 门店，除了 现金 支付 以
外，是否 支持 其他 支付 方式 呢? 我们 是 从 日本 来 的，今天 带
出门 的 现金 比较 少，可以 刷卡 支付 吗?
Shīfu, wǒ xiǎng wèn yíxià nǐ shuō de Zhèngdàguǎngchǎng de méndiàn, chúle xiànjīn
zhīfù yǐwài, shìfǒu zhīchí qítā zhīfù fāngshì ne? Wǒmen shì cóng Rìběn lái de, jīntiān
dài chūmén de xiànjīn bǐjiào shǎo, kěyǐ shuākǎ zhīfù ma?

司机 当然，现在 在 中国 国内，最 流行 的 付款 方式 是 用"支付宝"和
"微信"这 两个 软件 来 进行 支付。上到 买 车 买 房，下到 买 瓶
水，拿着 手机 就 能 完成 支付 了。
Dāngrán, xiànzài zài Zhōngguó guónèi, zuì liúxíng de fùkuǎn fāngshì shì yòng"Zhīfùbāo"
hé "Wēixìn" zhè liǎngge ruǎnjiàn lái jìnxíng zhīfù. Shàngdào mǎi chē mǎi fáng, xiàdào
mǎi píng shuǐ, názhe shǒujī jiù néng wánchéng zhīfù le.

伊藤 真 厉害 呢!
Zhēn lìhai ne!

司机 当然，刷卡 和 现金 也 是 可以 的。哦，对了，你们 在 日本 办 的
信用卡 是 VISA 的 吗? 不然 可 不能 在 中国 刷 哦。
Dāngrán, shuākǎ hé xiànjīn yě shì kěyǐ de. O, duìle, nǐmen zài Rìběn bàn de xìnyòngkǎ
shì VISA de ma? Bùrán kě bùnéng zài Zhōngguó shuā o.

林 好的，谢谢 提醒。对了，师傅 我 想 请教 一下，在 正大广场 里 有

哪些 店铺 你 是 比较 推荐 的?

Hǎo de, xièxie tíxǐng. Duìle, shīfu wǒ xiǎng qǐngjiào yíxià, zài Zhèngdàguǎngchǎng li yǒu něxiē diànpù nǐ shì bǐjiào tuījiàn de?

司机　我 想想…阿迪达斯、耐克、以纯 什么 的，哦，还 有 你们 日本 的 优衣库，都 比较 适合 你们 年轻人 去 看看!

Wǒ xiǎngxiang… Ādídásī, Nàikè, Yǐchún shénme de, ó, hái yǒu nǐmen Rìběn de Yōuyīkù, dōu bǐjiào shìhé nǐmen niánqīngrén qù kànkan!

語彙と文法

系（発音 jì）結ぶ。系统などの時は xì　安全带 シートベルト　师傅（技能のある人を呼ぶ時に使う）～さん　适合 合う・適合している。合适も参照　年轻人 若者　瞧 見る・眺める　合适 似合う・サイズなどが合う　有趣 おもしろい　门店（チェーンの）店舗・小売店　支付 支払（う）　出门 外出する　付款 支払う　支付宝 アリペイ　微信 ウィーチャット。支払い機能もある　厉害 すごい　信用卡 クレジットカード　不然 そうでないと　提醒 注意を与える・気づかせる　阿迪达斯 アディダス　耐克 ナイキ　以纯 YISION。中国の服飾ブランド　优衣库 ユニクロ

補充表現　電子商取引（EC）用語

证件号	zhèngjiànhào	身分証番号
扫描	sǎomiáo	スキャン（する）
二维码	èrwéimǎ	QRコード
充值	chōngzhí	チャージ
转账	zhuǎnzhàng	個人送金 → 红包 hóngbāo（お年玉）・AA 制 zhì（割り勘）
代金券	dàijīnquàn	クーポン
银联卡	yínliánkǎ	銀聯カード
包邮	bāoyóu	送料込み
账户收费	zhànghù shōufèi	ユーザーが払う手数料
亲	qīn	亲爱的の略，お客様の意味。商品紹介等に使われる。

豆知識　上海のタクシー

　上海のタクシーはおよそ 5 万台程度です。タクシー料金は 3km までの初乗り（起步价 qǐbù jià）が概ね 14 ～ 16 元程度ですが，ガソリン価格（汽油费 qìyóufèi）などによって変動します。以降は 1km ごとに 2.7 元の料金で，低速待機料金（低速等候费 Dīsùděnghòufèi 時速 12km 未満の速度）は 4 分ごとに 1.5km の運賃になります（上海市发展和改革委员会，2022）。

　春節（春节 chūnjié）の時期には 10 元，国慶節（国庆节 guóqìngjié）やメイデイ（劳动节 láodòngjié）の時期などには 5 元の追加料金があり，夜間や早朝にも割増があります。

　また，現在ではスマホ・アプリによる配車が普及していますので，街角などで手を挙げてもタクシーが停まってくれない場合もあります。街路などでタクシーを停める場合は，停車しやすい場所に移動しておくのも大事です。

1. Qǐng jìhǎo ānquándài.

2. Shīfu, wǒ xiǎng xiàng nǐ dǎtīng ge shì,

3. Nǐ zhīdào mùdìdì fùjìn yǒuméiyou shìhé niánqīngrén mǎi yīfu de diàn?

4. Chúle xiànjīn zhīfù yǐwài, shìfǒu zhīchí qítā zhīfù fāngshì ne?

5. Zuì liúxíng de fùkuǎn fāngshì shì yòng "zhīfùbǎo" hé "wēixìn".

6. Dāngrán, shuākǎ hé xiànjīn yěshì kěyǐ de.

7. Xièxie tíxǐng. yǒu něxiē diànpù nǐ shì bǐjiào tuījiàn de?

覚えておきたい表現

練習 **8b** 本文を参照して中国語に訳してください。

1. シートベルトを締めてください。

2. 運転手さん，ちょっと（あなたに）聞きたいのですが。

3. 目的地の近くに若い人が服を買うのに適した店があるか知っていますか？

4. 現金払いのほかに，他の支払い方法はありますか？

5. 一番流行っている支払い方法はアリペイとウィーチャットです。

6. もちろん，クレジットカードと現金でもいいです。

7. ご忠告ありがとう。お勧めの店はありますか？

《日本語訳》
○（タクシーの中で）お客さん，こんにちは。浦東の申美公司までですね？○そうです。○分かりました。お二人ともシートベルトを締めてください。○そうだ，運転手さん，ちょっと聞きたいのですが，目的地の近くに若者が服を買うのにいい店はありますか？○服を買うんですか？陸家嘴の正大広場に行って見てみるといいですね。あそこは割に専門店が多くて似合うものがあるかもしれないね。○陸家嘴？面白い名前ですね。○ハハ，上海にはまだたくさん面白い地名があるよ。きっと見かけることもあるよ。○運転手さん，正大広場のお店だけど，現金のほかに支払い方法がありますか？ぼくらは日本から来たので今日は現金をあまり持って出てないんですよ。カードでも払えるかな？○もちろん。いま中国国内で一番流行っているのはアリペイとウィーチャットの二つのアプリの支払いだね。車や家から水一本までケータイを持っていれば支払いが終わりです。○すごい！○もちろんカードや現金でもいいですよ。そうだ。日本で使うクレジットカードは VISA だよね？そうでないと中国では使えないよ。○そうですね。ご忠告ありがとう。そうだ。教えてもらいたいのだけど，正大広場のどの店がお勧めですか？○えーと，アディダス，ナイキ，以純とか，あ，日本のユニクロもある。どれもあなた達みたいな若い人に似合うから見に行くといいですよ。

5 两位好，请问有什么需要帮忙呢？你好，我们在网(^{1})预订了两间双人房。好的，请两位出(^{2})身份证。我们是外国(^{3})，没有中国的身份证，请问(^{4})护照可以吗？可以的，请两位出示护照。这是两位的房(^{5})，房间号(^{6})别是1807和1809，请两位收好。我想请问一下，这里的房间费包含(^{7})餐吗？是的，两位预(^{8})的房间是包含早餐的，请两位在早上(^{9})点半前带着房卡到(^{10})楼的餐厅享用。请问，房间里面有手机的充电器吗？不好意思，我们的酒店没有(^{11})客人提供(^{12})电器的服务。虽然日本和中国的电压(^{13})一样，但是手机充电器的规格是(^{14})球通用的，输(^{15})电压没有限制。两位可以放心使用。好的，(^{16})梯是那边吧？是的，请两位在搭乘电梯前，先用房卡在电梯里的感应器(^{17})刷卡，然后再按(^{18})对应楼层的按钮。哦，看来这家酒店的安保设施做得(^{19})错呢。我们快走吧，林先生！希望两位客(^{20})住店愉快！

6 两位好，请问需要些什么呢？嗯…我要(^{1})杯美式咖啡吧，伊藤，你看看要点什么？我看看，我要一杯卡布奇诺吧，再加(^{2})这个草莓蛋糕！好的，一杯美式咖啡，一杯卡布奇诺还有(^{3})份草莓蛋糕，是吗？是的，谢谢。怎么样？伊藤，昨天睡得还(^{4})吗？很好，这里的床铺挺软的，睡得非常踏实。那，我们来商量一下接下来的(^{5})排吧？好的。按照原定的计划，我们这次在中国(^{6})概会逗留三到(^{7})个月在此期间，我们应该尽量配合中国(^{8})公司的同事们的安排，昨(^{9})江小姐给我们(^{10})绍的张先生，就是这个项目的(^{11})要负责人，我们主要和(^{12})对接就好了。我明白了。在(^{13})期间我一定会好好配合张先生(^{14})作的。嘿嘿嘿。你偷笑什么啊？看上去这么得意的样(^{15})。没有，我在想难得来一次中国，趁工作之余，(^{16})定要好好到处逛逛。也是。不过(^{17})不用太着急，这次的项目要是落实了之后，以后还可能有要出差来到中国的机会，到时候也(^{18})一定是来上海，说不定能到北京或者深圳的分公司。哇，那真是(^{19})棒了！所以你要好好推进这个项目呀！是的！两位，这是你们点的咖啡(^{20})蛋糕，请享用。

7 你好，请问可（¹ ）帮我们预约一辆出租车吗？（² ）午两点（³ ）从酒店出发到浦东的申美公司。我们这边可（⁴ ）为您提供出租车预约服（⁵ ）。不过，我们推荐您使用"滴滴打车"。在中国（⁶ ）要使用这个，（⁷ ）论在哪里都能轻易地叫到出租车，非常的（⁸ ）便。哦？我应该怎么找到这个 APP 呢？不好意思，可以借用一下您的手机吗？（⁹ ）手机的应用（¹⁰ ）场这里搜索一下，就能下载了。然后再用您的手机（¹¹ ）注册一个账号，就可以随（¹² ）随地地（¹³ ）到出租车了。真是个优秀的 APP 呢。先生，是否还需要我们这边给您预约出租（¹⁴ ）呢？不用了，我自（¹⁵ ）用这个 APP 来预约就好了。好的，很高（¹⁶ ）为您服务。林先生，就是这个 APP（¹⁷ ）以随时叫到出租车吗？是的，我（¹⁸ ）在研究怎么使用呢。林先生，等你搞清楚怎么用（¹⁹ ）以后，请帮我下载一（²⁰ ）！没问题。

8 两位好，请问是到浦（¹ ）的申美公司吗？是的。好的，两位请系好安全带。对了，师傅，我想向你（² ）听个事，你知道我们的目的地附近有没有适（³ ）年轻人买衣服的店？买衣服吗？两位（⁴ ）以去陆家嘴的正大（⁵ ）场那瞧瞧，那里比较多的（⁶ ）卖店，应该会有合适你们的吧。陆家嘴？真是有趣的（⁷ ）字呢。哈哈哈，上海还有许多更有趣的地名呢，你们（⁸ ）定会有机会（⁹ ）到的。师傅，我想问一下你说的正大广场的（¹⁰ ）店，除了现金支（¹¹ ）以外，是否支持其他支付方式呢？我们是（¹² ）日本来的，今天带出门的现金比较（¹³ ），可以刷卡支付吗？当然，现在在中国国（¹⁴ ），最流行的付款方式是用"支付宝"和"微信"这两个软（¹⁵ ）来进行支付。上到买车买房，下到买瓶（¹⁶ ），拿着手机就能完成（¹⁷ ）付了。真厉害呢！当然，刷卡和现金也是可以的。哦，对了，你们在日本办的信用卡是 VISA 的吗？不然可（¹⁸ ）能在中国刷哦。好的，谢谢提醒。对了，师傅我想请教一下，在正大广场里有哪些店铺你是（¹⁹ ）较推荐的？我想想…阿迪达斯、耐克、以纯什么的，哦，还有你们日本的优衣库，都比较适合你们年轻（²⁰ ）去看看！

9 　洋服店

伊藤 哇，林 先生，这么 多 的 商店，来到 中国 终于 有 机会 好好 逛街 了!
Wa, Lín xiānsheng, zhème duō de shāngdiàn, láidào Zhōngguó zhōngyú yǒu jīhuì hǎohǎo guàng jiē le!

林 因为 江 女士 说 上海 现在 正在 换季，我们 需要 应对 不同 气温 的 衣服，才 来 买 衣服 的。我们 带 的 大多 是 夏天 的 衣服，要是 气温 降下来 了，我们 可 要 受冻 了。
Yīnwèi Jiāng nǚshì shuō Shànghǎi xiànzài zhèngzài huànjì, wǒmen xūyào yìngduì bùtóng qìwēn de yīfu, cái lái mǎi yīfu de. Wǒmen dài de dàduō shì xiàtiān de yīfu, yàoshi qìwēn jiàngxiàlai le, wǒmen kě yào shòudòng le.

伊藤 对 啊，那，我们 还是 先 买好 秋冬季 的 衣服 再 去 别的 店 逛逛 吧! 林 先生 我们 走! 先 去 那家 吧!
Duì a, nà, wǒmen háishi xiān mǎihǎo qiūdōngjì de yīfu zài qù biéde diàn guàngguang ba! Lín xiānsheng wǒmen zōu! Xiān qù nèijiā ba!

(服装店内)

店员 两位 好，请问 需要 什么样 的 衣服 呢?
Liǎngwèi hǎo, qǐngwèn xūyào shénmeyàng de yīfu ne?

林 我们 想 买 一些 适合 秋冬季 的 衣服，你们 有 什么 推荐 吗?
Wǒmen xiǎng mǎi yìxiē shìhé qiūdōngjì de yīfu, nǐmen yǒu shéme tuījiàn ma?

店员 这样 嘛，让 我 看看。先生 你 的 话，可以 看看 这边 的 长袖 衬衫 和 裤子，比较 适合 你 的 形象 和 风格。我们 这里 有 不同 样式 和 材料 的 衬衫 和 裤子，先生 你 可以 稍微 看看，选择 自己 喜欢 的。
Zhèyàng ma, ràng wǒ kànkan. Xiānsheng nǐ dehuà, kěyǐ kànkan zhèbian de chángxiù chènshān hé kùzi, bǐjiào shìhé nǐ de xíngxiàng hé fēnggé. Wǒmen zhèlǐ yǒu bùtóng yàngshì hé cáiliào de chènshān hé kùzi, xiānsheng nǐ kěyǐ shāowēi kànkan, xuǎnzé zìjǐ xǐhuān de.

伊藤 那 我 呢?
Nà wǒ ne?

店员 这位 小姐 的 话，可以 到 女装区 看看。那边 有 比较 厚绒 的 外套 和 加绒 的 长裙 等等。寒冷 季节 也 能 打扮得 漂亮。
Zhèwèi xiǎojiě dehuà, kěyǐ dào nǚzhuāngqū kànkan. Nàibiān yǒu bǐjiào hòuróng de wàitào hé jiāróng de chángqún děngdeng. Hánlěng jìjié yě néng dābànde piàoliang.

伊藤 那 真是 太棒 了，我 要 好好 看看!
Nà zhēnshì tài bàng le, wǒ yào hǎohǎo kànkan!

林 对了，我 想 问 一下，你 这里 有没有 别的 例如 袜子 以及 贴身 衣物 卖?
Duìle, wǒ xiǎng wèn yíxià, nǐ zhèlǐ yǒuméiyou biéde lìrú wàzi yǐjí tiēshēn yīwù mài?

店员 有的，就 在 这边，我 带 你 过去。
Yǒude, jiù zài zhèbian, wǒ dài nǐ guòqu.

林 好的。伊藤! 我 到 那边 去 看看，你 可 不要 看 太久 咯。

Hǎode. Yìténg! Wǒ dào nèibian qù kànkan, nǐ kě búyào kàn tài jiǔ lo.

伊藤　　嗯，你 快 去 吧。
　　　　Ń, nǐ kuài qù ba.

》》 語彙と文法

終于 ついに・とうとう　換季 季節の変わり目　需要 必要とする　応対 対応・対処（する）
受冻 凍える　让我看看（考え中）そうですね……　长袖衬衫 長袖シャツ　裤子 ズボン・スラッ
クス　形象 姿・形　样式 タイプ・型　稍微 すこし　女装区 レディース売り場　厚绒 厚手の
起毛素材　长裙 ロングスカート　打扮 着飾る・装う　棒 すごい・立派だ　袜子 靴下・ソック
ス　贴身衣物 肌着　过去（空間を通り過ぎて）行く　咯 断定・命令を表す語気詞

》》 補充表現　　ファッション用語

风衣	fēngyī	ウインドブレーカー
连帽外套	liánmào wàitào	フード付きコート
拉链茄克	lāliàn jiākè	ジッパー付きジャケット
羽绒茄克	yǔróng jiākè	ダウンジャケット
修身牛仔裤	xiūshēn niúzǎikù	スリムジーンズ
商务衬衫	shāngwù chènshān	ビジネスシャツ・ブラウス
防皱衬衫	fángzhòu chènshān	しわになりにくいシャツ
针织衫	zhēnzhīshān	ニット・セーター
打褶裙	dǎzhěqún	プリーツ・スカート
黑科技保暖衣	hēikējì bǎonuǎnyī	ヒートテック

《小美の中国お仕事コラム》　中国発のファッション・ブランド

　最近，アジア発のファッションを扱う通販サイトの普及もあり，中国発の服飾ブランドが注目を集めています。以下に代表的なブランドを紹介しておきます。
　URBAN REVIVO（UR 快尚時装）：2006 年創業。中国版 ZARA と言われ，中国・シンガポールなどに 230 余の店舗を展開し，ロンドンにも店舗があります。毎週 100 種の新製品が開発され，フィッティング・ミラーにサイズ・データを表示するなど，IoT も推進しています。
　李寧（LI-NING）：1990 年に元体操選手の李寧が創業。中国を代表するスポーツウェア，シューズブランドです。2018 年にはニューヨーク・ファッション・ウィーク，2019 年にはパリコレにも出展しています。
　単農（DAN NONG）：2013 年にスタートしたメンズブランド。中国では 100 店舗を展開し，日本の南青山や銀座にも店舗があります。
　播 broadcast：1997 年創業。20 ～ 30 代の女性向けブランド。中国国内に 700 の専売店があり，ブランド名には希望・伝播・播種の意味が込められています。
　LILY：2000 年創業。都市 OL 向けブランド。中国国内に 700 の店舗があり，ロシア・サウジアラビア・タイ・シンガポールにも展開し，ミラノ・コレクションにも出展しています。
　石庫門 S. K.Door：上海スタイルを中心に据えた女性ファッション・ブランド。〝上海ロマン・精緻・自然を尊ぶゆとりある生活を広げる〟というコンセプトがあります。
　ファッションモデルの活動も盛んで，2020 年の最優秀モデルに徐暁倩（Xú Xiǎoqiàn），李博文（Lǐ Bówén）が選ばれています。

1. Yīnwèi Shànghǎi xiànzài zhèngzài huànjì, wǒmen xūyào yìngduì qìwēn.

2. Yàoshi qìwēn jiàngxiàlai le, wǒmen yào shòudòng le.

3. Ràng wǒ kànkan. Xiānsheng nǐ de huà, kěyǐ kànkan zhèbian.

4. Kěyǐ kànkan zhèbian de chángxiù chènshān hé kùzi.

5. Nèibian yǒu bǐjiào hòuróng de wàitào hé jiāróng de chángqún děngdeng.

6. Nǐ zhèli yǒuméiyou lìrú wàzi yǐjí tiēshēn yīwù mài?

7. Nǐ kě bú yào kàn tài jiǔ lo.

覚えておきたい表現

練習 **9b** 　本文を参照して中国語に訳してください。

1. 上海は季節の変わり目だから，気温に対応する必要がある。

2. もし気温が下がったら，私達は凍えるだろう。

3. そうですね。こちらの男性の場合，こちらを見ていただけます。

4. こちらの長袖シャツとスラックスを御覧になれます。

5. あちらには比較的厚手のコートと起毛素材のロングスカートなどがあります。

6. あなたの所には靴下や肌着も売っていますか？

7. 長く見すぎないでよ。

《日本語訳》
○わあ，林さん，こんなにたくさんお店が。中国に来てやっとしっかり街を見て回れます！○江さんによると，上海はちょうど季節の変わり目だそうだ。ちがう気温に対応する服が必要だったけど，やっと買いにこられたね。持っている服は大部分夏用だから，気温が下がってきたら，寒くてたまらないだろう。○そうですよ。やはりまず秋冬物を買って他のお店も見てみましょう！林さん，行きましょう。まず，あのお店からです！（服装店の中）○お二人様，いらっしゃいませ。どんなお召し物が御入り用ですか？○秋冬にあった服を買いたいんですが，何かお勧めはありますか？○さようでございますか。そうですね。こちらの男性の方の場合でしたら，こちらの長袖シャツとスラックスを御覧になれます。お客様のお姿とスタイルに似合うかと存じます。私どもの店には様々な型と素材のシャツとスラックスがあります。どうぞ，御覧になってお好きなものをお選びください。○じゃあ，私は？○こちらのお嬢様の場合，レディース売り場を御覧になれます。あちらには比較的厚手のコートと起毛素材のロングスカートなどがあります。寒い季節もおしゃれに着られると存じます。○ほんとうにすごいですね。しっかり見なくちゃ！○あ，すこし聞きたいのですが，こちらには靴下や肌着も売っていますか？○ございます。こちらですので，わたくしがご案内いたします。○分かりました。伊藤さん，ぼくはあちらを見てくるから，あまり長くなるなよ。○はい。いってらっしゃい。

10 書店

伊藤　林 先生，我们 要不要 去 附近 的 书店 逛逛?
Lín xiānsheng, wǒmen yàobúyào qù fùjìn de shūdiàn guàngguang?

林　怎么 突然 想 逛 书店 了?
Zěnme tūrán xiǎng guàng shūdiàn le?

伊藤　我 想 买 几本 中国 时尚 杂志，看看 中国 现在 的 潮流 和 日本 有
什么 不 一样。
Wǒ xiǎng mǎi jǐběn Zhōngguó shíshàng zázhì, kànkan Zhōngguó xiànzài de cháoliú hé
Rìběn yǒu shénme bù yíyàng.

林　行 啊，那，你 查查 书店 在 哪 吧，我们 坐 地铁 过去 吧。这次 可
不要 再 迷路 咯!
Xíng a, nà nǐ chácha shūdiàn zài nǎ ba, wǒmen zuò dìtiě guòqu ba. Zhècì kě búyào zài
mílù lo!

伊藤　好的! 包 在 我 身上 吧!
Hǎode! Bāo zài wǒ shēnshàng ba!

(两人到达书店)

林　你 可 真是 买了 不少 杂志 啊。
Nǐ kě zhēnshì mǎile bùshǎo zázhì a.

伊藤　诶，你 手上 拿着 的 这本 是 什么 书?
Éi, nǐ shǒushàng názhe de zhèběn shi shénme shū?

林　是 中国 的 一个 作家 写 的 小说，我 以前 就 挺 喜欢 看 他 的 作品
了。
Shì Zhōngguó de yíge zuòjiā xiě de xiǎoshuō, wǒ yǐqián jiù tǐng xǐhuān kàn tā de
zuòpǐn le.

伊藤　这样 啊。那，我们 到 那边 排队 结账 吧。
Zhèyàng a. Nà wǒmen dào nèibian páiduì jiézhàng ba.

收银员　两位 好，这里 的 书 总共 是 348 元，请问 怎么 支付 呢?
Liǎngwèi hǎo, Zhèlǐ de shū zǒnggòng shì 348 yuán, qǐngwèn zěnme zhīfù ne?

林　现金 支付 就 好 了，可以 帮 我 开 发票 吗?
Xiànjīn zhīfù jiù hǎo le, kěyǐ bāng wǒ kāi fāpiào ma?

收银员　好的，请 稍 等。请问，发票 的 抬头 写 的 是 哪位?
Hǎode, qǐng shāo děng. Qǐngwèn, fāpiào de táitóu xiě de shì nǎwèi?

林　就 写 我 的 名字 好 了。我 的 名字 是 林茂，茂盛 的 茂。
Jiù xiě wǒ de míngzi hǎo le. Wǒ de míngzi shì Lín Mào, màoshèng de mào.

收银员　好的。请 稍 等。对了，林 先生 是否 需要 办 一张 我们 书店 的 会
员卡 呢?
Hǎode. Qǐng shāo děng. Duìle, Lín xiānsheng shìfǒu xūyào bàn yìzhāng wǒmen shūdiàn
de huìyuánkǎ ne?

林　会员卡?
Huìyuánkǎ?

收银员	对的，办理 以后 每次 在 书店 消费 都 能 积分，积分 到达 一定 数值 就 能 换取 精美 的 礼品 哦。

Duìde, bànlǐ yǐhòu měicì zài shūdiàn xiāofèi dōu néng jīfēn, jīfēn dàodá yídìng shùzhí jiù néng huànqǔ jīngměi de lǐpǐn o.

林	这样…还是 算了 吧，我们 估计 不一定 能 用得上，就 不 办 了。

Zhèyàng háishi suànle ba, wǒmen gūjì bùyídìng néng yòngdeshàng, jiù bú bàn le.

收银员	好的，这 是 两位 的 书 以及 发票，请 收好。

Hǎode, zhè shì liǎngwèi de shū yǐjí fāpiào, qǐng shōuhǎo.

>> **語彙と文法**

书店 書店・本屋　时尚 流行・ファッション　杂志 雑誌　潮流 モード・流れ　查 調べる　包まかせる・借り切る　拿（手に）持つ　结账 勘定をする・会計をする　总共 全部で　开（書類を）書く・発行する　发票 領収書　抬头（領収書などに書く）宛名　哪位（敬語）どちら様　会员卡 会員カード　积分 ポイントがたまる　到达 到達する　精美 すてきな　礼品 プレゼント　算 やめる　估计 見積もる　V 得上 動詞が成就可能であることを表す　不 〜 了 〜をやめる

>> **補充表現**　　いろいろなカード

客户服务卡	kèhùfúwùkǎ	顧客サービスカード・会員カード
售后服务卡	shòuhòufúwùkǎ	アフターサービスカード
预定卡	yùdìngkǎ	予約カード
贵宾卡	guìbīnkǎ	ＶＩＰカード
积分卡	jīfēnkǎ	ポイントカード
体验卡	tǐyànkǎ	体験カード
免费卡	miǎnfèikǎ	無料カード
优惠卡	yōuhuìkǎ	割引カード

豆知識　中国の出版と雑誌

　　統計によれば，2021 年，中国の出版数は新聞 276 億部，期刊雑誌 20 億冊，図書 110 億冊，一人あたりの平均図書保有数は 7.76 冊とされています（国家統計局，2022）。

　　以下に人気ランキングに名を連ねる雑誌を挙げておきます。

《读者》Dúzhě（総合文芸誌）　　　　　　　《瑞丽》Ruìlì（ファッション雑誌）
《时尚期刊》Shíshàng qīkān（都市生活誌）　《知音》Zhīyīn（ニュース誌）
《青年文摘》Qīngnián wénzhāi（青年雑誌）　《新华文摘》Xīnhuáwénzhāi（総合誌）
《家庭》Jiātíng（家庭雑誌）　　　　　　　　《意林》Yìlín（総合誌）
《新周刊》Xīn zhōukān（時事生活雑誌）　　《南风窗》Nánfēngchuāng（ニュース雑誌）
《财经》Cáijīng（経済誌）　　　　　　　　　《中国国家地理》Zhōngguó guójiā dìlǐ（科学雑誌）

　　日本で中国の雑誌を読むには大学などの図書館で見ることができます。また，中国書籍取扱書店のウェブページから定期購読を申し込むこともできます。

1. Zěnme tūrán xiǎng guàng shūdiàn le?

----

2. Zhōngguó xiànzài de cháoliú hé Rìběn yǒu shénme bù yíyàng.

----

3. Zhècì kě bú yào zài mílù lo.

----

4. Bāo zài wǒ shēnshàng ba!

----

5. Kěyǐ bāng wǒ kāi fāpiào ma?

----

6. Qǐngwèn, fāpiào de táitóu xiě de shì nǎ wèi?

----

7. Wǒ gūjì bùyídìng néng yòngdeshàng, jiù bú bàn le.

覚えておきたい表現

練習 10b 〉 本文を参照して中国語に訳してください。

1. どうして突然，本屋をぶらぶらしたくなったのですか？

2. 中国の今の流行は日本と何かちがうところがあります。

3. 今回は道に迷わないで。

4. 私に任せてください！

5. 領収書を出せますか？

6. お尋ねしますが，領収書の宛名に書くのはどなたになさいますか？

7.（私は）使えるとは限らないと思うので，申し込むのはやめておきます。

《日本語訳》

○林さん，近くの本屋を見にいきませんか？○どうして突然，本屋を見てみたくなったの？○中国のファッション雑誌を買いたいんです。中国の今のモードは日本と何かちがうように見えるんです。○いいよ。じゃ，書店がどこにあるか調べてみよう。地下鉄で行こう。今回はもう迷わないでよ！○いいですよ。任せてください！（二人は書店に到着する）○本当にたくさん雑誌を買ったね。○え，手に持っているのはどんな本ですか？○中国のある作家が書いた小説だよ。以前から彼の作品が好きなんだ。○そうなんですか。じゃ，あそこに並んでお勘定をしましょう。○こんにちは。合計で 348 元です。どのようにお支払いをされますか？○現金でいいです。領収書を出せますか？○分かりました。すこしお待ちください。領収書の宛名に書くのはどなたになさいますか？○ぼくの名前でいいです。名前は林茂，繁茂の茂です。○分かりました。お待ちください。林様，私どもの書店の会員カードの申し込みをなさいますか？○会員カード？○そうです。申し込むと毎回書店のお買い物でポイントが貯まり，一定のポイントになると素敵なプレゼントがあります。○そうなんですか……やはりやめておきます。ポイントが貯まるとは限らないので，申し込みはやめます。○分かりました。お二人の本と領収書です。どうぞ。

江女士　来来来，两位 请 到 这边 坐。
Láiláilái, liǎngwèi qǐng dào zhèbian zuò.

伊藤　江 小姐，你 太 客气 了，下班 以后 还 带 我们 来 品尝 上海 美食。
Jiāng xiǎojiě, nǐ tài kèqi le, xiàbān yǐhòu hái dài wǒmen lái pǐncháng Shànghǎi měishí.

林　之前 早就 听说 上海 的 美食 在 中国 里 也 是 非常 有名 的，真是 太 感谢 江 小姐 了。
Zhīqián zǎojiù tīngshuō Shànghǎi de měishí zài Zhōngguó li yě shì fēicháng yǒumíng de, zhēnshì tài gǎnxiè Jiāng xiǎojiě le.

江女士　这 是 菜单，你们 先 看看 有 什么 想 吃 的 吧。
Zhè shì càidān, nǐmen xiān kànkan yǒu shénme xiǎng chī de ba.

林　我 听说 上海 小笼包 非常 有名，我 在 日本 吃过，感觉 非常 棒。如果 这里 有 的话，请 务必 让 我 尝试 一下 上海 本地 的 小笼包。
Wǒ tīngshuō Shànghǎi xiǎolóngbāo fēicháng yǒumíng, wǒ zài Rìběn chīguo, gǎnjué fēicháng bàng. Rúguǒ zhèlǐ yǒu dehuà, qǐng wùbì ràng wǒ chángshì yíxià Shànghǎi běndì de xiǎolóngbāo.

江女士　好的，伊藤 小姐 呢?
Hǎode, Yīténg xiǎojiě ne?

伊藤　我 看看…这个，红烧狮子头 是 什么 食物? 难道 是 狮子 的 头 吗…有点 可怕 的 感觉。
Wǒ kànkan…zhège, Hóngshāoshīzitóu shì shénme shíwù? Nándào shì shīzi de tóu ma…yǒudiǎn kěpà de gǎnjué.

江女士　哈哈哈，并 不是 狮子 的 肉 哦。这个 狮子头 其实 是 猪肉 制成 的，加上 马蹄、冬菇、青菜 的 素菜 做成 的 肉丸。它 之所以 叫做 狮子头，是 因为 它 的 出处 是 来自 中国 河北 的 沧州，而 沧州 的 铁狮子 是 一个 著名 的 景点，所以 这 道 菜 就 叫做 狮子头 了。
Hāhāhā, bìng búshì shīzi de ròu o. Zhège shīzitóu qíshí shì zhūròu zhìchéng de, jiāshàng mǎtí, dōnggū, qīngcài de sùcài zuòchéng de ròuwán. Tā zhī suǒyǐ jiàozuò Shīzitóu, shì yīnwèi tā de chūchù shì láizì Zhōngguó Héběi de Cāngzhōu, ér Cāngzhōu de tiěshīzi shi yíge zhùmíng de jǐngdiǎn, suǒyǐ zhè dào cài jiù jiàozuò shīzitóu le.

伊藤　原来 如此! 那 这个 叫 两面黄 的，我 真的 猜不出来 到底 是 什么 样 的 菜式。
Yuánlái rúcǐ! Nà zhège jiào liǎngmiànhuáng de, wǒ zhēnde cāibuchūlái dàodǐ shì shénmeyàng de càishì.

江女士　这个 两面黄，其实 是 面条 的 一种。先 把 煮熟 的 面条 炸成 金黄色，再 加上 虾仁、肉丝、韭黄、香菇 等 配料 做成 的 一道 菜。
Zhège Liǎngmiànhuáng, qíshí shì miàntiáo de yìzhǒng. Xiān bǎ zhǔshú de miàntiáo zhàchéng jīnhuángsè, zài jiāshàng xiārén, ròusī, jiǔhuáng, xiānggū děng pèiliào zuòchéng de yídào cài.

伊藤　请 务必 让 我 试试!
Qǐng wùbì ràng wǒ shìshi!

江女士　好的，小笼包、狮子头、两面黄，再 加 一个 生煎 吧。今天 我们 就

先 尝试 一下 这些 菜品 吧。
Hǎode, xiǎolóngbāo, shīzitóu, liǎngmiànhuáng, zàijiā yíge shēngjiān ba. Jīntiān wǒmen jiù xiān chángshì yíxià zhèxiē càipǐn ba.

江女士 服务员，麻烦 点单！
Fúwùyuán, máfan diǎndān!

服务员 好的，这 就 来！
Hǎode, zhè jiù lái!

》》 語彙と文法

客气 丁寧にする・遠慮する　下班 退勤する　品尝 味わう　美食 グルメ　早就 とっくに　听说 ～と聞いている・～だそうだ　菜单 メニュー　如果～的话 もし～なら　务必 きっと～しなければならない　尝试 試す　可怕 こわい　并（否定の前につけて強調）決して～　猪肉 豚肉　马蹄（甘い）クワイ　冬菇 冬シイタケ・どんこ　素菜 野菜料理　肉丸 肉団子　～之所以… ～の理由は…だ　景点 観光スポット　因为～所以…（因果関係を表す）～だから…だ　来自 ～から来る　叫做 ～とよぶ　猜不出来 予測できない　到底 いったい　面条 麺　配料 材料・調味料　菜品 料理　服务员 店員　点单 注文をとる

》》 補充表現　　中華料理の名前の例

上海醉蟹	Shànghǎizuìxiè	上海蟹・酔っ払い蟹
五香熏鱼	wǔxiāngxūnyú	魚の香味揚げ
盐水虾	yánshuǐxiā	エビの香味ゆで
南翔小笼包	nánxiángxiǎolóngbāo	南翔鎮の小籠包
生煎包	shēngjiānbāo	焼きパオヅ
油焖笋	yóumènsǔn	炒めタケノコの甘辛煮
上海素鸭	shànghǎisùyā	五目湯葉巻蒸焼（野菜料理）
西芹百合	xīqínbǎihé	セロリと百合根の炒め物

豆知識　滄州の鉄獅子

　ヨーロッパで鋳鉄が広まったのは 1380 年以後だと言われていますが，中国の製鉄技術の歴史は古く，紀元前 4 世紀には鋳鉄が使用されていました。中国では溶鉱炉の壁に用いる耐火性の粘土が採れ，リン酸鉄をふくむ黒土を投入して鉄を比較的低い温度で溶かす方法も知られていたからです。高温をだせる石炭の使用も 4 世紀には始まっていたと見られています。漢王朝は鋳鉄製造所を国営化して製造を独占しました。鋳鉄を使った鍋は製塩にも使われ，塩の生産に技術革新をもたらしました。漢王朝は製塩と製鉄を王朝の独占事業としています。前 81 年には桓寛の『塩鉄論』という書物が書かれており，当時の経済を知る上で重要な史料とされています。
　会話文にでてきた〝滄州の鉄獅子〟は 954 年に後周の皇帝が遼を征服した記念に作らせた鋳鉄の獅子像です。重量 40 トン，高さ 6 メートル，長さ 4.8 メートル，中空構造で鋳鉄の厚みは 3.75 ～ 20 センチ程度です（テンプル，1992）。これが千年以上をへて現存しているのです。中国古代の製鉄技術の高さを示すもので，1961 年に全国重点文物保護単位に指定されています。

1. Liǎngwèi qǐng dào zhèbian zuò.

2. Zhè shì càidān, nǐmen xiān kànkan yǒu shénme xiǎng chī de ba.

3. Tīngshuō Shànghǎi xiǎolóngbāo fēicháng yǒumíng.

4. Wǒ zhēnde cāibuchūlai dàodǐ shì shénmeyàng de càishì.

5. Qǐng wùbì ràng wǒ shìshi!

6. Jīntiān wǒmen jiù xiān chángshì yíxià zhèxiē càipǐn ba.

7. Fúwùyuán, máfan diǎn dān!

覚えておきたい表現

練習 11b 本文を参照して中国語に訳してください。

1. お二人はこちらに座ってください。

2. これがメニューです。まず何か食べたい物があるか見てください。

3. 上海の小籠包は非常に有名だそうです。

4. 私は（本当に）どんな料理だか予想できません。

5. ぜひ私に試させてください！

6. 今日はまずこれらの料理を（すこし）試してみましょう。

7. 店員さん，すみませんが注文をお願いします。

《日本語訳》
○さあ，二人ともここに座って。○江さん，ご丁寧に。仕事の後も上海グルメを食べに連れてきてくれて。○以前から上海グルメは中国の中でも有名だと聞いていたんです。本当にありがとう，江さん。○これがメニューです，まず何か食べたい物があるか見てください。○上海の小籠包はとても有名ですね。日本で食べたことがあって，とてもおいしかった。ここにあるなら本場の小籠包をぜひ試さなくちゃいけないな。○そうね。伊藤さんは？○この紅焼獅子頭ってどんな食べ物ですか？まさかライオンの頭じゃないでしょ……ちょっと怖い感じです。○ハハハ，ライオンの肉じゃないですよ。この獅子頭は実は豚肉で作ったもので，クワイやシイタケや青菜などの野菜を混ぜて作った肉団子です。獅子頭という名前の由来は中国華北の滄州で作られた料理で，滄州の鉄獅子が有名な観光スポットだから，そういうようになったんです。○そうなんですね！この両面黄は一体どんな料理だか全く分からないです。○この両面黄は麺の一種で，まずよく煮た麺を金色に揚げ，エビ・肉の細切り・ニラ・キノコなどの材料を加えた料理です。○ぜひ食べてみなくちゃ！○分かりました。小籠包・獅子頭・両面黄，それに焼きパオヅにしましょう。今日はまずこの料理を試してみましょう。店員さん，注文を取りに来て。○すぐに参ります。

天気予報

林 伊藤，麻烦 你 把 电视 打开 一下。
Yīténg, máfan nǐ bǎ diànshì dǎkāi yíxià.

伊藤 好的! 要 看 哪个 电视台? 诶，难道 林 先生 已经 在 看 中国 的 连续剧 了 吗?
Hǎode! Yào kàn nǎge diànshìtái? Éi, nándào Lín xiānsheng yǐjīng zài kàn Zhōngguó de liánxùjù le ma?

林 不是 这样 的，我 想 看看 天气 预报，接下来 的 一周 我们 可能 都 要 在 室外 走动，稳妥 起见 还是 事先 确认 一下 天气 比较 好。
Búshì zhèyàng de, wǒ xiǎng kànkan tiānqì yùbào, jiēxiàlai de yìzhōu wǒmen kěnéng dōu yào zài shìwài zǒudòng, wěntuǒ qǐjiàn háishi shìxiān quèrèn yíxià tiānqì bǐjiào hǎo.

伊藤 很 有 道理! 天气 预报…诶，林 先生 你 看，接下来 几天 都 会 有 下 雨 的 可能，我们 还是 带上 雨伞 比较 好吧。
Hěn yǒu dàolǐ! Tiānqì yùbào…éi, Lín xiānsheng nǐ kàn, jiēxiàlai jǐtiān dōu huì yǒu xià yǔ de kěnéng, wǒmen háishi dàishàng yǔsǎn bǐjiào hǎoba.

林 那 我们 等会 去 便利店 买 两把 伞 吧。
Nà wǒmen děnghuì qù biànlìdiàn mǎi liǎngbǎ sǎn ba.

(两人来到便利店)

林 你好，请问，雨伞 在 哪里?
Nǐhǎo, qǐngwèn, yǔsǎn zài nǎli?

店员 雨伞 吗? 我 记得 就 放在 最 里面 的 那排 货架 上面 的 二三排，您 看看 是不是 在 那里?
Yǔsǎn ma? Wǒ jìde jiù fàngzài zuì lǐmian de nàpái huòjià shàngmian de èrsānpái, nín kànkan shìbúshì zài nàli?

伊藤 果然 就 放在 这里，我 要 这把 红色 的，林 先生 你 想要 什么 颜色 的?
Guǒrán jiù fàngzài zhèli, wǒ yào zhèbǎ hóngsè de, Lín xiānsheng nǐ xiǎngyào shénme yánsè de?

林 我 都 无所谓，你 帮 我 拿 一把 就 好 了。
Wǒ dōu wúsuǒwèi, nǐ bāng wǒ ná yìbǎ jiù hǎo le.

伊藤 好的，那 就 拿 这把 黑色 的 吧。感觉 非常 适合 林 先生 呢。
Hǎode, nà jiù ná zhèbǎ hēisè de ba. Gǎnjué fēicháng shìhé Lín xiānsheng ne.

林 你好，请问 这 两把 伞 多少 钱?
Nǐhǎo, qǐngwèn zhè liǎngbǎ sǎn duōshao qián?

店员 总共 40 块 钱，请问 怎么 支付 呢?
Zǒnggòng 40 kuài qián, qǐngwèn zěnme zhīfù ne?

林 现金 支付。
Xiànjīn zhīfù.

店员 好的，收 您 50 元，找零 10 元，请 拿好 您 的 商品。欢迎 下次 光临!
Hǎode, shōu nín 50 yuán, zhǎolíng 10 yuán, qǐng náhǎo nín de shāngpǐn. Huānyíng xiàcì guānglín!

≫ 語彙と文法

麻烦 お手数ですが〜・すまないけど〜　打开（電化製品を）オンにする　电视台 テレビ局　难道〜 まさか〜ではないか　连续剧 連続ドラマ　天气预报 天気予報　稳妥 安心（できる）〜起见 〜の見地から　确认 確認（する）　雨伞 傘　便利店 コンビニ　等会 しばらくしたら・あとで　两把伞 2本の傘。把は取っ手のあるものを数える量詞　排列　货架 品物を並べる棚　果然 案の定　无所谓 構わない　找零 お釣りをだす。找（さがす）も「お釣りをだす」の意味がある

≫ 補充表現　天気予報の用語

晴 / 晴转多云	qíng / qíngzhuǎnduōyún	晴れ / 晴れのち曇り
多云 / 阴天	duōyún / yīntiān	曇り
小雨 / 中雨 / 大雨	xiǎoyǔ / zhōngyǔ / dàyǔ	雨（大中小は程度）
暴雨 / 雷阵雨	bàoyǔ / léizhènyǔ	暴雨 / 雷雨
小雪 / 中雪 / 大雪	xiǎoxuě / zhōngxuě / dàxuě	雪（大中小は程度）
六级风	liùjífēng	強風（数値が多いと強い）
雾 / 冰雹 / 雨夹雪	wù / bīngbáo / yǔjiāxuě	霧 / 雹 / みぞれ
霜冻	shuāngdòng	霜
雾霾	wùmái	スモッグ

≫ 豆知識　中国の気候と暮らし

　中国の国土は緯度にして49度，経度にして60度あまりに広がり，地方によって気候が大きく異なります。例えば，黒竜江省のハルピン市では1985年から氷祭り（冰雪大世界 Bīngxuě dàshìjiè）が開催され，海南島は熱帯雨林と白い砂浜で観光地として知られています。内陸部は乾燥していますので，水分補給を考える必要もあります。中国の水道水は硬水で，直接飲むことはできません。通常，沸かして飲むことが多く，ボトルに茶葉などを入れて出勤し，職場で湯を入れるのはよく見られる光景です。もちろん，ミネラル・ウォーターが販売されており，ウォーター・サーバーを設置している家庭や職場もあります。

　沿海地帯では海鮮料理を食べますが，輸送の関係から乾物が料理に使われる場合もあり，海苔等の磯風味の食品が苦手だという人もいます。また，北部は小麦を主食とし，南部はお米を主食とする傾向も指摘されるところです。

　このように様々な風土や産物があるため，中国では〝贸易〟(màoyì) が対外貿易 (duìwài 〜) を指すとは限らず，国内貿易 (guónèi 〜) を指すこともあります。

各地 気温	北京 最低	最高	上海 最低	最高	哈尔滨 最低	最高	西安 最低	最高	重庆 最低	最高	深圳 最低	最高
1月	−9	1	0	7	−25	−13	−4	4	5	10	14	19
4月	7	19	10	18	0	13	8	20	15	22	20	25
7月	21	30	24	31	18	28	21	31	24	33	27	31
10月	7	18	14	22	0	12	9	18	16	22	23	28

1. Máfan nǐ bǎ diànshì dǎkāi yíxià.

_____

2. Wǒ xiǎng kànkan tiānqì yùbào.

_____

3. Wěntuǒ qǐjiàn shìxiān quèrèn yíxià tiānqì bǐjiào hǎo.

_____

4. Wǒmen háishi dàishàng yǔsǎn bǐjiào hǎo ba.

_____

5. Wǒmen děnghuì qù biànlìdiàn mǎi liǎngbǎ sǎn ba.

_____

6. Wǒ dōu wúsuǒwèi, nǐ bāng wǒ ná yìbǎ jiù hǎo le.

_____

7. Shōu nín 50 yuán, zhǎolíng 10 yuán.

_____

覚えておきたい表現

_____

_____

_____

_____

練習 12b 本文を参照して中国語に訳してください。

1. すまないけど，ちょっとテレビをつけてください。

2. すこし天気予報が見たいです。

3. 安心の見地から事前に天気を確認しておいた方が（比較的）いい。

4. （私達は）やはり傘を持っていった方がいいでしょう。

5. （私達は）しばらくしたらコンビニに傘を二本買いに行こう。

6. ぼくはどれでも構わないから，一本とってくれればいい。

7. （あなたに）50元頂いたので，お釣りは10元です。

《日本語訳》
○伊藤さん，すまないけど，テレビをつけて。○いいですよ！どのテレビ局を見たいですか？あ，林さんまさかもう中国の連続ドラマを見ているんですか？○そうじゃなくて，天気予報を見たいんだよ。来週は外回りになるし，用心してやはり事前に天気を確認しておいた方がいい。○そうですね！天気予報だと……え，林さん，見て，ここ数日は雨の可能性ですよ。傘を持っていく方がいいです。○じゃあ，あとでコンビニに二本傘を買いに行こう。（二人はコンビニに来た）○こんにちは。傘はどこですか？○傘ですか？一番奥の棚の二～三段目のはずですが，見てくれますか？○そこに置いてあります。私はこの赤いのにします。林さんはどの色にしますか？○どれでもいいよ。ぼくにも一本とってくれないかな。○分かりました。この黒いのにします。林さんに似合う感じがします。○この傘二本でいくらですか？○あわせて40元です。お支払いはどうしますか？○現金で払います。○分かりました。50元頂いてお釣りは10元です。商品をお持ちください。またのお越しを！

◆ **MCT 9-12** 音声を聞きながらカッコに簡体字（1文字）を書き入れてください。

9 哇，林先生，这么多的商店，来到中国终（¹　）有机会好好逛街了！因为江女（²　）说上海现在正在换季，我们需要应对不同（³　）温的衣服，才来买衣服的。我们带的（⁴　）多是夏天的衣服，要是气温降下来了，我们（⁵　）要受冻了。对啊，那我们还是先买好秋（⁶　）季的衣服再去别的店逛逛吧！林先生我们走！先（⁷　）那家吧！两位好，请问需要（⁸　）么样的衣服呢？我们想买一些适合秋冬季的衣服，你们有什么推荐吗？这样嘛，（⁹　）我看看。先生你的话，可以看看这边的（¹⁰　）袖衬衫和裤子，比较适合你的形象和（¹¹　）格。我们这里有（¹²　）同样式和材料的衬衫和裤子，先生你可以稍微看看，选择自（¹³　）喜欢的。那我呢？这位小姐的话，可以到（¹⁴　）装区看看。那边有比较厚绒的外套和（¹⁵　）绒的长裙等等。寒冷季节也能（¹⁶　）扮得漂亮。那真是太棒了，我要好好看看！对了，我想（¹⁷　）一下，你这里有没有别的例如袜（¹⁸　）以及贴身衣物卖？有的，就（¹⁹　）这边，我带你过去。好的。伊藤！我到那边去看看，你可不要看太（²⁰　）咯。嗯，你快去吧。

10 林先生，我们要不要去附近的（¹　）店逛逛？怎么突然想逛书店了？我想买（²　）本中国时尚杂志，看看（³　）国现（⁴　）的潮流和日本有什么不一样。（⁵　）啊，那你查查书店在哪吧，我们坐地铁过去吧。这次可不要再迷路咯！好的！包在我身上吧！你可真是买了不（⁶　）杂志啊。诶，你（⁷　）上拿着的这本是什么书？是中国的一个作家（⁸　）的小说，我（⁹　）前就挺喜欢看他的作品了。这样啊。那，我们到那边排（¹⁰　）结账吧。两位好，这里的书总共是348（¹¹　），请问怎么支付呢？现金（¹²　）付就好了，可以帮我（¹³　）发票吗？好的，请稍等。请问，（¹⁴　）票的抬头写的是哪位？就写我的名字好了。我的名字是林茂，茂盛的茂。好的。请稍等。对了，林先生是否需要（¹⁵　）一张我们书店的（¹⁶　）员卡呢？会员卡？对的，办理以后每次在书店消费都能积（¹⁷　），积分到达一定数值就能换取精美的（¹⁸　）品哦。这样…还是算了吧，我们估计不一定能用得（¹⁹　），就不（²⁰　）了。好的，这是两位的书以及发票，请收好。

11 来来来，两位请到这边坐。江小姐，你（¹ ）客气了，下班以后还带我们来品尝上海美食。之前（² ）就听说上海的美食在中国里（³ ）是非常有名的，真是（⁴ ）感谢江小姐了。这是菜单，你们先看看有（⁵ ）么想吃的吧。我听说上海小笼包非常有名，我（⁶ ）日本吃过，感觉非常棒。如果这里有的话，请务（⁷ ）让我尝试一下上海本地的小笼包。好的，伊藤小姐呢？我看看…这个，红烧狮（⁸ ）头是什么食物？难道是狮子的（⁹ ）吗…有点可怕的感觉。哈哈哈，（¹⁰ ）不是狮子的肉哦。这个狮子头其实是猪肉制成的，（¹¹ ）上马蹄、冬菇、青菜的素菜做成的肉（¹² ）。它之所以叫做狮子头，是因为它的出（¹³ ）是来自中国河北的沧州，而沧州的铁狮子是一（¹⁴ ）著名的景点，所（¹⁵ ）这道菜就（¹⁶ ）做狮子头了。原来如此！那这个叫两面黄的，我真的猜不出来到底是什么样的菜式。这个两面黄，其实是面条的一种。先把煮熟的面条炸（¹⁷ ）金黄色，再加上虾仁、肉丝、韭黄、香菇等配料做成的一道菜。请（¹⁸ ）必让我试试！好的，小笼包、狮子头、两面黄，再加一个（¹⁹ ）煎吧。今天我们就先尝试一（²⁰ ）这些菜品吧。服务员，麻烦点单！好的，这就来！

12 伊藤，麻烦你把电视打（¹ ）一下。好的！要看哪个（² ）视台？诶，难道林先生（³ ）经在看中国的连续剧了吗？不是这样的，我想看看（⁴ ）气预报，接下来的（⁵ ）周我们可能都要在室（⁶ ）走动，稳妥起（⁷ ）还是事先确认一下天气比较好。很有道理！天气预报…诶，林先生你看，接下来（⁸ ）天都会有下雨的可能，我们还是带上雨（⁹ ）比较好吧。那我们等会（¹⁰ ）便利店买两（¹¹ ）伞吧。你好，请问，雨伞在哪里？雨伞吗？我（¹² ）得就放在最里面的那排货架上面的（¹³ ）三排，您看看是不是在那里？果然就放（¹⁴ ）这里，我要这把红（¹⁵ ）的，林先生你想要什么颜色的？我都（¹⁶ ）所谓，你帮我拿一把就好了。好的，那就拿这把黑色的吧。感觉非常适合林先生呢。你好，请问这两把伞多少钱？总共 40 块钱，请问怎么支（¹⁷ ）呢？现金支付。好的，（¹⁸ ）您 50 元，找零（¹⁹ ）元，请拿好您的商品。（²⁰ ）迎下次光临！

江小姐 林 先生，伊藤 小姐，之前 匆匆 打过 招呼，今天 就 带 你们 认识 一下 我们 分公司 的 同事们 吧! 麻烦 你们 在 接待室 稍 等 一下，我 去 请 张 先生 过来。

Lín xiānsheng, Yīténg xiǎojiě, zhīqián cōngcong dǎguo zhāohu, jīntiān jiù dài nǐmen rènshi yíxià wǒmen fēngōngsī de tóngshìmen ba! Máfan nǐmen zài jiēdàishì shāo děng yíxià, wǒ qù qǐng Zhāng xiānsheng guòlai.

林 好的。

Hǎode.

张先生 林 先生，伊藤 小姐，两位 好，我 是 张 澜。

Lín xiānsheng, Yīténg xiǎojiě, liǎngwèi hǎo, wǒ shì Zhāng Lán.

林，伊藤 张 先生，你好，以后 请 多 关照。

Zhāng xiānsheng, nǐhǎo, yǐhòu qǐng duō guānzhào.

江小姐 张 先生 是 我们 分公司 的 负责人，这次 分公司 和 日本 总部 合作 的 项目，就是 由 张 先生 提出 和 负责 的，接下来 的 工作 就 拜托 二位 配合 张 先生 开展 了。

Zhāng xiānsheng shì wǒmen fēngōngsī de fùzérén, zhècì fēngōngsī hé Rìběn zǒngbù hézuò de xiàngmù, jiùshi yóu Zhāng xiānsheng tíchū hé fùzé de, jiēxiàlai de gōngzuò jiù bàituō èrwèi pèihé Zhāng xiānsheng kāizhǎn le.

林 希望 合作 愉快。张 先生，这 是 我们 从 岐阜 带过来 的 一些 手信，不 成 敬意。

Xīwàng hézuò yúkuài. Zhāng xiānsheng, zhè shì wǒmen cóng Qífù dàiguòlai de yìxiē shǒuxìn, bù chéng jìngyì.

张先生 两位 实在 是 太 客气 了。

Liǎngwèi shízài shì tài kèqi le.

林 伊藤，把 礼物 拿出来。

Yīténg, bǎ lǐwù náchūlai.

伊藤 好的。

Hǎode.

林 这 是 我们 岐阜 这边 比较 有名 的 礼品。是 用 美浓 和纸 做成 的 岐阜和伞 和 岐阜团扇，都 是 非常 具有 岐阜 当地 特色 的 礼品。

Zhè shì wǒmen Qífù zhèbian bǐjiào yǒumíng de lǐpǐn. Shì yòng Měinóng hézhǐ zuòchéng de Qífùhésǎn hé Qífùtuánshàn, dōu shì fēicháng jùyǒu Qífù dāngdì tèsè de lǐpǐn.

张先生 哇，真是 非常 漂亮 呢! 两位 真是 有心 了，现在 手上 没有 什么 可以 回礼 的，今天 晚上 就 由 我 请 两位 吃 顿 饭 吧，品尝 一下 我们 当地 的 特色 美食。

Wa, zhēnshì fēicháng piàoliang ne! Liǎngwèi zhēnshì yǒuxīn le, xiànzài shǒushàng méiyou shénme kěyǐ huílǐ de, jīntiān wǎnshang jiù yóu wǒ qǐng liǎngwèi chī dùn fàn ba, pǐncháng yíxià wǒmen dāngdì de tèsè měishí.

林 那 我们 就 不 客气 了。

Nà wǒmen jiù bú kèqi le.

张先生 　好的，既然 定下来 了，接下来 我们 就 开始 交接 一下 工作 上 的
　　　　事情 吧。
　　　　Hǎode, jìrán dìngxiàlai le, jiēxiàlai wǒmen jiù kāishǐ jiāojiē yíxià gōngzuò shàng de
　　　　shìqing ba.

林 　　好！
　　　　Hǎo!

≫ 語彙と文法

匆匆　とりいそぎ　打招呼　あいさつする　认识　人を見知る・知り合う　同事　同僚　稍等一下
ちょっと待ってください　请（頼んで）してもらう　过来（通り過ぎて）来る　请多关照　どう
ぞよろしく　负责人　責任者　总部　本部　合作　協力　项目　プロジェクト　提出　意見を言う
拜托　お願いする　配合　共同・協力する　开展　推し進める・展開する　手信　手土産　不成敬意
（謙譲表現）つまらない物ですが…・ほんの印です　实在　じつに　礼物・礼品　プレゼント　当
地特色　特産の　有心　気にとめる　回礼　返礼　顿　食事の回数を数える量詞　品尝　味わう　既
然…就〜　…したからには〜（いったん承認してつけ足す）　交接　連絡する

≫ 補充表現　　日本の手土産

糖果 / 零食 / 饼干	tángguǒ / língshí / bǐnggān	お菓子 / スナック / クッキー
抹茶卷心酥	mǒchájuǎnxīnsū	抹茶ロール（酥：サクサクの菓子）
歌舞伎面膜	gēwǔjìmiànmó	歌舞伎パック
脚用冷却胶垫	jiǎoyònglěngquèjiāodiàn	足用冷却シート
指甲钳	zhǐjiǎqián	爪切り
龙角散草本润喉糖	Lóngjiǎosàncǎoběnrùnhóutáng	龍角散のど飴

《小美の中国お仕事コラム》　手土産

　中国の方へのプレゼントですが，钟 zhōng（置き時計）は〝终〟と同音なので避けた方がいい
です。伞 sān や扇 shàn なども散 sàn に通じるので避けるという人もいます。
　地域差はありますが，基本的に現在の中国では外国の商品も簡単に手に入ります。ネットや
SNS での情報で，日本などその国の人よりも良い商品に詳しいなんて人も珍しくありません。
だからこそ，相手のことを考えて選んだ日本製品は喜ばれやすいという利点もあります。贈り
物は相手ありきなので挙げだしたらキリがありませんが，過去に手ごたえを感じたものをいく
つか挙げておきます。
　　・若い女性に日本ブランドのプチプラコスメ
　　・学生のお子さんがいらっしゃる方にちょっといい文房具
　　・工場に行く際には事前に空港で買った北海道の有名なお菓子の大箱
　　・商談相手には包装の豪華な菓子折り
　縁起については若い世代になればなるほど気にしないと思いますが，やはり避けられるのな
らば避けた方がベターかと思います。ここでは和傘や団扇を贈っていますが，現代の若者の感
覚ではあまり気にしないようです。
　ところで，日本のお土産の定番に抹茶味のお菓子があります。相手先でとても喜ばれますし，
持っていく側としても選択肢が多く選びやすいのではないでしょうか。ですが，経験上，抹茶
味が苦手な外国人も意外に多いことに気づきました。お菓子を持っていく先は大人数のことも
多いため，抹茶味を選んだ時はいつももう一つ別の味も準備することを心掛けています。

1. Zhīqián cōngcong dǎguo zhāohu, jīntiān jiù dài nǐ rènshi yíxià tóngshì.

---

2. Máfan nǐmen zài jiēdàishì shāo děng yíxià.

---

3. Zhāng xiānsheng shì wǒmen fēngōngsī de fùzérén.

---

4. Xīwàng hézuò yúkuài.

---

5. Zhè shì wǒmen dàiguòlai de yìxiē shōuxìn, bù chéng jìngyì.

---

6. Xiànzài méiyou shénme kěyǐ huílǐ de, qǐng nǐmen chī dùn fàn ba.

---

7. Jìrán dìngxiàlái le, jiēxiàlai wǒmen jiù kāishǐ jiāojiē yíxià gōngzuò shìqing ba.

覚えておきたい表現

練習 **13b** 本文を参照して中国語に訳してください。

1. この前はとりいそぎご挨拶をしましたが，今日はあなたに同僚を紹介します。

----

2. お手数ですが，（あなた達は）応接室でしばらくお待ちください。

----

3. 張さんは私達の支社の責任者です。

----

4. 協力が楽しくできるといいですね。

----

5. これは私達が持ってきた（ちょっとした）手土産で，つまらないものですが。

----

6. 今はお返しできるものがありませんが，あなた方を食事に招待しましょう。

----

7. 決まったからには，（次に私達は）仕事のことを連絡しましょう。

《日本語訳》
○林さん，伊藤さん，この前はとりいそぎご挨拶をしましたが，今日は支社の同僚を紹介します。お手数ですが応接室でしばらくお待ちください。張さんに来てもらいますので。○分かりました。○林さん，伊藤さん，こんにちは。私が張瀾です。○張さん，こんにちは。どうぞよろしく。○張さんは私達の支社の責任者で，今回の支社と日本本部の協力プロジェクトは張さんが提案して，責任を負っています。これからの仕事はどうぞ張さんと話し合ってください。○協力が楽しくできるといいですね。○張さん，岐阜から持ってきた手土産です。つまらないものですが。○これはご丁寧に。○伊藤くん，贈り物を出して。○分かりました。○これは岐阜では有名な贈物です。美濃和紙で作った岐阜の和傘と団扇で，岐阜の特産のお土産です。○わあ，ほんとうにきれいだ。お心遣いどうも。いま，お返しできるものもありませんが，今晩，お二人を食事に招待しましょう。地元の美味しい物を味わってください。○お言葉に甘えさせていただきます。○では，決まりですね。次は仕事のことを連絡しましょうか。○そうですね！

意見交換

张先生　林 先生，伊藤 小姐，请 允许 我 介绍 销售 代表 给 你们 认识。这位 就是 销售 代表 —— 陈 先生。

Lín xiānsheng, Yīténg xiǎojiě, qǐng yǔnxǔ wǒ jièshào xiāoshòu dàibiǎo gěi nǐmen rènshi. Zhèwèi jiùshi xiāoshòu dàibiǎo —— Chén xiānsheng.

张先生　老 陈，这 两位 就是 和 你 说过 的 日本 公司 派来 支援 的 林 茂 先生 和 伊藤 美惠 小姐。

Lǎo Chén, zhè liǎngwèi jiùshi hé nǐ shuōguo de Rìběn gōngsī pài lái zhīyuán de Lín Mào xiānsheng hé Yīténg Měihuì xiǎojiě.

陈先生　两位 好。

Liǎngwèi hǎo.

林,伊藤　陈 先生，你好，以后 请 多 关照。

Chén xiānsheng, nǐhǎo, yǐhòu qǐng duō guānzhào.

陈先生　老 张 已经 和 两位 大致 介绍过 销售 情况 了 吧? 这 是 我们 推进 项目 中 主力 产品 的 一些 样品。请 两位 看看。不 知道 两位 对于 我们 现在 的 商品 质量 以及 销售 方式 有 什么 建议 呢? 请 务必 公正 地 指出 存在 的 问题。

Lǎo Zhāng yǐjīng hé liǎngwèi dàzhì jièshàoguo xiāoshòu qíngkuàng le ba? Zhè shì wǒmen tuījìn xiàngmù zhōng zhǔlì chǎnpǐn de yìxiē yàngpǐn. Qǐng liǎngwèi kànkan. Bù zhīdào liǎngwèi duìyú wǒmen xiànzài de shāngpǐn zhìliàng yǐjí xiāoshòu fāngshì yǒu shénme jiànyì ne? Qǐng wùbì gōngzhèng de zhǐchū cúnzài de wèntí.

林　　　既然 陈 先生 这么 说 了，那 我 就 不 客气 了。关于 产品 质量，我 觉得 非常 不错，但是 在 销售 方式 上，我 个人 有 一些 意见…

Jìrán Chén xiānsheng zhème shuō le, nà wǒ jiù bú kèqi le. Guānyú chǎnpǐn zhìliàng, wǒ juéde fēicháng búcuò, dànshi zài xiāoshòu fāngshì shàng, wǒ gèrén yǒu yìxiē yìjiàn…

（两人就销售的方式开始详细的交流）

张先生　那个，抱歉 打断 两位。接下来 还 得 给 你们 介绍 一下 整个 公司。你们 先 交换 个 联系 方式 吧。等到 明天 正式 开始 上班 的 时候 再 好好 交流。

Nèige, bàoqiàn dǎduàn liǎngwèi. Jiēxiàlai hái děi gěi nǐmen jièshào yíxià zhěngge gōngsī. Nǐmen xiān jiāohuàn ge liánxì fāngshì ba. Děngdào míngtiān zhèngshì kāishǐ shàngbān de shíhou zài hǎohǎo jiāoliú.

林　　　好的 好的，陈 先生，这 是 我 的 名片。由于 时间 仓促，没 来得及 印制 带有 中国 这边 电话号码 的 名片，我 在 中国 的 电话号码 已经 写 在 名片 背后 了。

Hǎode hǎode, Chén xiānsheng, zhè shì wǒ de míngpiàn. Yóuyú shíjiān cāngcù, méi láidejí yìnzhì dàiyǒu Zhōngguó zhèbian diànhuàhàomǎ de míngpiàn, wǒ zài Zhōngguó de diànhuàhàomǎ yǐjīng xiě zài míngpiàn bèihòu le.

陈先生　林 先生 真是 个 仔细 的 人 呢! 这 是 我 的 名片，以后 请 多 关照!

Lín xiānsheng zhēnshì ge zǐxì de rén ne! Zhè shì wǒ de míngpiàn, yǐhòu qǐng duō guānzhào!

林　　太 客气 了，以后 大家 互相 帮助 吧!
　　　Tài kèqi le, yǐhòu dàjiā hùxiāng bāngzhù ba!

語彙と文法

允许 許す　销售 販売（する）　派 派遣する　大致 だいたい　样品 サンプル　商品质量
品質　以及 および　建议 意見（をだす）　关于 に関して　抱歉 申し訳なく思う　打断
中断する　得（děi と発音し，客観的必要を表す）しなければならない　整个 全〜　联系
連絡（する）　上班 通勤・出社（する）　名片 名刺　仓促 あわただしい　来得及 間に合
う　印制 印刷して作る　背后 裏・後ろ　仔细 注意深い　互相帮助（互いに）助け合う

補充表現　　名刺に書いてある事項

电话号码 / 手机号码	diànhuàhàomǎ / shǒujīhàomǎ	電話番号 / 携帯番号
公司名称	gōngsīmíngchēng	会社名
地址	dìzhǐ	住所
邮政编码	yóuzhèngbiānmǎ	郵便番号
电子邮件地址	diànzǐyóujiàn dìzhǐ	電子メールアドレス
职位 / 职称	zhíwèi / zhíchēng	職名 / 肩書き
总经理	zǒngjīnglǐ	社長
经理 / 科长 / 股长	jīnglǐ / kēzhǎng / gǔzhǎng	部長 / 課長 / 係長
工厂长	gōngchǎngzhǎng	工場長
总工程师	zǒnggōngchéngshī	チーフエンジニア

《小美の中国お仕事コラム》　ビザのこと

　　ビザ・査証（签证 qiānzhèng）は，その国に入国してもよいという許可証です。中国の場合，
15 日以下の出張ではビザは不要ですが，長期間就労をする場合にはビザが必要です。
　　就労目的のビザには M ビザと Z ビザがあります。基本的に M ビザ（商用・貿易）は 30 日か
90 日の滞在ができ，Z ビザは 90 日か 365 日の滞在ができて延長申請もできます。
　　駐在員の場合，Z ビザで派遣されることが多く，その取得には条件があります。まず外国人
就労者は A 級（ハイレベル），B 級（専門），C 級（一般）に分けられます。A 級人材は中国国内
の人材誘致計画に選ばれて国際的専門性が認められている人材，またイノベーションに必要な
人材，優秀な青年人材等です。B 級以下は中国企業が支払う年収・学歴・実務年数・年齢・勤
務地・中国語能力などのポイント制になっていて，ポイントによっては Z ビザが発給されない
こともあるようです。ポイントは 120 点満点，60 点〜 84 点が B 級，60 点未満が C 級です。
年齢の項目では働きざかりの 26 〜 45 歳には最も高い加点があり，60 歳以上の方には加点が
ありません。中国語能力は HSK（汉语水平考试 Hànyǔ Shuǐpíng Kǎoshì）の級数で加点があり
ます。
　　現行のビザ制度から見ても，将来中国で活躍することを考えている方は中国語を磨いておく
ことは良い選択だと思います。
　　ただし，制度に変更がある場合もあり，働くことになる都市によっても差異がありますので，
よく確認をしてください。ビザ申請には必ず本人が行わなければならない手続きもありますが，
手続によっては代行業者に依頼することもできます。また，新型コロナウイルス感染症等によっ
てビザ管理も変化することが考えられるので，事前によく情報を集めておくことをお勧めしま
す。

1. Qǐng yǔnxǔ wǒ jièshào xiāoshòu dàibiǎo gěi nǐmen rènshi.

---

2. Zhèwèi jiùshi Rìběn gōngsī pài lái zhīyuán de Lín Mào xiānsheng.

---

3. Zhè shì wǒmen tuījìn xiàngmù zhōng zhǔlì chǎnpǐn de yìxiē yàngpǐn.

---

4. Nǐ duìyú shāngpǐn zhìliàng yǐjí xiāoshòu fāngshì yǒu shénme jiànyì ne?

---

5. Qǐng wùbì gōngzhèng de zhǐchū cúnzài de wèntí.

---

6. Zhè shì wǒ de míngpiàn. yǐhòu qǐng duō guānzhào!

---

7. Yǐhòu dàjiā hùxiāng bāngzhù ba!

覚えておきたい表現

練習 **14b** 本文を参照して中国語に訳してください。

1. 販売代表を紹介することをお許しください。

---

2. こちらが日本会社が支援に派遣した林茂さんです。

---

3. これが私達が推進しているプロジェクトの中の主力品のサンプルです。

4.（あなたは）製品の品質や販売方法について何か意見はありますか？

---

5. ぜひ存在する問題を公正に指摘してください。

---

6. これが私の名刺です。今後ともどうぞよろしく！

---

7. これからみなさん互いに助け合いましょう！

《日本語訳》

○林さん，伊藤さん，販売代表を紹介させてください。こちらが販売代表の陳さんです。○陳さん，このお二人は以前話しておいた，日本会社が支援に派遣した林茂さんと伊藤さんです。○お二方，こんにちは。○陳さん，こんにちは。これからもどうぞよろしく。○張さんがもうお二人にだいたい販売状況を説明したのかな？これがいま推進しているプロジェクトの主力品のサンプルです。お二人に見てもらいたい。現在の品質や販売方法に何か意見を言ってもらえないですか？ぜひ問題を公正に指摘してください。○陳さんがそうおっしゃるなら遠慮なく。品質に関しては非常によいと思いますが，販売方式には個人的に意見が……（二人は販売方法について詳しい交流を始める）○邪魔をしてすまないが，このあと全社に君達を紹介しなければならないんだ。とりあえず，連絡先を交換して，明日正式に出社がはじまってからしっかり交流してほしい。○そうですね。陳さん，これが私の名刺です。慌ただしくて中国の電話番号を印刷した名刺は間に合いませんでした。中国の電話番号は名刺の裏に書いてあります。○林さんはじつに気がつく人ですね。○これが私の名刺です。どうぞよろしく！○どういたしまして，みなさんで互いに助け合いましょう！

15 デザイン現場見学

陈先生 　我 先 带 两位 去 参观 一下 我们 产品 的 设计部 吧?
Wǒ xiān dài liǎngwèi qù cānguān yíxià wǒmen chǎnpǐn de shèjìbù ba?

林 　好的。
Hǎode.

陈先生 　这里 就是 我们 的 设计部,关于 产品 的 样式 和 尺寸,都 是 由 各
位 设计师 精心 设计 调整 的。
Zhèlǐ jiùshì wǒmen de shèjìbù, guānyú chǎnpǐn de yàngshì hé chǐcùn, dōu shì yóu gèwèi shèjìshī jīngxīn shèjì tiáozhěng de.

伊藤 　大家 辛苦 了! 我 看到 除了 用 电脑 作图 外,还 有 一些 同事 是
采用 手绘 的 方式 来 画图。
Dàjiā xīnkǔ le! Wǒ kàndào chúle yòng diànnǎo zuòtú wài, hái yǒu yīxiē tóngshì shì cǎiyòng shǒuhuì de fāngshì lái huàtú.

陈先生 　对 啊,对于 精细 部分,有的 设计师 坚信 用 传统 的 手绘 方式 才
能 表现出 产品 的 细节,所以 在 某些 部分 他们 仍然 会 采用 手绘,
但 绝大 部分 还是 会 用 电脑 作图 的。
Duì a, duìyú jīngxì bùfen, yǒude shèjìshī jiānxìn yòng chuántǒng de shǒuhuì fāngshì cái néng biǎoxiànchū chǎnpǐn de xìjié, suǒyǐ zài mǒuxiē bùfen tāmen réngrán huì cǎiyòng shǒuhuì, dàn juédà bùfen háishi huì yòng diànnǎo zuòtú de.

林 　咦,这里 用到 的 材料,似乎 非常 罕见 呢?
Yí, Zhèlǐ yòngdào de cáiliào, sìhū fēicháng hǎnjiàn ne?

陈先生 　是的,这个 材料 是 必须 从 中国 四川 的 原产地 进货,才 能 符合
我们 产品 要求 的 质量。所以 都 是 备齐 一批 货 后 就 马上 安排
快递 发货 送到 工厂 进行 加工。
Shìde, zhège cáiliào shì bìxū cóng Zhōngguó Sìchuān de yuánchǎndì jìnhuò, cái néng fúhé wǒmen chǎnpǐn yāoqiú de zhìliàng. Suǒyǐ dōu shì bèiqí yìpī huò hòu jiù mǎshàng ānpái kuàidì fāhuò sòngdào gōngchǎng jìnxíng jiāgōng.

林 　真 厉害 呢。
Zhēn lìhai ne.

伊藤 　对了,陈 先生。我 好像 听说 中国 分公司 有 接 网络 委托 的 业务,
可以 让 我 见识 一下 吗?
Duìle, Chén xiānsheng. Wǒ hǎoxiàng tīngshuō Zhōngguó fēngōngsī yǒu jiē wǎngluò wěituō de yèwù, Kěyǐ ràng wǒ jiànshi yíxià ma?

陈先生 　可以的,这边 请。这位 李 小姐 就是 负责 专门 接待 网络 委托 的
负责人。顾客 可以 通过 联系 李 小姐,对 产品 进行 订制,无论 是
大小 还是 样式,都 可以 在 与 顾客 的 沟通 中 进行 决定,既 能
让 顾客 买到 中意 的 商品,又 能 让 顾客 有 商品 制作 的 参与感。
Kěyǐde, zhèbian qǐng. Zhèwèi Lǐ xiǎojiě jiùshì fùzé zhuānmén jiēdài wǎngluò wěituō de fùzérén. Gùkè kěyǐ tōngguò liánxì Lǐ xiǎojiě, duì chǎnpǐn jìnxíng dìngzhì, wúlùn shì dàxiǎo háishi yàngshì, dōu kěyǐ zài yǔ gùkè de gōutōng zhōng jìnxíng juédìng, jì néng ràng gùkè mǎidào zhòngyì de shāngpǐn, yòu néng ràng gùkè yǒu shāngpǐn zhìzuò de cānyùgǎn.

林　　　一举 两 得 呢，真是 优秀 的 想法!
Yī jǔ liǎng dé ne, zhēnshì yōuxiù de xiǎngfǎ!

>>> **語彙と文法**

设计 デザイン　样式 様式・スタイル　尺寸 サイズ　辛苦了 お疲れ様です　采用 採用する　仍然 なおも・依然として　罕见 まれに見る・珍しい　进货 仕入れる　要求 要は第一声　备齐 もれなくそろえる　批 量詞，まとまり・ロット　快递 速達・急送（する）　发货 出荷する　厉害 すごい　网络委托 ネットオーダー　专门 専門　订制 注文する　无论～都… ～にかかわりなく…　沟通 意思疎通・コミュニケーション（する）　既～又… ～である上にまた…　中意（中は第四声で〝当たる〟の意味）気に入る　参与感 参加意識

>>> **補充表現**　　**サイズや重さ**

尺寸 / 重量	chǐcùn / zhòngliàng	サイズ / 重さ
表面积 / 体积	biǎomiànjī / tǐjī	表面積 / 体積
高度 / 宽度	gāodù / kuāndù	高さ / 幅
粗细 / 密度	cūxì / mìdù	太さ / 密度
弹性 / 粗糙度	tánxìng / cūcāodù	弾性 / 粗さ
米 / 厘米 / 毫米	mǐ / límǐ / háomǐ	メートル / センチ / ミリ
公斤 / 公克	gōngjīn / gōngkè	キログラム / グラム
平方米 / 立方米	píngfāngmǐ / lìfāngmǐ	平方メートル / 立方メートル

　※中国には生活の中に伝統的な単位がのこっていて，例えば斤は市斤（shìjīn）では500gで，里は市里（shìlǐ）では500m です。公斤（kg）や公里（km）との区別は大事です。

《小美の中国お仕事コラム》　言語の壁

　ネイティブでない限り，ほとんどの駐在員が「言語の壁」に突き当たります。ペラペラではないけれど，大学で四年間も勉強したし，言葉ではそこまで困らないだろうという私の思い上がりは初出張の立ち合い初日，「热不热？」という言葉が聞き取れずに見事にくつがえされました。まさか「ずぅぶずぅ」と聞こえるなんて。とくに巻舌音は巻き舌の深さによって，かなりピンインからくるイメージがちがいますので注意が必要です。

　私の感覚ですが，生産現場では動作や程度を表す言葉を多く使い，商談では専門用語や数字，期日に関する単語を使い，提案のフレーズをよく使いますので，事前に準備をされるとよいでしょう。

　通訳の方は事前に業界にあわせて単語の学習をするようです。例えば，農業関係の通訳をするには，ビニル（塑料 sùliào）等の一般的名詞を知っているだけでは不十分で，ポリ塩化ビニル（聚氯乙烯 jùlǜyǐxī）などの専門語を知っておく必要があります。また，舞台関係の通訳をする場合には，上手（舞台向かって右：下场 xiàchǎng）や下手（上场 shàngchǎng）などの業界用語の知識も必要です。

　中国におけるフランス語通訳の世界を描いたドラマに，杨幂（Yáng Mì）と黄轩（Huáng Xuān）が主演した『わたしのキライな翻訳官』（亲爱的翻译官 Qīn'ài de fānyìguān，2016 年）があり，通訳の世界を知ることができます。

1. Wǒ xiān dài liǎngwèi qù cānguān yíxià wǒmen chǎnpǐn de shèjìbù ba.

2. Guānyú yàngshì hé chǐcùn, dōu shì yóu shèjìshī jīngxīn shèjì tiáozhěng de.

3. Juédà bùfen háishi huì yòng diànnǎo zuòtú de.

4. Wǒ tīngshuō Zhōngguó fēngōngsī yǒu jiē wǎngluò wěituō de yèwù.

5. Gùkè kěyǐ tōngguò liánxì Li xiǎojiě, duì chǎnpǐn jìnxíng dìngzhì.

6. Wúlùn shì dàxiǎo háishi yàngshì, dōu zài gōutōng zhōng jìnxíng juédìng.

7. Yījǔ liǎngdé ne, zhēnshì yōuxiù de xiǎngfǎ!

覚えておきたい表現

練習 15b 本文を参照して中国語に訳してください。

1. （私は）まず二人を製品のデザイン部にお連れします。

2. スタイルやサイズに関しては，デザイナーが入念に設計・調整を進めています。

3. ほとんどの部分はやはりコンピュータで製図をしているはずです。

4. 中国支社にはネットオーダーに接する業務があるそうですね。

5. 顧客は李さんに連絡して，製品について注文することができます。

6. サイズやスタイルにかかわらず，すべてコミュニケーションの中で決めます。

7. 一石二鳥ですね。本当に優れた考え方です！

《日本語訳》
○まず製品のデザイン部に二人を連れていきましょう。○よろしく。○ここがデザイン部です。製品のスタイルやサイズに関しては，各デザイナーが細かく設計・調整しています。○みなさん，お疲れ様です！コンピュータ製図のほかに手書きで図を書いている方もいるんですね。○そうです。細かい部分については，伝統的な手書きの方が細部を表現できると信じているデザイナーもいて，だから，その人達は何カ所か手書きしているんですが，ほとんどはやはりコンピュータで製図をしているはずです。○ここで使っている材料はとても珍しいのではないですか？○そうです。この材料は中国四川の原産地から仕入れなければならなくて，そうしてこそ，私達の製品が要求する品質に合致するんです。だから，一ロットの製品がそろったら，すぐに急送を手配して工場に送って加工をします。○すごいですね。○そうだ。陳さん，中国支社にはネットオーダーに接する業務があると聞いたんですが，ちょっと見せてくれませんか？○いいですよ。こちらです。この李さんがネットオーダー専門の責任者です。顧客は李さんに連絡して製品を注文し，サイズやスタイルにかかわらず，すべてコミュニケーションの中で決められます。顧客に気に入った商品を買ってもらうだけでなく，商品の製作に参加している感覚をもってもらえます。○一石二鳥ですね。優れた考え方です！

李小姐 这 是 我们 最新 设计 的 衣服 样式，请 两位 看看，提供 宝贵 的 意见。
Zhè shì wǒmen zuìxīn shèjì de yīfu yàngshì, qǐng liǎngwèi kànkan, tígōng bǎoguì de yìjiàn.

林 哦，这 就是 分公司 新 推出 的 产品 吗? 昨天 日本 公司 的 同事 还 在 LINE 上 和 我 说 这件 衣服 评价 非常 高，让 我 务必 要 给他 带 一件 回去 呢。先 不 说 这个，伊藤，你 说说 你 的 看法。
Ó, zhè jiùshi fēngōngsī xīn tuīchū de chǎnpǐn ma? Zuótiān Rìběn gōngsī de tóngshì hái zài LINE shàng hé wǒ shuō zhèjiàn yīfu píngjià fēicháng gāo, ràng wǒ wùbì yào gěi tā dài yíjiàn huíqu ne. Xiān bù shuō zhège, Yīténg, nǐ shuōshuo nǐ de kànfǎ.

伊藤 那个，我 想 问 一下 这系列 的 衣服 目前 有 什么 尺寸 和 颜色?
Nèige, wǒ xiǎng wèn yíxià zhèxìliè de yīfu mùqián yǒu shénme chǐcùn hé yánsè?

李小姐 按照 男士 和 女士 的 平均 尺码 分类，从 150 cm 到 190 cm 的 码数 都 有。颜色 的话，目前 有 红色 和 蓝色 两款。
Ànzhào nánshì hé nǚshì de píngjūn chǐmǎ fēnlèi, cóng 150 límǐ dào 190 límǐ de mǎshù dōu yǒu. Yánsè dehuà, mùqián yǒu hóngsè hé lánsè liǎngkuǎn.

伊藤 我 觉得 啊，这个 款式 也 比较 适合 小朋友 穿着。如果 增加 一个 小尺码 的 款式，提供 给 家长们 买给 小孩子 穿，相信 销量 也 会 不错。
Wǒ juéde a, zhège kuǎnshì yě bǐjiào shìhé xiǎopéngyou chuānzhuó. Rúguǒ zēngjiā yíge xiǎochǐmǎ de kuǎnshì, tígōng gěi jiāzhǎngmen mǎigěi xiǎoháizi chuān, xiāngxìn xiāoliàng yě huì búcuò.

李小姐 真是 一个 不错 的 意见 呢，我们 会 重新 评估 推出 儿童款 的 可能性。林 先生 觉得 呢?
Zhēnshì yíge búcuò de yìjiàn ne, wǒmen huì chóngxīn pínggū tuīchū értóngkuǎn de kěnéngxìng. Lín xiānsheng juéde ne?

林 我 有 一个 小问题。就是 衣服 扣子 用 白色 的话，似乎 与 这 两 个 颜色 有 种 微妙 的 不 搭，如果 采用 更 为 深沉 的 颜色，例如 黑色 之类 的，会不会 好 一点 呢?
Wǒ yǒu yíge xiǎowèntí. Jiùshi yīfu kòuzi yòng báisè dehuà, sìhū yǔ zhè liǎng ge yánsè yǒu zhǒng wēimiào de bù dā, rúguǒ cǎiyòng gèng wéi shēnchén de yánsè, lìrú hēisè zhīlèi de, huìbúhuì hǎo yìdiǎn ne?

李小姐 是 从 视觉 上 出发 的 感觉 吗? 林 先生 有所 不 知 了，这个 白色 目前 在 国内 的 服装界 非常 流行 哦。因为 是 用 一种 特殊 的 胶质 材料 制作 的，仔细 看 会 发现 上面 有 纹路 哦。
Shì cóng shìjué shàng chūfā de gǎnjué ma? Lín xiānsheng yǒusuǒ bù zhī le, zhège báisè mùqián zài guónèi de fúzhuāngjiè fēicháng liúxíng o. Yīnwèi shì yòng yìzhǒng tèshū de jiāozhì cáiliào zhìzuò de, zǐxì kàn huì fāxiàn shàngmian yǒu wénlù o.

伊藤 诶，是 真的 耶!
Éi, shì zhēnde ye!

林　原来 是 这样，看来 中国 市场 还 有 很 多 需要 学习 的 地方 呢!
Yuánlái shì zhèyàng, kànlai Zhōngguó shìchǎng hái yǒu hěn duō xūyào xuéxí de dìfang ne!

》》語彙と文法

宝贵 貴重な　评价 評価　先不说这个 それはさておき　看法 意見　系列 シリーズ　按照 〜によって　尺码 サイズ　分类 分類　cm 厘米 (límǐ) とも書く　款式 様式・スタイル　小朋友 子供　穿着 衣服・着衣　家长 親・保護者　相信 信じる　销量 販売量　评估 評価する　扣子 ボタン　搭 組み合わせる　深沉 濃い　有所〜 いくらか〜のところがある（婉曲）　目前 今　胶质 プラスチック・ゴム　纹路 溝

》》補充表現　　色彩用語　中国にも伝統色がたくさんあります。

黑色 / 白色	hēisè / báisè	黒 / 白
红色 / 蓝色	hóngsè / lánsè	赤 / 青
绿色 / 黄色	lǜsè / huángsè	緑 / 黄
橘色 / 紫色	júsè / zǐsè	オレンジ / 紫
茶色 / 灰色	chásè / huīsè	茶 / 灰
金色 / 银色	jīnsè / yínsè	金 / 銀
粉色 / 玫瑰红	fěnsè / méiguihóng	ピンク / ローズレッド
枣红 / 荷花红 / 殷红	zǎohóng / héhuāhóng / yānhóng	赤系の色
靛青 / 群青 / 绀青	diànqīng / qúnqīng / gànqīng	紫系の青 / 群青 / 紺
翠绿 / 葱绿 / 苍绿	cuìlǜ / cōnglǜ / cānglǜ	緑系の色
柠檬黄	níngménghuáng	レモンイエロー

《小美の中国お仕事コラム》　工場視察・生産管理

駐在員の仕事には工場視察や生産管理もふくまれます。工場は郊外や隣接する省にあることも多く，日本国内の移動とは異なり，どうしても移動距離が長くなりますが，こうした移動の感覚にも仕事をするうちに慣れていくでしょう。

工場では商品の完成まで工場に入りびたりなんてことも往々にしてあります。仕事ですので大変ですが，製造過程に立ち会うことで，商品に関する知識が増えることもたくさんあります。現場サイドに要望を伝える際，すんなりいかないこともしばしばあり，普段からいかに妥協せずに真摯に仕事に情熱をもって向き合っているかがカギとなります。

ところで，「应该的」という中国語があります。日本語に訳すと「すべきことだから」「当然のことだよ」となるでしょうか。私は中国での生活，仕事を問わず今まで大なり小なりたくさん助けられてきて，その度に感謝の言葉を伝えると「不客气」「没事」と同じくらい，この「应该的」が返ってきました。今までこの言葉をくれた中国の人たちは，私のことを「知らない日本人」ではなく「仲間」と認めてくれて，そんな私のために当たり前だよと思ってくれていたのかな，なんて思ったりしています。

私も誰かのための行動を「应该的」と言えるような人間でありたいと思いますし，その心がけは居る場所を問わず，仕事や生活，自分の人生を豊かにしてくれるのではと中国生活で学びました。

1. Qǐng liǎngwèi kànkan, tígōng bǎoguì de yìjiàn.

2. Zhè jiàn yīfu píngjià fēicháng gāo.

3. Xiān bù shuō zhège, nǐ shuōshuo nǐ de kànfǎ?

4. Wǒ xiāngxìn xiāoliàng yě huì búcuò.

5. Sìhū zhè liǎngge yánsè yǒu zhǒng wéimiào de bù dā.

6. Lín xiānsheng yǒusuǒ bù zhī le, zhège zài guónèi fēicháng liúxíng.

7. Kànlai Zhōngguó shìchǎng hái yǒu hěn duō xūyào xuéxí de dìfang ne!

覚えておきたい表現

練習 16b ＞ 本文を参照して中国語に訳してください。

1. お二人に見ていただき，貴重な意見を提供していただきたいです。

_____

2. この服の評価はたいへん高いです。

_____

3. それはさておき，君の意見を言ってみて。

_____

4. 販売量もわるくないだろうと信じます。

_____

5. この二つの色と何か微妙に組み合せがよくないようです。

_____

6. 林さんはご存じでないでしょうが，これは国内で非常に流行しています。

_____

7. 中国市場にまだたくさん学ばないといけないところがあるようですね！

_____

《日本語訳》
〇これが私達の最新デザイン服のスタイルです。お二人に見ていただき，貴重な意見を提供していただきたいです。〇あ，これは支社が新しく出す製品ですか？昨日，日本の同僚が LINE でこの服の評価はたいへん高いと言って，ぜひ一着もって帰るように言うんです。それはさておき，伊藤さん，君の意見を言ってみて。〇えーと，ちょっと聞きたいのですが，このシリーズの服は今どんなサイズとカラーがあるんですか？〇メンズとレディースの平均的なサイズ分類だと 150cm から 190cm までの号数は全部あります。カラーは赤と青の二つですね。〇このスタイルは子供の服に適していると思うんです。小さなサイズの商品も増やせば親が子供に買うし，販売量も伸びると思いますよ。〇それはいい意見ですね。児童向け商品の可能性を再評価してみますね。林さんの感じは？〇一つ小さな問題があります。服のボタンに白を使っている点ですが，この二つの色と微妙に組み合せがよくないようですね，もっと濃い色，例えば黒とかを採用すれば，すこしよくなりませんか？〇それは視覚から出発した感覚ですか？林さんはご存じでないでしょうが，この白いボタンはいま国内のファッションで非常に流行しているんですよ。特殊なプラスティックでつくってあるからよく見ると，表面に溝があるのが見えるでしょう。〇あ，本当だ。そうでしたか，中国市場に学ばないといけないところがたくさんあるようですね！

◆ MCT 13-16　音声を聞きながらカッコに簡体字（1 文字）を書き入れてください。

13　林先生，伊藤小姐，之前匆（¹　　）打过招呼，今天就带你们（²　　）识一下我们分公司的同事们吧！麻烦你们（³　　）接待室稍等一下，我（⁴　　）请张先生过来。好的。林先生，伊藤小姐，两（⁵　　）好，我是张澜。张先生，你好，以后请多关照。张先生是我们分公司的（⁶　　）责人，这次分公司和日本总部合作的项目，就是（⁷　　）张先生提出和负责的，接（⁸　　）来的工作就拜（⁹　　）两位配合张先生开展了。希望合作愉快。张先生，这是我们（¹⁰　　）岐阜带过来的一些（¹¹　　）信，不成敬意。两位实在是太客气（¹²　　）。伊藤，把（¹³　　）物拿出来。好的。这是我们岐阜这边比较有名的礼品。是用美浓和纸做成的岐阜和（¹⁴　　）和岐阜团扇，都是非常具有岐阜（¹⁵　　）地特色的礼品。哇，真是非常漂亮呢！两位真是有（¹⁶　　）了，现在手（¹⁷　　）没有什么可以（¹⁸　　）礼的，今天晚上就由我请两位吃顿饭吧，品尝一下我们当地的特色美食。那我们就（¹⁹　　）客气了。好的，既然定下来了，接下来我们就（²⁰　　）始交接一下工作上的事情吧。好！

14　林先生，伊藤小姐，请（¹　　）许我介绍销售代表给你们认识。这位就是销售（²　　）表——陈先生。老陈，这两位就是和你说过的日本公（³　　）派来支援的林茂先生和伊藤美惠小姐。两位好。陈先生，你好，（⁴　　）后请多关照。老张已经和两位（⁵　　）致介绍过销售情况了吧？这是我们推进项目中主（⁶　　）产品的一些样品。请两位看看。不知道两位对于我们现在的商品质量以（⁷　　）销售方式有什么建（⁸　　）呢？请务必公正地指（⁹　　）存在的问题。既然陈先生这么说了，那我就不客气了。（¹⁰　　）于产品质量，我觉得非常不错，但是在销售（¹¹　　）式上，我个人有一些意（¹²　　）……那个，抱歉打断两位。接下来还得给你们介绍一下整（¹³　　）公司。你们先交换个联系方式吧。等到明（¹⁴　　）正式开始上班的（¹⁵　　）候再好好交流。好的好的，陈先生，这是我的名（¹⁶　　）。由于时间（¹⁷　　）促，没来得及印制带有中国这边电话号码的名片，我在中国的电话号码（¹⁸　　）经写在名片背后了。林先生真是个（¹⁹　　）细的人呢！这是我的名片，以后请多关照！太客气了，以后大家（²⁰　　）相帮助吧！

15 我先带两位去参观一下我们（¹　　）品的设计部吧？好的。这里就是我们的设（²　　）部，关于产品的样式和尺（³　　），都是由各位设计师精（⁴　　）设计调整的。大家辛苦了！我看到除了用电脑作图（⁵　　），还有一些同事是采用（⁶　　）绘的方式来画图。对啊，对（⁷　　）精细部分，有的设计师坚信用（⁸　　）统的手绘方式才能表现出产品的细（⁹　　），所以在某些部分他们（¹⁰　　）然会采用手绘，但绝大部分还是会用电脑作图的。咦，这里用到的材料，似（¹¹　　）非常罕见呢？是的，这个材料是（¹²　　）须从中国（¹³　　）川的原产地进货，才能符合我们产品要求的质量。所以都是备齐一批货后就（¹⁴　　）上安排快递发货送到工（¹⁵　　）进行加工。真厉害呢。对了，陈先生。我好像听说中国分公司有接网络委托的（¹⁶　　）务，可以让我见识一下吗？可以的，这边请。这位李小姐就是负责专（¹⁷　　）接待网络委托的负责人。顾客可以通过联系李小姐，对产品进行（¹⁸　　）制，无论是大小还是样式，都可以在（¹⁹　　）顾客的沟通中进行决定，既能让顾客买到（²⁰　　）意的商品，又能让顾客有商品制作的参与感。一举两得呢，真是优秀的想法！

16 这是我们最新设计的衣服样式，请两位看看，提供宝贵的意（¹　　）。哦，这就是分公司新推（²　　）的产品吗？昨天日本公司的同事还在 LINE 上和我说这件衣服评（³　　）非常高，让我务必要给他带一件回去呢。先（⁴　　）说这个，伊藤，你说说你的看法。那个，我想问一下这系列的衣服目前有什么（⁵　　）寸和颜色？按照男士和女士的（⁶　　）均尺码分类，从 150 到 190 的码数都有。颜色的话，（⁷　　）前有红色和蓝色两款。我觉得啊，这个款式（⁸　　）比较适合小朋友穿着。如果增加一个（⁹　　）尺码的款式，提供给家（¹⁰　　）们买给小孩子穿，相信销量也会（¹¹　　）错。真是一个不错的意见呢，我们会重新评估推出儿童款的（¹²　　）能性。林先生觉得呢？我有一个（¹³　　）问题。就是衣服扣（¹⁴　　）用白色的话，似乎与这两个颜色有种微妙的（¹⁵　　）搭，如果采（¹⁶　　）更为深沉的颜色，例如黑色之类的，会不会好一点呢？是从视觉上出（¹⁷　　）的感觉吗？林先生有所（¹⁸　　）知了，这个白色目前在国内的服装界非常流（¹⁹　　）哦。因为是用一种特殊的胶质材料制作的，仔细看会发现上面有纹路哦。诶，是真的耶！原来是这样，看来中国（²⁰　　）场还有很多需要学习的地方呢！

17 价格交涉

林　陈 先生，关于 这件 新 商品 的 定价，日本 公司 表示 希望 早日 决定，然后 同步 在 中 日 市场 推出。

Chén xiānsheng, guānyú zhèjiàn xīn shāngpǐn de dìngjià, Rìběn gōngsī biǎoshì xīwàng zǎorì juédìng, ránhòu tóngbù zài Zhōng Rì shìchǎng tuīchū.

陈先生　我们 也 正 有 此意，林 先生 有 什么 看法 呢？

Wǒmen yě zhèng yǒu cǐyì, Lín xiānsheng yǒu shénme kànfǎ ne?

林　我 还是 想 先 听听 你们 的 意见，毕竟 材料 价格 以及 运输 费用 我们 都 不 清楚，直接 说 单价 可能 会 干扰 你们 原本 的 判断。

Wǒ háishi xiǎng xiān tīngting nǐmen de yìjiàn, bìjìng cáiliào jiàgé yǐjí yùnshū fèiyòng wǒmen dōu bù qīngchu, zhíjiē shuō dānjià kěnéng huì gānrǎo nǐmen yuánběn de pànduàn.

陈先生　既然 如此，那 我 就 直 说 了。根据 我们 成本 核算，打算 把 这件 衣服 定价 为 129 人民币，折合 日元 大概 2200 日元。再 加上 到 日本 的 运输费，在 日本 的 售价 希望 能 定在 3500 日元。

Jìrán rúcǐ, nà wǒ jiù zhí shuō le. Gēnjù wǒmen chéngběn hésuàn, dǎsuàn bǎ zhèjiàn yīfu dìngjià wéi 129 rénmínbì, zhéhé Rìyuán dàgài 2200 Rìyuán. Zài jiāshàngdào Rìběn de yùnshūfèi, zài Rìběn de shòujià xīwàng néng dìngzài 3500 Rìyuán.

林　3500 日元 吗？虽然 这 是 非常 优秀 的 产品，可是 如果 定价 在 3500 日元，在 日本 市场 上 恐怕 竞争力 还是 会 有所 不足 呀。

3500 Rìyuán ma? Suīrán zhè shì fēicháng yōuxiù de chǎnpǐn, kěshì rúguǒ dìngjià zài 3500 Rìyuán, zài Rìběn shìchǎng shàng kǒngpà jìngzhēnglì háishi huì yǒusuǒ bùzú ya.

陈先生　我们 也 明白，可是 考虑 到 制作 成本，以及 专门 采集 的 材料，我 觉得 还是 值得 这个 价格 的。

Wǒmen yě míngbai, kěshì kǎolǜ dào zhìzuò chéngběn, yǐjí zhuānmén cǎijí de cáiliào, wǒ juéde háishi zhíde zhège jiàgé de.

林　这样 吧。陈 先生，根据 我 的 意见 如果 价格 略微 下降，销售量 一定 会 大幅 提升 的。定 3200 日元 你 觉得 如何？

Zhèyàng ba. Chén xiānsheng, gēnjù wǒ de yìjiàn rúguǒ jiàgé lüèwēi xiàjiàng, xiāoshòuliàng yídìng huì dàfú tíshēng de. Dìng 3200 Rìyuán nǐ juéde rúhé?

陈先生　3200 日元 吗？这样 每件 的 利润 可是 会 少了 一 大截。

3200 Rìyuán ma? Zhèyàng měijiàn de lìrùn kěshì huì shǎole yí dàjié.

林　根据 我 的 判断，降低 价格 带来 的 销售量 提升 一定 会 弥补 这个 利润 缺口 的，具体 的 市场 调研 数据 我们 稍后 开展，目前 就 针对 这个 定价，公司 中 日 两地 的 市场部 马上 开始 数据 收集 吧。

Gēnjù wǒ de pànduàn, jiàngdī jiàgé dàilai de xiāoshòuliàng tíshēng yídìng huì míbǔ zhège lìrùn quēkǒu de, jùtǐ de shìchǎng tiáoyán shùjù wǒmen shāo hòu kāizhǎn, mùqián jiù zhēnduì zhège dìngjià, gōngsī Zhōng Rì liǎngdì de shìchǎngbù mǎshàng kāishǐ shùjù shōují ba.

陈先生　好的!

Hǎode!

》》 語彙と文法

表示 示す・意見を言う　毕竟 つまり，結局　干扰 じゃまをする　原本 もともと　成本 コスト　核算 見積もる　折合 換算する・に相当する　售价 販売価格　虽然～可是… ～だが，…だ　如果 もしも　恐怕 おそらく～　值得 ～の値打ちがある　略微 すこし　销售量 販売量　提升 上昇（する）　觉得如何 どう思うか　大截 大部分　弥补 補う・補填する　缺口 欠落・不足分　调研（合成語）調査・研究（する）　数据 データ　针对 対象にあわせる・ねらう

》》 補充表現　繊維・生地・加工などの用語

丝绸 / 棉 / (亚)麻	sīchóu / mián / (yà)má	シルク / コットン / リネン
羊毛 / 羊绒 (开司米)	yángmáo / yángróng (kāisīmǐ)	ウール / カシミア
尼龙	nílóng	ナイロン
涤纶・聚酯纤维	dílún・jùzhǐxiānwéi	ポリエステル
人造丝 / 聚氨酯	rénzàosī / jù'ānzhǐ	レーヨン / ポリウレタン
氨纶 / 腈纶	ānlún / jīnglún	スパンデックス / アクリル
毛毡 / 假皮	máozhān / jiǎpí	フェルト / フェイクレザー
拉毛・拉绒	lāmáo・lāróng	起毛
砑光	yàguāng	つや出し
拨水加工	bōshuǐ jiāgōng	撥水加工

豆知識　中国経済の状況

　2022年5月に国家発展改革委員会が過去10年間の経済発展をまとめています。これによれば，中国の中間所得層は4億人を超え，9899万の農村人口が貧困から脱しています。都市就業者は年あたり1300万人増加し，住民の平均可処分所得（支配收入 zhīpèi shōurù）は年あたり3.5万元（約63～70万円）で，10年間で8割近く伸びました。経済発展の中で都市と農村の収入格差も縮まり，2.5対1となっています。100軒あたりの自家用車は37台で，2012年度と比較して2倍余になりました。スラム地区（棚户区 pénghùqū）の住宅改造は3961万戸，9000万人の住民に及び，1.8億人が農村人口から都市人口に移り，学校前教育（幼稚園など）の入学率は88％，労働者の平均教育期間は10.9年です。養老保険の加入は10.3億人，基本医療保険の加入は13億人を超え，住民医療保険の財政補助は一人あたり610元，平均寿命は77.9歳です。

　これらの統計から中国は中高収入国家の前列に位置するとしています。

　最近の物価に注目すると，2021年は「食品とエネルギーを除くコア指数」は0.8％の上昇ですが，卸売物価指数（PPI：全国工业生产者出厂价格 Quánguó gōngyè shēngchǎnzhě chūchǎng jiàgé）は26年ぶり8.1％の上昇です。消費者物価指数（CPI：全国居民消费价格指数 Quánguó jūmín xiāofèi jiàgé zhǐshù）のうち，ガソリンなどが17％上がり，野菜や卵類も価格が上がっています（日経新聞2022年1月12日）。

1. Guānyú xīn shāngpǐn de dìngjià, Rìběn gōngsī xīwàng zǎorì juédìng.

---

2. Wǒmen yě zhèng yǒu cǐyì, nǐ yǒu shénme kànfǎ ne?

---

3. Wǒ háishi xiǎng xiān tīngting nǐmen de yìjiàn.

---

4. Jìrán rúcǐ, nà wǒ jiù zhí shuō le.

---

5. Gēnjù wǒmen chéngběn hésuàn, dǎsuàn bǎ dìngjià wéi 200 rénmínbì.

---

6. Zài Rìběn shìchǎng shàng kǒngpà jìngzhēnglì háishi huì yǒusuǒ bù zú ya.

---

7. Mùqián jiù zhēnduì zhège dìngjià, shìchǎngbù kāishǐ shùjù shōují ba.

覚えておきたい表現

練習 **17b** 本文を参照して中国語に訳してください。

1. 新製品の定価に関して，日本の会社は早く決めたいと希望しています。

_____

2. 私達もそのつもりです。あなたに何か意見はありますか？

_____

3. 私はやはりまずあなた方の意見が聞きたいです。

_____

4. そういうことなら，私は率直に言います。

_____

5. 私達のコスト計算によれば，定価を 200 元にするつもりです。

_____

6. 日本市場ではおそらく競争力が不足するところがあるかもしれません。

_____

7. 今この定価にしておいて，マーケティング部でデータ収集を始めましょう。

_____

《日本語訳》
○陳さん，この新製品の定価に関して日本側は早く決めて中日両国の市場に同時に出したいようです。○そのつもりです。林さん，何か意見はありますか？○やはり，まずあなた方の意見が聞きたいです。材料価格や輸送費について私達は分かりませんし，（私が）率直に単価を言うと，あなた方の判断の邪魔になるかもしれません。○それならこちらで率直に言いますが，私達のコスト計算ではこの服の定価を 129 人民元にするつもりで，日本円に換算するとだいたい 2200 円です。日本までの輸送費を加えると日本での販売価格は 3500 円になります。○ 3500 円ですか。これはとても優秀な製品ですが，定価が 3500 円なら日本市場では競争力が不足するところがあるかもしれません。○それは分かります。しかし製造コストや特別に集めた材料を考えると，やはりこの価格になると思いますね。○そうですか。陳さん。私の意見だと価格を少し下げたら販売量がきっと大幅に上昇すると思います。3200 円でどうですか？○ 3200 円ですか？それだと毎回の利益がだいぶ減りますよ。○私の判断だと価格を下げたことに伴う販売量の上昇が利益の穴を補うと思います。具体的な市場調査は私達がすこし後で始めますが，今のところ，この定価にしておき，中国側と日本側のマーケティング部でデータ収集を始めましょう。○分かりました。

海上保险

林	陈 先生，有 件 事情 刚才 讨论 的 时候 我 忘记 问 你 了。
	Chén xiānsheng, yǒu jiàn shìqing gāngcái tǎolùn de shíhou wǒ wàngjì wèn nǐ le.
陈先生	是 什么 事情 呢？
	Shì shénme shìqing ne?
林	之前 你们 把 货物 从 中国 运送 到 日本 的 时候，是 有 购买 货物 保险 的 吗？
	Zhīqián nǐmen bǎ huòwù cóng Zhōngguó yùnsòng dào Rìběn de shíhou, shì yǒu gòumǎi huòwù bǎoxiǎn de ma?
陈先生	当然，按照 公司 的 规定，每 一批 长途 运输 的 货物 都 会 购买 保险 的。
	Dāngrán, ànzhào gōngsī de guīdìng, měi yìpī chángtú yùnshū de huòwù dōu huì gòumǎi bǎoxiǎn de.
林	关于 保险费 和 运输费 的 总价，日本 公司 那边 觉得 有点 高，所以 我 这趟 过来 也 正 打算 和 你们 讨论 一下 这个 费用 的 明细。
	Guānyú bǎoxiǎnfèi hé yùnshūfèi de zǒngjià, Rìběn gōngsī nàbian juéde yǒudiǎn gāo, suǒyǐ wǒ zhètàng guòlai yě zhèng dǎsuàn hé nǐmen tǎolùn yíxià zhège fèiyòng de míngxì.
陈先生	原来 如此，那 不 知道 林 先生 有 什么 想法 呢？
	Yuánlái rúcǐ, nà bù zhīdào Lín xiānsheng yǒu shénme xiǎngfǎ ne?
林	是 这样 的，我们 在 日本 有 一家 长期 合作 的 保险公司，根据 咨询，他们 的 价格 会 比 现在 的 保险 价格 便宜 一点。我们 打算 和 你们 商量 一下，能不能 改 和 他们 合作。
	Shì zhèyàng de, wǒmen zài Rìběn yǒu yìjiā chángqī hézuò de bǎoxiǎngōngsī, gēnjù zīxún, tāmen de jiàgé huì bǐ xiànzài de bǎoxiǎn jiàgé piányi yìdiǎn. Wǒmen dǎsuàn hé nǐmen shāngliang yíxià, néngbùnéng gǎi hé tāmen hézuò.
陈先生	既然 是 日本 公司 提出 的，我们 自然 也 不 会 有 什么 意见，可是 我们 和 目前 的 保险公司 还 有 大约 八个月 的 合作 时间，等 到期 了 我们 就 转为 和 日本 这边 的 保险公司 合作 吧。
	Jìrán shì Rìběn gōngsī tíchū de, wǒmen zìrán yě bú huì yǒu shénme yìjiàn, kěshi wǒmen hé mùqián de bǎoxiǎngōngsī hái yǒu dàyuē bāgèyuè de hézuò shíjiān, děng dàoqī le, wǒmen jiù zhuǎnwéi hé Rìběn zhèbian de bǎoxiǎngōngsī hézuò ba.
林	那 真是 太 好 了。另外 根据 我们 的 评估，之前 运输 方面 是 采用 过 海运 以及 空运 两种 形式，我们 的 建议 是 继续 增大 海运 的 比例，这样 能够 有效 地 控制 运输 成本，你 觉得 如何？
	Nà zhēnshì tài hǎo le. Lìngwài gēnjù wǒmen de pínggū, zhīqián yùnshū fāngmiàn shì cǎiyòngguo hǎiyùn yǐjí kōngyùn liǎngzhǒng xíngshì, wǒmen de jiànyì shì jìxù zēngdà hǎiyùn de bǐlì, zhèyàng nénggòu yǒuxiào de kòngzhì yùnshū chéngběn, nǐ juéde rúhé?
陈先生	关于 这点，我们 也 正 有 此意。既然 日本 公司 也 是 这么 认为 的，那 我们 马上 就 起草 一份 新 的 运输 计划！
	Guānyú zhèdiǎn, wǒmen yě zhèng yǒu cǐyì. Jìrán Rìběn gōngsī yě shì zhème rènwéi de, nà wǒmen mǎshàng jiù qǐcǎo yífèn xīn de yùnshū jìhuà!

林 　辛苦 了!
Xīnkǔ le!

讨论 討論する・意見を出し合う　忘记 忘れる　货物 貨物　保险 保険　按照 に照らして・に
よって　规定 規定・ルール　长途 長距離　运输 運輸　总价 総価格　明细 明細　合作 協力
（する）　咨询 諮問・コンサルティング（する）　商量 相談（する）　既然～也 ～したからには・
～した以上　大约 およそ　转为 に変える・に転換する　另外 ほかに　评估 評価（する）　采
用 採用（する）　控制 制御する・コントロールする　起草 草案・ドラフトを書く

補充表現　　保険用語

发票・清单	fāpiào・qīngdān	インボイス
保险金额	bǎoxiǎnjīn'é	保険契約金額
保险金	bǎoxiǎnjīn	保険支払額
保费	bǎofèi	掛け金
投保人	tóubǎorén	保険契約者
保险标的	bǎoxiǎnbiāodì	保険対象物
赔偿／免责	péicháng／miǎnzé	賠償／免責
严重过失／解约	yánzhòngguòshī／jiěyuē	重過失／解除
保费通知书	bǎofèitōngzhīshū	保険支払請求書
国际贸易术语解释通则	guójìmàoyìshùyǔjiěshìtōngzé	インコータムズ

豆知識 インコータムズ

　インコータムズ（Incoterms）とは国際商業会議所（ICC：パリ本部）が 1936 年から定めてい
る貿易条件の国際的統一表記です。インコータムズでは通常アルファベット 3 文字で運賃や責
任負担の範囲等の条件を表記します。最近の改訂は 2020 年版で、インコータムズの表記は 11
種あります。
　以下によく使われる表記を挙げておきます。通関士試験などでは問われる内容です。
　　① FOB（Free On Board）
　　　港等で運送人が荷を積み込むまでが売主の負担、以降の負担は買主の負担です。
　　② CFR／C&F（Cost and Freight）
　　　積み込みまでの国内輸送費と仕向地（目的港 mùdìgǎng）までの運送費が売主の負担、以
　　　降は買主の負担です。
　　③ CIF（Cost Insurance and Freight）
　　　CFR に海上貨物保険料を加えた範囲が売主の負担です。
　全世界の海上保険の保険料は 2010 年の推定で 300 億ドルで、その 50％が貨物保険です（中
出哲，2012）。
　国際的な取引のある製造業などではよく知られていることですが、中国の大型連休（春節・
メイデイ・国慶節）の前後で、製品や部品の供給が滞る場合がありますので、これを見越して
発注する場合があります。

1. Yǒu jiàn shìqing gāngcái tǎolùn de shíhou wǒ wàngjì wèn nǐ le.

---

2. Nǐmen bǎ huòwù yùnsòng dào Rìběn de shíhou, gòumǎi bǎoxiǎn ma?

---

3. Ànzhào gōngsī de guīdìng, měi yìpī huòwù dōu huì gòumǎi bǎoxiǎn de.

---

4. Wǒmen zài Rìběn yǒu yìjiā chángqī hézuò de bǎoxiǎn gōngsī.

---

5. Gēnjù zīxún, tāmen de jiàgé huì bǐ xiànzài de jiàgé piányi yìdiǎn.

---

6. Jìrán shì Rìběn gōngsī tíchū de, wǒmen zìrán yě bú huì yǒu shénme yìjiàn.

---

7. Nà wǒmen mǎshàng jiù qǐcǎo yífèn xīn de yùnshū jìhuà!

覚えておきたい表現

練習 **18b** ▷ 本文を参照して中国語に訳してください。

1. 先ほど話し合った時，あなたに質問するのを忘れていたことがあります。

2. あなた方は貨物を日本に運送する時，保険をかけていますか？

3. 会社の規定によって，一つ一つの貨物はすべて保険をかけているはずです。

4. 私達には日本で長く取引のある保険会社があります。

5. 問合せによると，彼らの価格は現在の価格よりすこし安くなるかもしれないです。

6. 日本の会社がそう言う以上，私達にも異存はあるはずがないです。

7. では，私達がすぐに一つ新しい輸送計画のドラフトを書きます！

《日本語訳》
○陳さん，先ほど話し合った時，聞くのを忘れていたことがあります。○なんですか？○以前からあなた方は中国から日本に運送する時，貨物保険に入っていますよね？○もちろん，会社の規定で長距離輸送の貨物はすべて保険に入っているはずです。○保険料と運送費の総額について日本側はすこし高いと思っているので，私が今回来て費用の明細を話しあう予定なんです。○そうですか。では，林さんはどんな考えですか？○じつは，日本に長く取引のある保険会社があって，相談してみると彼らの価格は現在の保険価格よりすこし安くなるかもしれないんです。彼らと取引することを検討できませんか。○日本側がそう言う以上，私達に異存はないですが，今の保険会社はまだだいたい8カ月の取引期間がのこっているから期限が来たら日本の保険会社と取引するように変えましょう。○それがいいです。ほかにも私達の評価では以前から運輸では海運と空運の二つを採用しているのですが，海運の比率をあげていけば，効率的に輸送コストを抑えられると思うのですが，どう思いますか。○その点は私達も同感です。日本側がそう考えるなら，すぐに新しい運輸計画のドラフトを書きます。○よろしくお願いします。

19　取引先と食事

（张先生邀请林与伊藤共进晚餐，同行的有其他人）

张先生　林 先生，伊藤 小姐。让 我 来 给 两位 介绍，在座 的 各位 都 是 我
　　　　们 多年 的 合作 伙伴，在 上海 的 时装界 都 是 非常 权威 的 人士。
　　　　Lín xiānsheng, Yīténg xiǎojiě. Ràng wǒ lái gěi liǎngwèi jièshào, zàizuò de gèwèi dōu shì
　　　　wǒmen duōnián de hézuò huǒbàn, zài Shànghǎi de shízhuāngjiè dōu shì fēicháng
　　　　quánwēi de rénshì.

张先生　这位 是 雷 先生，是 上海 排名 前三 的 广告公司 的 金牌 制作人，
　　　　每 当 我们 需要 拍摄 广告 的 时候，雷 先生 的 团队 总是 能 给 我
　　　　惊喜，无论 是 模特 的 质量 还是 广告 的 创意，都 是 我 见过 最
　　　　优秀 的!
　　　　Zhèwèi shì Léi xiānsheng, shì Shànghǎi páimíng qiánsān de guǎnggàogōngsī de jīnpái
　　　　zhìzuòrén, měi dāng wǒmen xūyào pāishè guǎnggào de shíhou, Léi xiānsheng de
　　　　tuánduì zǒngshi néng gěi wǒ jīngxǐ, wúlùn shì mótè de zhìliàng háishi guǎnggào de
　　　　chuàngyì, dōu shì wǒ jiànguo zuì yōuxiù de!

雷先生　老 张，你 太 过誉 了，这 两位 就是 从 日本 来 的 同事 是 吗? 那个，
　　　　那个 日语 怎么 说 来着? 空尼漆哇?
　　　　Lǎo Zhāng, nǐ tài guòyù le, zhè liǎngwèi jiùshi cóng Rìběn lái de tóngshì shìma? Nèige,
　　　　nèige Rìyǔ zěnme shuō láizhe? Kōngníqīwa?

张先生　是 こんにちは，老 雷 你 这 口音 真是 的…还 秀 你 那 半桶水 的
　　　　日语。
　　　　Shì こんにちは, Lǎo Léi nǐ zhè kǒuyīn zhēnshi de…hái xiù nǐ nà bàntǒngshuǐ de Rìyǔ.

林　　　没 想到 雷 先生 对 日语 也 有所 研究，讲得 还 挺 标准 呢。
　　　　Méi xiǎngdào Léi xiānsheng duì Rìyǔ yě yǒusuǒ yánjiū, jiǎngde hái tīng biāozhǔn ne.

雷先生　哈哈哈，老 张 你 看，林 先生 都 夸 我 日语 说得好。
　　　　Hāhāhā, Lǎo Zhāng nǐ kàn, Lín xiānsheng dōu kuā wǒ Rìyǔ shuōdehǎo.

张先生　那 是 人家 林 先生 给 你 面子。算了，不 和 你 扯 了。
　　　　Nà shì rénjia Lín xiānsheng gěi nǐ miànzi. Suànle, bù hé nǐ chě le.

张先生　林 先生，这位 是 刘 小姐，管理着 全 上海 最 有名 的 模特公司，
　　　　根据 不同 的 活动 主题，刘 小姐 总是 能 为 我们 找到 最 合适 的
　　　　走秀 舞台 和 模特。每次 我们 搞 活动 的 时候，都 仰仗 刘 小姐
　　　　为 我们 提供 资源 了。
　　　　Lín xiānsheng, Zhèwèi shì Liú xiǎojiě, guǎnlǐzhe quán Shànghǎi zuì yǒumíng de mótè
　　　　gōngsī, gēnjù bùtóng de huódòng zhǔtí, Liú xiǎojiě zǒngshi néng wèi wǒmen zhǎodào
　　　　zuì héshì de zǒu xiù wǔtái hé mótè. Měicì wǒmen gǎo huódòng de shíhou, dōu
　　　　yǎngzhàng Liú xiǎojiě wèi wǒmen tígōng zīyuán le.

刘小姐　张 先生 过奖 了。两位 好。
　　　　Zhāng xiānsheng guòjiǎng le. Liǎngwèi hǎo.

林，伊藤　刘 小姐，你好。
　　　　Liú xiǎojiě, nǐhǎo.

张先生　来来来，我 再 为 你们 介绍，这位 是…
　　　　Láiláilái, wǒ zài wèi nǐmen jièshào, zhè wèi shì…

>> **語彙と文法**

伙伴 仲間　权威 権威（がある）　排名 名を並べる・ランキング　前三 トップスリー　广告 広告・CM　金牌 金メダル　拍摄 撮影（する）　惊喜 驚喜する　模特（儿）モデル　创意 創意・クリエイティブ　过誉（恐縮して）褒めすぎだ≒过奖　～来着 ～だった（回顧を表す）　秀 ショー・見せる（show の音訳）　半桶水 うろ覚え　夸 大げさに言う・褒める　人家～ あの～（後ろに名詞を置き生き生きした感じを加える）　给面子 顔をたてる　算了 やめにする　扯 引っ張る・だらだらしゃべる　管理 管理する・マネージする　总是 かならず・いつも　仰仗 頼る　资源 生産や生活に必要な人脈・設備・情報の総称，リソース

>> **補充表現**　　**各種の業界**

金融行业	jīnrónghángyè	金融業
房地产业	fángdìchǎnyè	不動産業
建筑业	jiànzhúyè	建築業
服务行业	fúwùhángyè	サービス業
运输行业	yùnshūhángyè	運輸業
旅游休闲行业	lǚyóuxiūxiánhángyè	旅行レジャー業
饮食服务业	yīnshífúwùyè	飲食業
贸易行业	màoyìhángyè	貿易業
制造行业	zhìzàohángyè	製造業

豆知識　**中国の宴会と食品ロス**

中華料理の宴会の席次にはプロトコル（規則）があります。以下に紹介しておきます。
　①面门为主（miàn mén wéi zhǔ）：主人は入り口が見える席につきます。主人が二人いる時は双方が対面して座ります。一人が入り口に面して、一人が入り口を背にします。
　②主宾居右（zhǔbīn jū yòu）：主賓は主人の右に座ります。
　③好事成双（hǎoshì chéng shuāng）：めでたい宴会ではテーブルに座る人を偶数にします。
　④各桌同向（gè zhuō tóng xiàng）：テーブルを対称に配置します。

従来，中国の宴会では満腹を示すために食べ残し（剩菜 shèngcài）をするという習慣がありましたが，一方で飲食店では食べ残した料理を包んで持ち帰る（打包 dǎbāo）ことができる場合もあります。

近年，各国で食品ロス（食品浪费 shípǐn làngfèi）の問題がクローズアップされています。世界全体で 13 億トンが食品ロスとして廃棄され，日本では 612 万トンが廃棄されています（農林水産省ウェブページ，2020）。

《2018 年中国城市餐饮食物浪费报告》によれば，2013 年から 2015 年まで中国都市部の飲食で毎年 1700 〜 1800 万トンの食品ロスがあったという試算があります。こうした状況を受けて 2021 年 4 月，全国人民代表大会常務委員会議で罰則なども定めた《反食品浪费法》(Fǎnshípǐnlàngfèifǎ) が通過しました。

最近では，光盘（guāng pán：お皿を空にする。光ディスクの意味もあり）という言葉もあり，これに応じて宴会の習慣も変化していくものと思われます。

1. Zàizuò de gèwèi dōu shì wǒmen duōnián de hézuò huǒbàn.

----

2. Tāmen zài Shànghǎi de shízhuāngjiè dōu shì fēicháng quánwēi de rénshì.

----

3. Zhèwèi shì Shànghǎi páimíng qiánsān de guǎnggào gōngsī de zhìzuòrén.

----

4. Wǒ jiànguo zuì yōuxiù de!

----

5. Méi xiǎngdào Léi xiānsheng duì Rìyǔ yě yǒusuǒ yánjiū.

----

6. Zhèwèi guǎnlǐzhe quán Shànghǎi zuì yǒumíng de mótè gōngsī.

----

7. Měicì wǒmen gǎo huódòng de shíhou, dōu yǎngzhàng tā tígōng zīyuán le.

覚えておきたい表現

練習 **19b** 本文を参照して中国語に訳してください。

1. ご出席の方々は私達の長年の仕事仲間です。

2. 彼らは上海のファッション界でみな非常に権威のある方々です。

3. こちらは上海のランキングでトップスリーに入る広告会社のクリエイターです。

4. 私が会った中で一番優秀です！

5. 雷さんが日本語についても造詣があるとは思いませんでした。

6. こちらの方は全上海で一番有名なモデル事務所を管理しています。

7. 私達が活動する時は毎回，彼女が提供してくれるリソースを頼りにしている。

《日本語訳》

(張さんが林と伊藤を夕食に招き，他の同業者がいる) ○林さん，伊藤さん，お二人に紹介します。ご出席の方々は私達の長年の仕事仲間で，上海のファッション界でみなとても権威のある方々です。○こちらは雷さん，上海のランキングでトップスリーにはいる広告会社の一流クリエイターです。ＣＭを撮影する時，雷さんのグループはいつも驚かせてくれます。モデルの質や広告の創意，すべて私が会った中で一番優秀です！○張さん，褒めすぎですよ。お二人は日本から来た同僚ですか？日本語ではどういうのだったかな？コンニチハ？○「こんにちは」だよ。雷さん，あなたの発音はまったく…そのうろ覚えの日本語をよく見せびらかすね。○雷さんが日本語にも造詣があるなんて思いませんでした。発音も標準的ですよ。○ハハハ，張さん，ほら，林さんも私の日本語をほめてくれたよ。○それはあの林さんがあなたの顔を立ててくれたんだよ。やめよう，話し込めないんだ。○林さん，こちらは劉さん，上海で一番有名なモデル事務所をマネージメントしていて，いろいろなテーマによって，必ず一番いい舞台やモデルを探してくれる。私達が活動する時はいつも劉さんが提供してくれるリソースを頼りにしている。○張さん，お褒めにあずかり光栄です。こんにちは。○劉さん，こんにちは。○さあ，まだ紹介しますよ。こちらは……

20 產業展

江小姐 今天 在 上海会展中心 会 举行 时装展，我 带 两位 去 走走 吧。
Jīntiān zài Shànghǎihuìzhǎnzhōngxīn huì jǔxíng shízhuāngzhǎn, wǒ dài liǎngwèi qù zǒuzou ba.

伊藤 太 好 了，我 最 喜欢 逛 时装展 了，麻烦 江 小姐 了!
Tài hǎo le, wǒ zuì xǐhuān guàng shízhuāngzhǎn le, máfan Jiāng xiǎojiě le!

江小姐 这里 就是 我们 公司 的 展台，最近 新 推出 的 产品 都 有 拿出来 展示，这些 都 是 刘 小姐 事务所 的 模特。
Zhèlǐ jiùshì wǒmen gōngsī de zhǎntái, zuìjìn xīn tuīchū de chǎnpǐn dōu yǒu náchūlai zhǎnshì, zhèxiē dōu shì Liú xiǎojiě shìwùsuǒ de mótè.

林 真是 精彩，可以 带 我们 去 其他 展台 看看 吗?
Zhēnshì jīngcǎi, kěyǐ dài wǒmen qù qítā zhǎntái kànkan ma?

江小姐 来，我们 这边 走。
Lái, wǒmen zhèbian zǒu.

林 咦，这 是 什么 新 技术 吗?
Yí, zhè shì shénme xīn jìshù ma?

江小姐 对的，林 先生 果然 好 眼光。这个 是 今年 业界 刚 推出 的 印刷 技术，这个 技术 与 以往的 相比 有 很 大 的 革新，您 摸摸 看，觉得 如何?
Duìde, Lín xiānsheng guǒrán hǎo yǎnguāng. Zhège shì jīnnián yèjiè gāng tuīchū de yìnshuā jìshù, zhège jìshù yǔ yǐwǎngde xiāngbǐ yǒu hěn dà de géxīn, nín mōmo kàn, juéde rúhé?

林 这件 衣服 的 图案，完全 没有 印刷上去 的 感觉。摸上去 就 像 是 原本 就 在 衣服上 的 一样，而且 颜色 也 非常 鲜明。不 会 出现 色调 过暗 的 情况。
Zhèjiàn yīfu de tú'àn, wánquán méiyou yìnshuāshàngqu de gǎnjué. Mōshàngqu jiù xiàng shì yuánběn jiù zài yīfushàng de yíyàng, érqiě yánsè yě fēicháng xiānmíng. Bú huì chūxiàn sèdiào guò'àn de qíngkuàng.

江小姐 不愧 是 林 先生，一下子 就 抓住了 重点。最近 我们 公司 也 正在 引进 这种 新 技术，如果 成功 的话，一定 会 大 幅度 提高 产品 质量 的。我 来 给 你 介绍 一下，这位 是 这项 技术 专利 的 拥有人，蔡 先生。
Búkuì shì Lín xiānsheng, yíxiàzi jiù zhuāzhùle zhòngdiǎn. Zuìjìn wǒmen gōngsī yě zhèngzài yǐnjìn zhèzhǒng xīn jìshù, rúguǒ chénggōng dehuà, yídìng huì dà fúdù tígāo chǎnpǐn zhìliàng de. Wǒ lái gěi nǐ jièshào yíxià, zhèwèi shì zhèxiàng jìshù zhuānlì de yōngyǒurén, Cài xiānsheng.

蔡先生 几位 好，江 小姐，这 两位 是 你 的 同事 吗?
Jǐwèi hǎo, Jiāng xiǎojiě, zhè liǎngwèi shì nǐ de tóngshì ma?

江小姐 是的，这 两位 是 我们 日本 分公司 过来 支援 项目 的 同事。
Shìde, zhè liǎngwèi shì wǒmen Rìběn fēngōngsī guòlai zhīyuán xiàngmù de tóngshì.

蔡先生 哦，原来 是 国际 友人 啊。这 是 我 的 名片，请 二位 惠存。
Ó, yuánlái shì guójì yǒurén a. Zhè shì wǒ de míngpiàn, qǐng èrwèi huìcún.

林　　蔡 先 生 太 客 气 了，这 是 我 的 名片。
Cài xiānsheng tài kèqi le, zhè shì wǒ de míngpiàn.

>> **語彙と文法**

会展 イベント・コンベンション（会議と展示の合成語）　中心 センター　举行 行う　展台 展示台・ブース　精彩 際だって良い　与～相比 ～と比べて　以往 これまで・以前　摸 なでる・さわる　V上去（近くから遠くに）Vしていく　而且 かつ・しかも　色调过暗 色褪せる　不愧 さすが～・～に恥じない　一下子 一度に　抓住 つかむ・把握する　引进 導入する　提高 高める　专利 特許　拥有 保有する　请～惠存（物を渡す時）～の手元に

>> **補充表現**　　**展示会の用語**

展位	zhǎnwèi	ブース
横幅 / 海报	héngfú / hǎibào	バナー・横断幕 / ポスター
免费样品 / 小册子	miǎnfèi yàngpǐn / xiǎocèzi	試供品・無料サンプル / パンフレット
接待台	jiēdàitái	レセプション・受付
宣传活动	xuānchuán huódòng	プロモーション・キャンペーン
主办者 / 展会赞助	zhǔbànzhě / zhǎnhuìzànzhù	主催者 / スポンサー
买家	mǎijiā	バイヤー

豆知識　**産業展覧会と技術教育**

　中国では毎年，産業展覧会が盛んに開かれています。
　2010 年の上海国際博覧会（上海世界博覧会）は 450 億元が投資され，240 カ国から約 7300 万人の観客が訪れました。近年の統計によると，2018 年度には 181 都市で 10889 回の展示会が催され，総展示面積は 14456 万㎡と指摘されています（中国会展経済研究会）。
　上海の国家コンベンションセンター（国家会展中心）はおよそ 50 万㎡の屋内展示ホール，10 万㎡の屋外展示エリアがあります。ここで 2019 年 2 月に行われたアジア 3 D プリント増材製造博覧会には 700 社がブースを出しました。展示や参観のエントリーはネットを通して行われています。
　ところで，2015 年 5 月に発表された《中国製造 2025》では製造業の高度化の方針が決定されました。この方針に学校教育も対応しているようで，高校（高中）の《通用技術》の教科書のタイトルには以下のものがあります。
　　必修課目：技术与设计 1（技術とデザイン）　技术与设计 2
　　選択課目：(1) 电子控制技术（電子制御技術）　(2) 机器人设计与制作（ロボット設計と制作）(3) 工程设计基础（エンジニアリング・デザイン基礎）　(4) 现代家政技术（現代家政技術）　(5) 服装及其设计（服装及びそのデザイン）　(6) 智能家居应用设计（スマートホーム応用デザイン）(7) 职业技术基础（職業技術基礎）　(8) 技术与职业探索（技術と職業探索）　(9) 创造力开发与技术发明（創造力開発と技術発明）　(10) 科技人文融合创新专题（科学技術と人文の融合によるイノベーション）　(11) 产品三维设计与制造（製品の三次元設計と製造）
　これを見ると，ロボット制作や三次元プリンターによる製造など産業の高度化が教科書に反映されていることが分かります。なお，信息（xìnxī: 情報）は別の科目として設定され，人工知能初歩（選択科目）などの教科書もあります（教育部教育技术与资源发展中心）。

1. Jīntiān zài Shànghǎihuìzhǎnzhōngxīn huì jǔxíng shízhuāngzhǎn.

-----

2. Zhèli jiùshi wǒmen gōngsī de zhǎntái.

-----

3. Zhège jìshù yǔ yǐwǎngde xiāngbǐ yǒu hěn dà de géxīn.

-----

4. Yánsè yě fēicháng xiānmíng. Bú huì chūxiàn sèdiào guò'àn de qíngkuàng.

-----

5. Wǒmen gōngsī yě zhèngzài yǐnjìn zhèzhǒng xīn jìshù.

-----

6. Rúguǒ chénggōng dehuà, yídìng huì dà fúdù tígāo chǎnpǐn zhìliàng de.

-----

7. Zhèwèi shì zhèxiàng jìshù zhuānlì de yōngyǒurén.

覚えておきたい表現

練習 **20b** 本文を参照して中国語に訳してください。

1. 今日は上海コンベンションセンターでファッション展があるはずです。

2. ここがわが社のブースです。

3. この技術は以前のものとくらべてとても大きな革新があります。

4. 色も非常に鮮明です。色褪せした様子もない。

5. わが社もこの新技術を導入しているところです。

6. もし成功したら，きっと大幅に製品の質が向上するはずです。

7. こちらの方がこの技術特許の保有者です。

《日本語訳》
○今日は上海コンベンションセンターでファッション展があるはずなので，見に行きましょう。○いいですね。ファッション展を見て回るの，一番好きなんです。江さん，お世話になります！○ここがわが社のブースで，最近出した製品は展示してあります。みんな劉さんの事務所のモデルです。○すばらしいですね。他のブースにも連れていってくれませんか？○いいですよ。こっちです。○あ，これは何か新技術ですか？○そうです。林さん，やっぱり眼のつけどころがいいですね。これは今年業界に出たばかりの印刷技術で，以前のものとくらべて革新的なんです。さわってください，どう思いますか？○この服の柄は印刷したような感じがまるでないです。さわってみると，もともと服の上にあったようで，しかも，色も鮮明です。色褪せした様子もない。○さすが，林さん，すぐポイントをつかみますね。最近，わが社もこの新技術を導入しているところで，成功したら大幅に製品の質が向上するはずです。紹介します。こちらがこの技術特許の保有者，蔡さんです。○こんにちは。江さん，こちらはあなたの同僚ですか？○そうです。この二人は日本会社からプロジェクト支援に来た同僚です。○あ，外国の方でしたか。これは私の名刺です。お手元に。○蔡さん，ご丁寧に。これは私の名刺です。

◆ **MCT 17-20**　音声を聞きながらカッコに簡体字（1文字）を書き入れてください。

17　陈先生，(^{1}　) 于这件新商品的定价，日本公司表示希望早(^{2}　) 决定，然后同步在中日市场推出。我们也(^{3}　) 有此意，林先生有什么看法呢？我还是想(^{4}　) 听听你们的意见，毕竟材料价格以及(^{5}　) 输费用我们都不清楚，直接说单价可能会(^{6}　) 扰你们原本的判断。既然如此，那我就直说了。根据我们成(^{7}　) 核算，打算把这件衣服定价为129(^{8}　) 民币，折合日元大概2200(^{9}　) 元。再加上到日本的运输费，在日本的售价希望能定(^{10}　)3500日元。3500日元吗？虽然这是非常(^{11}　) 秀的产品，可是如果定价在3500日元，在日本市场上恐怕竞争(^{12}　) 还是会有所不足呀。我们也明白，可是考虑到制作成本，以及专(^{13}　) 采集的材料，我觉得还是值得这个(^{14}　) 格的。这样吧。陈先生，根据我的意(^{15}　) 如果价格略微下降，销售量一定会大幅提(^{16}　) 的。定3200日元你觉得如何？3200日元吗？这样每件的利润可是会(^{17}　) 了一大截。根据我的判断，降低价格带来的销售量提升(^{18}　) 定会弥补这个利润缺(^{19}　) 的，具体的市场调研数据我们稍后(^{20}　) 展，目前就针对这个定价，公司中日两地的市场部马上开始数据收集吧。好的！

18　陈先生，有件事情刚才(^{1}　) 论的时候我忘记问你了。是什么事情呢？之前你们把货物(^{2}　) 中国运送到日本的时候，是有购买货物保险的吗？当然，按照(^{3}　) 司的规定，每一批(^{4}　) 途运输的货物都会购买保险的。(^{5}　) 于保险费和运输费的总价，日本公司那边觉得有点高，所(^{6}　) 我这趟过来也正打算和你们讨(^{7}　) 一下这个费用的明细。原来如此，那(^{8}　) 知道林先生有什么想法呢？是这样的，我们在日本有一家长期(^{9}　) 作的保险公司，根据咨询，他们的价格会(^{10}　) 现在的保险价格便宜一点。我们(^{11}　) 算和你们商量一下，能不能改和他们合作。既然是日本公司提出的，我们自然(^{12}　) 不会有什么意见，可是我们和目前的保险公司还有大约(^{13}　) 个月的合作时间，等到期了我们就转(^{14}　) 和日本这边的保险公司合作吧。那真是太好了。(^{15}　) 外根据我们的评估，之前运输(^{16}　) 面是采用过海(^{17}　) 以及空运两种形式，我们的建议是继续增(^{18}　) 海运的比例，这样能够有效地控制运输成本，你觉得如何？关于这点，我们也(^{19}　) 有此意。既然日本公司也是这么认为的，那我们马上就起草一份新的运输(^{20}　) 划！辛苦了！

19 林先生，伊藤小姐。(^{1}　　) 我来给两位介绍，在座的各位都是我们多年的合作 (^{2}　　) 伴，在上海的时装界都是非常权威的人 (^{3}　　)。这位是雷先生，是上海排名 前 (^{4}　　) 的广告公司的金牌制作人，每当我们需要拍摄 (^{5}　　) 告的时候，雷先生的 团 (^{6}　　) 总是能给我惊喜，(^{7}　　) 论是模特的质量还是广告的创意，都是我 (^{8}　　) 过最优秀的！老张，你太过誉了，这两位就是 (^{9}　　) 日本来的同事吗？那个，那个 (^{10}　　) 语怎么说来着？空尼漆哇？是こんにちは，老雷你这口音真是的…还秀你那 (^{11}　　) 桶水的日语。没想到雷先生对日语也有所研究，(^{12}　　) 得还挺标准呢。哈哈 哈，老张你看，林先生都夸我 (^{13}　　) 语说得好。那是人家林先生给你面子。算 (^{14}　　)，不和你扯了。林先生，这位是刘小姐，管理着 (^{15}　　) 上海最有名的模特公 司，根据不同的活动 (^{16}　　) 题，刘小姐总是能 (^{17}　　) 我们找到最合适的走秀舞台 和模特。每次我们搞活动的时候，都仰 (^{18}　　) 刘小姐为我们提供资源了。张先 (^{19}　　) 过奖了。两位好。刘小姐，你好。来来来，我再为你们 (^{20}　　) 绍，这位是 …

20 今天在上海会展 (^{1}　　) 心会举行时装展，我带两位 (^{2}　　) 走走吧。太好了， 我最喜欢逛时装展了，麻烦江小姐了！这里就是我们公司的展 (^{3}　　)，最近新推出的 产品都有拿出来展 (^{4}　　)，这些都是刘小姐事 (^{5}　　) 所的模特。真是精彩，可以带 我们 (^{6}　　) 其他展台看看吗？来，我们这边走。咦，这是什么新技 (^{7}　　) 吗？对 的，林先生果然好眼光。这个是今年 (^{8}　　) 界刚推出的印刷技术，这个技术 (^{9}　　) 以往的相比有很大的革新，您摸摸看，觉得如何？这件衣服的图案，完全没有 (^{10}　　) 刷上去的感觉。摸上去就像是原本就在衣服上的一样，而 (^{11}　　) 颜色也非常鲜明。 不会出现色调过暗的情况。(^{12}　　) 愧是林先生，一下子就抓住 (^{13}　　) 重点。最近 我们公司也正在 (^{14}　　) 进这种新技术，如果成 (^{15}　　) 的话，一定会大幅度提高产 品质量的。我来给你介绍一下，这位是这项技术专 (^{16}　　) 的拥有人，蔡先生。几位 好，江小姐，这两位是你的 (^{17}　　) 事吗？是的，这两位是我们日本分公司过来 (^{18}　　) 援项目的同事。哦，原来是国际 (^{19}　　) 人啊。这是我的名片，请 (^{20}　　) 位惠存。蔡先生太客气了，这是我的名片。

21 博物館

江小姐 林 先生，伊藤 小姐，这里 就是 上海博物馆。
Lín xiānsheng, Yīténg xiǎojiě, Zhèli jiùshi Shànghǎibówùguǎn.

伊藤 哇，看上去 就 非常 大。
Wa, kànshàngqu jiù fēicháng dà.

江小姐 是的，上海博物馆 占地 1.1 万 平方米，上面 的 招牌，就是 由 上海市 第一任 市长 陈 毅 先生 题字 的。
Shìde, Shànghǎibówùguǎn zhàndì 1.1 wàn píngfāngmǐ, shàngmian de zhāopái, jiùshi yóu Shànghǎishì dìyīrèn shìzhǎng Chén Yì xiānsheng tízì de.

林 江 小姐，请问 售票处 在 哪里？我们 先 去 买 票 吧。
Jiāng xiǎojiě, qǐngwèn shòupiàochù zài nǎli? Wǒmen xiān qù mǎi piào ba.

江小姐 不用 担心，上海博物馆 是 免费 对 民众 开放 的，我们 直接 进去 就 好 了。
Búyòng dānxīn, Shànghǎibówùguǎn shì miǎnfèi duì mínzhòng kāifàng de, wǒmen zhíjiē jìnqu jiù hǎo le.

林，伊藤 太 棒 了，那 我们 快 走 吧。
Tài bàng le, nà wǒmen kuài zōu ba.

江小姐 哦，对了，我们 的 背包 和 手提包 最好 都 先 寄存 在 那边 的 寄物处。
O, duìle, wǒmen de bēibāo hé shǒutíbāo zuì hǎo dōu xiān jìcún zài nàbian de jìwùchù.

江小姐 你们 看，这层 楼 就是 中国 古代 的 青铜器。我们 公司 之前 有 一 款 产品，就是 参考 这些 青铜器 的 风格 制作 的。两位 之前 有没有 看过？
Nǐmen kàn, zhècéng lóu jiùshi Zhōngguó gǔdài de qīngtóngqì. Wǒmen gōngsī zhīqián yǒu yīkuǎn chǎnpǐn, jiùshi cānkǎo zhèxiē qīngtóngqì de fēnggé zhìzuò de. Liǎngwèi zhīqián yǒuméiyou kànguo?

林 当然 有，那 一系列 的 衣服 在 日本 的 销量 也 非常 高。
Dāngrán yǒu, nà yíxìliè de yīfu zài Rìběn de xiāoliàng yě fēicháng gāo.

伊藤 林 先生，你 快 过来 看看 这边，这 是 中国 风格 的 家具 展示，非常 有 特色！哦，对了。我 看到 那边 有 纪念品 售卖 的 区域，我们 过去 看看 吧。
Lín xiānsheng, nǐ kuài guòlái kànkan zhèbian, zhè shì Zhōngguó fēnggé de jiājù zhǎnshì, fēicháng yǒu tèsè! O, duìle. Wǒ kàndào nàbian yǒu jìniànpǐn shòumài de qūyù, wǒmen guòqu kànkan ba.

林 可以 啊。我们 去 看看 吧。
Kěyǐ a. Wǒmen qù kànkan ba.

伊藤 就是 这个，小型 青铜器 模样 的 钥匙扣，我 要 买 一个。
Jiùshi zhège, xiǎoxíng qīngtóngqì múyàng de yàoshikòu, wǒ yào mǎi yíge.

林 真是 有趣 的 设计 呢，请问，这些 东西 我 可以 拍照 吗？
Zhēnshì yǒuqù de shèjì ne, qǐngwèn, zhèxiē dōngxi wǒ kěyǐ pāizhào ma?

店員	非常 抱歉，在 我们 的 展馆里 的 所有 区域 都 是 禁止 拍摄 的。
	Fēicháng bàoqiàn, zài wǒmen de zhǎnguǎnli de suǒyǒu qūyù dōu shì jìnzhǐ pāishè de.
林	啊，真是 可惜 啊。
	A, zhēnshì kěxī a.
伊藤	林 先生，那，你 把 全部 东西 买下来 不 就 好 了!
	Lín xiānsheng, nà, nǐ bǎ quánbù dōngxi mǎixiàlai bú jiù hǎo le!

≫ 語彙と文法

占地 敷地　招牌 看板　售票处 切符・入場券売り場　担心 心配（する）　**免费** 無料・フリー
民众 民衆・市民　太棒了 すごい　背包 リュックサック　手提包 ハンドバッグ　寄存 預ける
层 層・階　风格 風格・品格・特長　纪念品 お土産・記念品　售卖 販売（する）　模样 形・姿
钥匙扣 キーホルダー　拍照 写真を撮る・撮影する　抱歉 申し訳なく思う　所有 すべて　可惜
惜しい　V下来（動作が）安定する　不就好了 すればいいじゃないか（提案）

≫ 補充表現　博物館・美術館・図書館など

上海科技馆	Shànghǎi kējì guǎn
上海汽车博物馆	Shànghǎi qìchē bówùguǎn
上海工艺美术博物馆	Shànghǎi gōngyì měishù bówùguǎn
中华艺术宫	Zhōnghuá yìshù gōng
上海当代艺术博物馆	Shànghǎi dāngdài yìshù bówùguǎn
上海外滩美术馆	Shànghǎi wàitān měishù guǎn
上海图书馆	Shànghǎi túshū guǎn

現代（xiàndài）は五・四運動（1919年）以降，当代（dāngdài）が現代の意味です。

豆知識　上海博物館

上海博物館は1952年設立，北京博物館・南京博物館と並んで中国三大博物館の一つです。およそ102万件の文化財（文物 wénwù）を所蔵し，うち14万件は貴重文物です。上海中心部の人民広場（人民广场 Rénmín guǎngchǎng）に隣接し，建物の外観は青銅器を模しています。国定の休日のほかに，毎週月曜日は閉館で，年中入場無料です。

上海博物館が所蔵するコレクションには以下があります。

雕塑（diāosù：彫刻塑像）	青铜（qīngtóng：青銅器）	陶瓷（táocí：陶磁器）
书法（shūfǎ：書）	绘画（huìhuà）	玺印（xǐyìn：印章）
家具（jiājù）	玉器（yùqì）	钱币（qiánbì：コイン）
少数民族工艺（shǎoshù mínzú gōngyì：民族工芸品）		

青銅器は写真で見るものより存在感があります。器の内部に文字が刻まれていることも分かるでしょう。また，明清時代の家具や，書画の名品も多く所蔵されています。アンティーク（古董 gǔdǒng）を見る目を養いたい方や書画を嗜む人にはお勧めです。

また，1994年に上海博物館が香港の骨董市場から購入した中国戦国時代の竹簡（上博楚簡）は35000字の古代文献で，中国古代の歴史や思想を解き明かす新資料として注目され，現代でも整理・研究がなされています。

1. Shànghǎibówùguǎn zhàndì yì diǎn yī wàn píngfāngmǐ.

2. Qǐngwèn shòupiàochù zài nǎli? Wǒmen xiān qù mǎi piào ba.

3. Búyòng dānxīn, Shànghǎibówùguǎn shì miǎnfèi duì mínzhòng kāifàng de.

4. Wǒmen de bēibāo hé shǒutíbāo zuì hǎo dōu xiān jìcún zài jìwùchù.

5. Zhè shì Zhōngguó fēnggé de jiājù zhǎnshì, fēicháng yǒu tèsè!

6. Zhēnshì yǒuqù de shèjì ne. qǐngwèn, zhèxiē dōngxi wǒ kěyǐ pāizhào ma?

7. Nǐ bǎ quánbù dōngxi mǎixiàlai bú jiù hǎo le!

覚えておきたい表現

練習 **21b** 本文を参照して中国語に訳してください。

1. 上海博物館は 1.1 万平方メートルの敷地面積です。

---

2. 入場券売り場はどこですか？まずチケットを買いに行きましょう。

---

3. 心配しなくていいです。上海博物館は無料で民衆に開放されています。

---

4. 私達のリュックサックとハンドバッグは預かり所に預けるのが一番いいです。

---

5. これは中国風の家具の展示で，とても特色がありますよ！

---

6. 本当に面白いデザインだな。あの，これらのものを私は写真に撮っていいですか。

---

7. では，全部（の品物）を買えばいいじゃないですか！

《日本語訳》
○林さん，伊藤さん，ここが上海博物館です。○わ，とても大きいですね。○そうです。上海博物館は敷地 1.1 万平米，看板は上海市初代市長，陳毅先生による題字です。○江さん，入場券売り場はどこですか？まずチケットを買いに行きましょう。○心配しなくていいです。上海博物館は無料で民衆に開放されていますから，直接入ればいいですよ。○すごい。じゃ，はやく行きましょう。○あ，そうだ。リュックサックとハンドバッグはあそこの預かり所に預けるのが一番いいです。○この階は中国古代の青銅器です。わが社にも以前，こんな青銅器の感じを参考にして作った製品がありました。見たことがありますか？○もちろん，あのシリーズの服は日本の販売量もとても高かったです。○林さん，こっちを見てください。中国風の家具を展示してあって，とても特色がありますよ！あ，あそこに記念品コーナーがありますよ。行ってみましょう。○いいね。見に行こう。○この小さい青銅器みたいなキーホルダー，一つ買いたいです。○本当に面白いデザインだな。あの，これは写真に撮っていいですか。○すみません。私どもの博物館はすべての区域で撮影禁止なんです。○そうですか，本当に惜しいな。○林さん，じゃ，全部買えばいいじゃないですか！

伊藤 江 小姐，我们 今天 要 到 哪里 去 观光 呀。
Jiāng xiǎojiě, wǒmen jīntiān yào dào nǎli qù guānguāng ya.

林 伊藤，江 小姐 是 带 我们 出来 调研 中国 特色 的 设计 风格 的，你 怎么 能 说成 是 观光 呢?
Yīténg, Jiāng xiǎojiě shì dài wǒmen chūlai diàoyán Zhōngguó tèsè de shèjì fēnggé de, nǐ zěnme néng shuōchéng shì guānguāng ne?

江小姐 哈哈，我们 今天 去 布匹 的 工艺店 看看，找找 有没有 适合 我们 新 系列 产品 用 的 材料。这家 店 就是 以 蓝印布 而 出名 的，我们 进去 看看 吧。
Hāhā, wǒmen jīntiān qù bùpǐ de gōngyìdiàn kànkan, zhǎozhao yǒuméiyou shìhé wǒmen xīn xìliè chǎnpǐn yòng de cáiliào. Zhèjiā diàn jiùshi yǐ lányìnbù ér chūmíng de, wǒmen jìnqu kànkan ba.

伊藤 说到 蓝印布，就是 那个 中国 非常 有名 的 布类 吧? 听说 蓝印布 最大 的 特点 就是 会 有 各种各样 的 花纹，除了 人物、动物 以外，还有 人 把 中国 的 戏剧 故事 内容 印到 上面 去 呢。
Shuōdào lányìnbù, jiùshi nàgè Zhōngguó fēicháng yǒumíng de bùlèi ba? Tīngshuō lányìnbù zuìdà de tèdiǎn jiùshi huì yǒu gèzhǒnggèyàng de huāwén, chúle rénwù, dòngwù yǐwài, háiyǒu rén bǎ Zhōngguó de xìjù gùshi nèiróng yìndào shàngmian qù ne.

江小姐 是的，不愧 是 伊藤 小姐，懂得 真多!
Shìde, búkuì shì Yīténg xiǎojiě, dǒngdezhēnduō!

伊藤 林 先生，你 看看 这款，上面 画着 好 多 小鸟。
Lín xiānsheng, nǐ kànkan zhèkuǎn, shàngmian huàzhe hǎo duō xiǎoniǎo.

林 还 有 那边 印着 花，我们 买 几块 回去，给 我们 的 产品 做 参考 吧。我 觉得 这种 布料 有 融入 流行 的 元素。
Hái yǒu nàbian yìnzhe huā, wǒmen mǎi jǐkuài huíqu, gěi wǒmen de chǎnpǐn zuò cānkǎo ba. Wǒ juéde zhèzhǒng bùliào yǒu róngrù liúxíng de yuánsù.

伊藤 是 休闲 风格 的 衣服 吗?
Shì xiūxián fēnggé de yīfu ma?

林 是的，除了 休闲装，居家 服装 也 可以 采用。因为 蓝印布 除了 外观 好看 之外，质感 也 非常 优秀，在 家里 穿着 也 会 觉得 非常 舒服 的。
Shìde, chúle xiūxiánzhuāng, jūjiā fúzhuāng yě kěyǐ cǎiyòng. Yīnwèi lányìnbù chúle wàiguān hǎokàn zhīwài, zhìgǎn yě fēicháng yōuxiù, zài jiāli chuānzhe yě huì juéde fēicháng shūfu de.

伊藤 对了，江 小姐，我 听说 现在 有 一种 新 技术，能够 减少 布匹 制作 过程中 的 水资源 消耗，是 真的 吗?
Duìle, Jiāng xiǎojiě, wǒ tīngshuō xiànzài yǒu yìzhǒng xīn jìshù, nénggòu jiǎnshǎo bùpǐ zhìzuò guòchéngzhōng de shuǐzīyuán xiāohào, shì zhēnde ma?

江小姐 是的，不过 这项 技术 现在 还 在 研究 阶段，如果 能 有 进展 的话，就 能够 通过 快速 循环 处理，短时间 内 重复 利用 同一 批 水 进行

漂染，能 有效 地 节约 水资源 呢。

Shìde, búguò zhèxiàng jìshù xiànzài hái zài yánjiū jiēduàn, rúguǒ néng yōu jìnzhǎn dehuà, jiù nénggòu tōngguò kuàisù xúnhuán chūlǐ, duǎnshíjiān nèi chóngfù lìyòng tóngyī pī shuǐ jìnxíng piǎorǎn, néng yǒuxiào de jiéyuē shuǐzīyuán ne.

林　　对于 我们 时装业 来说 水资源 是 不可或缺 的 资源，但 同时 也 是 地球上 的 人类 赖以 生存 的 资源。我们 必须 要 在 两者 之间 取得 平衡，如果 因为 我们 对 水资源 的 浪费 而 造成 别人 水资源 的 缺 失，实在 是 不 应该 啊。

Duìyú wǒmen shízhuāngyè láishuō shuǐzīyuán shì bùkěhuòquē de zīyuán, dàn tóngshí yě shì dìqiúshàng de rénlèi làiyǐ shēngcún de zīyuán. Wǒmen bìxū yào zài liǎngzhě zhījiān qǔdé pínghéng, rúguǒ yīnwèi wǒmen duì shuǐzīyuán de làngfèi ér zàochéng biérén shuǐzīyuán de quēshī, shízài shì bù yīnggāi a.

語彙と文法

布匹 布・布地　工艺 手工芸　蓝印布 藍色の柄のある伝統的な布　出名 有名だ　各种各样 いろいろな　花纹 模様・装飾　戏剧 劇・芝居　故事 物語・ストーリー　布料 （布の）生地（きじ）　休闲 レジャー・リゾート　居家 （家にいる）ふだん（の）　舒服 心地よい　项 技術などを数える量詞　阶段 段階　循环 循環・リサイクル　漂染 漂白と染色（合成語）　节约 節約　不可或缺 欠かせない　赖以 ～に頼る　缺失 不足する

補充表現　　民間伝統工芸

陶器 / 瓷器 / 漆器	táoqì / cíqì / qīqì	陶器 / 磁器 / 漆器
景泰蓝 / 琉璃	jǐngtàilán / liúlí	七宝焼 / ガラス
蜡染 / 刺绣	làrǎn / cìxiù	ろうけつ染め / 刺繍
剪纸	jiǎnzhǐ	切り紙
风筝	fēngzhēng	凧
面具	miànjù	お面・マスク
糖人	tángrén	アメ細工

豆知識　中国の吉祥図

中国には様々な伝統的図案があり，その中にはめでたいとされる図案もあります。

例えば，中華料理店などには〝福〟の字を印刷した紙が逆さまに貼ってあることがあります。これは倒（さかさま）と到が同音（いずれも dào）なので，福到（fú dào：福が来る）とかけているのです。また，子供が魚を抱えている年年有余（niánnián yǒu yú：毎年余りがある。魚と余が同音）や，コウモリ（蝙蝠：biānfú）も福と音が通ずる吉祥図とされます。

会話文にあげた蓝印花布の図案にも様々なモチーフがあります。

例えば，凤凰（fènghuáng）と麒麟（qílín）は，どちらも太平の世に現れるとされる瑞獣です。また，劲松（jìnsōng：松の大木）は冬でも枯れないので，めでたい樹木とされ，文人が愛した牡丹（mǔdān）も富貴の象徴です。梅（méi），菊（jú），兰（lán：蘭）はそれぞれの季節に香りたかく咲く花で，これにまっすぐに伸びる竹（zhú）を加えた四君子（sìjūnzǐ）は高雅な植物として図案に用いられます。

1. Wǒmen jīntiān yào dào nǎli qù guānguāng ya.

....

2. Wǒmen qù gōngyìdiàn kànkan, zhǎozhao shìhé chǎnpǐn yòng de cáiliào.

....

3. Zhèjiā diàn jiùshi yǐ lányìnbù ér chūmíng de, wǒmen jìnqu kànkan ba.

....

4. Tīngshuō lányìnbù zuìdà de tèdiǎn jiùshi gèzhǒnggèyàng de huāwén.

....

5. Búkuì shì Yīténg xiǎojiě, dǒngdezhēnduō!

....

6. Lányìnbù chúle wàiguān hǎokàn zhīwài, zhìgǎn yě fēicháng yōuxiù.

....

7. Lìyòng tóngyī pī shuǐ jìnxíng piāorǎn, néng yǒuxiào de jiéyuē zīyuán.

....

覚えておきたい表現

....

....

....

....

練習 **22b** 　本文を参照して中国語に訳してください。

1. 今日はどこに観光に行きましょうね。

_____

2. 私達は工芸店を見に行き，製品に合う材料を探しましょう。

_____

3. この店は藍印花布で有名ですから，入って見てみましょう。

_____

4. 藍印花布の最大の特長は様々な模様だそうですね。

_____

5. さすが伊藤さん，物知りですね！

_____

6. 藍印布は見た目がよいだけでなく，質感も非常にすぐれている。

_____

7. 同じ水を利用して漂白染色を行い，有効に資源を節約できます。

_____

《日本語訳》
○江さん，今日はどこに観光に行きましょうね。○伊藤さん，江さんは中国風デザインを調査しに連れ出してくれているのに，それをどうして観光っていうかな？○ハハハ，今日は布地の工芸店を見て，新シリーズの製品に合う材料を探しましょう。この店は藍印花布で有名です。入ってみましょう。○藍印花布と言えば，中国でとても有名な布地ですよね？藍印花布の最大の特長は様々な模様で，人物や動物のほかに中国の劇や物語を描いているんですよね。○そうです。さすが伊藤さん，物知りですね！○林さん，これ見て，たくさん小鳥が描いてあります。○花を描いてあるものもあるね。何枚か買って製品の参考にしよう。この布地には流行する要素があると思う。○それってレジャー服ですか？○そうだね。レジャー服のほかに部屋着としても使える。藍印花布は見た目がよいだけでなく，質感もすぐれていて，家で着ていてもとても心地が良い。○そうだ。江さん，いま新技術で布地を制作する過程の水資源消耗を減らせるそうですが，本当ですか？○そうですよ。でも，その技術はまだ研究段階で，進展があれば，すばやい循環処理を通して，短期間でくりかえし同じ水で漂白・染色を行い，有効に水資源を節約できます。○我々ファッション業界から言えば，水資源は欠かせない資源ですが，同時に地球上の人類が生きるのに必要な資源です。両者のバランスを取らないといけない。もし仮に私達が水資源を浪費したから，ほかの人の水資源が不足するなんてことは，あってはならないことですよ。

買い物 チャイナドレス

咚咚咚（敲门声）

林　来 了，是 哪位?
Lái le, shì nǎwèi?

伊藤　林 先生，是 我!
Lín xiānsheng, shì wǒ!

林　哦，是 伊藤 啊，怎么 了?
Ó, shì Yīténg a, zěnme le?

伊藤　林 先生 你 快 开 门 嘛。
Lín xiānsheng nǐ kuài kāi mén ma.

林　哇。
Wa.

伊藤　林 先生，怎么样，好看 吗?
Lín xiānsheng, zěnmeyàng, hǎokàn ma?

林　真 好看，伊藤 穿起来 意外 的 合适，你 在 哪里 买 的 旗袍 呀?
Zhēn hǎokàn, Yīténg chuānqǐlai yìwài de héshì, nǐ zài nǎli mǎi de qípáo ya?

伊藤　这 是 我 托 江 小姐 在 上海 有名 的 裁缝店 定制 的。你 觉得 如何，我 想 听听 更 详细 的 评价。
Zhè shì wǒ tuō Jiāng xiǎojiě zài Shànghǎi yǒumíng de cáiféngdiàn dìngzhì de. Nǐ juéde rúhé, wǒ xiǎng tīngting gèng xiángxì de píngjià.

林　嗯…从 衣服 的 质地 来看，应该 是 使用了 非常 高级 的 布料，穿起来 会 非常 舒服 吧。颜色 也 非常 抢眼，听说 红色 是 中国人 非常 喜欢 的 颜色，代表着 喜庆 和 吉祥。从 花纹 上 来看，这种 绣法 应该 是 中国 传统 的 十字绣，既能 完美 地 表现 图案 的 模样，又 不 会 影响到 衣服 的 穿着 体验，可以 说得上 是 一件 优秀 的 作品 呢。
Ń…cóng yīfu de zhìdì láikàn, yīnggāi shì shǐyòngle fēicháng gāojí de bùliào, chuānqǐlai huì fēicháng shūfu ba. Yánsè yě fēicháng qiǎngyǎn, tīngshuō hóngsè shì Zhōngguórén fēicháng xǐhuān de yánsè, dàibiǎozhe xǐqìng hé jíxiáng. Cóng huāwénshàng láikàn, zhè zhōng xiùfǎ yīnggāi shì Zhōngguó chuántōng de shízìxiù, jì néng wánměi de biāoxiàn túàn de múyàng, yòu bú huì yīngxiǎngdào yīfu de chuānzhuó tǐyàn, kěyǐ shuōdeshàng shì yíjiàn yōuxiù de zuòpǐn ne.

伊藤　还 有 吗?
Hái yǒu ma?

林　还 有…根据 我 的 了解，现在 中国 制衣业 的 纺织 用水，都 会 经过 精心 的 处理。从 你 这件 衣服 的 色彩 模样 来看，应该 使用 的 是 之前 推出 的 那种 污染量 比较 小，易于 处理 的 染料。这种 染料 如果 能 大规模 推广下去，对于 整个 时装界 来说，相信 也 会 是 一场 革命 吧。毕竟 现在 废水 处理 的 问题 也 是 让 时装界 非常 头疼 的 呢。

Hái yǒu…gēnjù wǒ de liǎojiě, xiànzài Zhōngguó zhìyīyè de fǎngzhī yòngshuǐ, dōu huì jīngguò jīngxīn de chǔlǐ. Cóng nǐ zhèjiàn yīfu de sècǎi múyàng láikàn, yīnggāi shǐyòng de shì zhīqián tuīchū de nàzhǒng wūrǎnliàng bǐjiào xiǎo, yìyú chǔlǐ de rǎnliào. Zhè zhǒng rǎnliào rúguǒ néng dàguīmó tuīguǎngxiàqù, duìyú zhěngge shízhuāngjiè láishuō, xiāngxìn yě huì shì yì chǎng gémìng ba. Bìjìng xiànzài fèishuǐ chǔlǐ de wèntí yě shì ràng shízhuāngjiè fēicháng tóuténg de ne.

伊藤	真是 的，林 先生 脑子里 只有 衣服 吗! 人家 想 听到 的 明明 是 我 穿起来 看上去 怎么样 的!
	Zhēnshì de, Lín xiānsheng nǎozili zhǐyǒu yīfu ma! Rénjia xiǎng tīngdào de míngming shì wǒ chuānqǐlai kànshàngqu zěnmeyàng de!
林	啊，这个 我 一开始 不是 说过了 吗? 伊藤 你 穿起来 非常 合适，很 好看 呀。
	A, zhège wǒ yìkāishǐ búshì shuōguole ma? Yīténg nǐ chuānqǐlai fēicháng héshì, hěn hǎokàn ya.
伊藤	林 先生 真是 的，完全 不 懂 女孩子 的 心 呢!
	Lín xiānsheng zhēnshì de, wánquán bù dǒng nǚháizi de xīn ne !

▶▶ 語彙と文法

哪位 どなた（誰の敬語）　V起来（実際に）V してみると　合适 似合う　旗袍 チャイナドレス　托〜 〜に頼む　定制（注文して）作る　抢眼 目立つ　代表 表す・代表する　喜庆 めでたい　吉祥 縁起が良い　花纹 模様　十字绣 クロスステッチ　体验（自ら）経験する　说得上 と言える　精心 入念に　模样 姿・様子　毕竟 つまり・結局　人家 他人。私をさすことも多い　一开始 最初から

▶▶ 補充表現　　衣服の部位

领子 / 尖领 / 圆领	lǐngzi / jiānlǐng / yuánlǐng	襟 / 尖った襟 / 丸襟
袖子 / 袖口 / 袖扣	xiùzi / xiùkǒu / xiùkòu	そで / そで口 / カフスボタン
前身 / 后身	qiánshēn / hòushēn	前見頃 / 後見頃
口袋 / 下摆	kǒudài / xiàbǎi	ポケット / すそ
袖窿	xiùlóng	アームホール（腕を通す部分）
扣子 / 扣眼	kòuzi / kòuyǎn	ボタン / ボタンホール
腰带襻	yāodàipàn	ベルトループ

▶ 豆知識　伝統衣装

　女性の伝統衣装（传统服饰 chuántǒng fúshì），チャイナドレス（旗袍）はモンゴル服を満州族が取り入れて，清代に中国化したものです。これに対して清代以前の伝統衣装を漢服（汉服 hànfú）といいます。チャイナドレスが体にピッタリしているのに対して漢服は袖や裾が長く，軽やかで優雅な感じがします。また，ゆったりした長い伝統衣装を长袍（chángpáo）とも言い，男性が着るものもあります。

　さらに，唐装（tángzhuāng）という伝統衣装もあります。これは基本的には袖や裾が短めの衣装で，中国古代の円熟期である唐代の服に基づいています。都市には伝統的な衣装を着て写真を撮影できる施設（摄影工作室 shèyǐnggōngzuòshì）もあります。

1. Zhè shì wǒ tuō Jiāng xiǎojiě zài yǒumíng de cáiféngdiàn dìngzhì de.

2. Nǐ juéde rúhé, wǒ xiǎng tīngting gèng xiángxì de píngjià.

3. Cóng yīfu de zhídì láikàn, yīnggāi shì shǐyòngle fēicháng gāojí de bùliào.

4. Yánsè yě fēicháng qiǎngyǎn, tīngshuō hóngsè dàibiǎozhe xǐqìng hé jíxiáng.

5. Rúguǒ néng dàguīmó tuīguǎngxiàqu, xiāngxìn yěshì yì chǎng gémìng ba.

6. Bìjìng xiànzài fèishuǐ chǔlǐ de wèntí ràng shízhuāngjiè tóuténg de.

7. Zhège wǒ yìkāishǐ búshì shuōguo le ma?

覚えておきたい表現

練習 **23b** 本文を参照して中国語に訳してください。

1. これは江さんに頼んで有名な裁縫店でオーダーしたものです。

2. どう思いますか，もっと詳しい評価を聞きたいです。

3. 服の質から見ると，非常に高級な布を使ったはずです。

4. 色もとても目立つし，赤はめでたくてよろこびと縁起がいいことを表すそうだ。

5. もし大規模に広まったら，きっと革命になるだろう。

6. つまり，現在の排水処理問題はファッション業界が頭を痛めている。

7. それ，はじめに言わなかったですか？

《日本語訳》
（トントン，ノックの音）○どうぞ。どなたですか？○林さん，私です！○なんだ，伊藤さんか，どうしたの？○林さん，はやくドアをあけてください。（ドアを開ける）○わ。○どうですか，きれいですか？○きれいだね。伊藤さんが着てみると意外に似合うね。どこでチャイナドレスを買ったの？○江さんに頼んで上海の有名な裁縫店でオーダーしたんです。どうですか，もっと詳しい評価を聞きたいです。○うーん，服の質から見ると，非常に高級な布を使っていて着心地がいいだろうね。色も目立つし，赤は中国人が好きな色で，めでたくて縁起がいいことを表すそうだね。模様からみると，この刺繍は中国伝統のクロスステッチだね。きれいに図案の形を表現できているし，服の着心地にも影響しないだろう。優秀な作品といえるね。○ほかには？○それにぼくの知っている範囲では，現在中国のアパレル業界の紡績用水は入念に処理されているはずだ。この服の色や形から見て，使用しているのは以前に発表された汚染が少なく処理しやすい染料だ。この染料が広まったらファッション業界にきっと革命が起こるだろう。つまり，現在の排水処理問題はファッション業界が頭を痛めているものでもあるんだ。○ほんとうに林さんの頭の中は服のことしかないんですね！ふつう，私が着てみたらどうみえるかってことですよ！○あ，はじめに言わなかったっけ？伊藤さんにとても似合っているよ。きれいだね。○林さんはまったく女心が分からないんですね！

24 買い物 ネクタイ

林	江 小姐，请问 现在 有 空 吗?
	Jiāng xiǎojiě, qǐngwèn xiànzài yǒu kòng ma?
江小姐	哦，林 先生 啊，请问 有 什么 事情 呢?
	Ó, Lín xiānsheng a, qǐngwèn yǒu shénme shìqing ne?
林	是 这样 的，这次 来 中国，我 原本 打算 买 一条 领带。前 几天 我 看到 你 推荐 给 伊藤 的 旗袍，眼光 真是 非常 独到 呢。所以 想 拜 托 你 能不能 也 给 我 推荐 一下。
	Shì zhèyàng de, zhècì lái Zhōngguó, wǒ yuánběn dǎsuàn mǎi yìtiáo lǐngdài. Qián jǐ tiān wǒ kàndào nǐ tuījiàn gěi Yīténg de qípáo, yǎnguāng zhēnshì fēicháng dúdào ne. Suǒyǐ xiǎng bàituō nǐ néngbùnéng yě gěi wǒ tuījiàn yíxià.
江小姐	当然 可以，林 先生 你 想要 什么 款式 的 领带 呢，是 素色 的 还是 带 图案 的，对 材料 有 要求 吗? 我们 公司 之前 刚好 有 和 几家 专门 制作 领带 的 公司 合作过，我 可以 帮 你 去 了解 一下。
	Dāngrán kěyǐ, Lín xiānsheng nǐ xiǎngyào shénme kuǎnshì de lǐngdài ne, shì sùsè de háishi dài tú'àn de, duì cáiliào yǒu yāoqiú ma? Wǒmen gōngsī zhīqián gānghǎo yǒu hé jǐjiā zhuānmén zhìzuò lǐngdài de gōngsī hézuòguo, wǒ kěyǐ bāng nǐ qù liǎojiě yíxià.
林	那 真是 太 好 了。其实 我 一直 对于 中国 的 甲骨文 非常 感 兴趣，所以 我 想 问问 有没有 印有 甲骨文 图案 的 领带 呢?
	Nà zhēnshì tài hǎo le. Qíshí wǒ yìzhí duìyú Zhōngguó de jiǎgǔwén fēicháng gǎn xìngqù, suǒyǐ wǒ xiǎng wènwen yǒuméiyou yìnyǒu jiǎgǔwén tú'àn de lǐngdài ne?
江小姐	那 真是 太 巧 了，去年 有 一家 公司 就 曾经 推出过 甲骨文 系列 的 领带，请 稍 等 一下，我 找找 这个 系列 领带 的 图片，你 看看 比较 喜欢 哪 一款。
	Nà zhēnshì tài qiǎo le, qùnián yǒu yìjiā gōngsī jiù céngjīng tuīchūguo jiǎgǔwén xìliè de lǐngdài, qǐng shāo děng yíxià, wǒ zhǎozhao zhège xìliè lǐngdài de túpiàn, nǐ kànkan bǐjiào xǐhuān nǎ yìkuǎn.
林	麻烦 了。
	Máfan le.
江小姐	找到 了! 林 先生 你 看看，他们 一共 有 三款 不同 甲骨文 图案 的 领带，你 想要 哪 一款 呢?
	Zhǎodào le! Lín xiānsheng nǐ kànkan, tāmen yígòng yǒu sānkuǎn bùtóng jiǎgǔwén tú'àn de lǐngdài, nǐ xiǎngyào nǎ yìkuǎn ne?
林	嗯…真是 难以 抉择 呢。每 一款 都 做得 相当 吸引 人 呢。
	Ń…zhēnshì nányǐ juézé ne. Měi yìkuǎn dōu zuòde xiāngdāng xīyǐn rén ne.
江小姐	确实，这 一系列 的 领带 销量 可是 非常 高 的，如果 林 先生 你 想 买 的话，我们 可以 通过 公司 途径 为 你 预订。
	Quèshí, zhè yíxìliè de lǐngdài xiāoliàng kěshi fēicháng gāo de, rúguǒ Lín xiānsheng nǐ xiǎng mǎi dehuà, wǒmen kěyǐ tōngguò gōngsī tújìng wèi nǐ yùdìng.
林	这样…到底 哪 一款 好 呢? 哎，就 这样 吧，这 三款 我 都 买 下来 吧! 可以 麻烦 江 小姐 帮 我 订购 一下 吗?

Zhèyàng…dàodǐ nǎ yīkuǎn hǎo ne? Āi, jiù zhèyàng ba, zhè sānkuǎn wǒ dōu mǎixiàlai ba! Kěyǐ máfan Jiāng xiǎojiě bāng wǒ dìnggòu yíxià ma?

江小姐 全 买下来 吗，感觉 像 是 林 先生 会 做 的 事情 呢。好的，我 稍后 就 打 电话 到 那边 的 公司 去 预订，没有 意外 的话，下周 应该 就 能够 送达 了。

Quán mǎixiàlai ma, gǎnjué xiàng shì Lín xiānsheng huì zuò de shìqing ne. Hǎode, wǒ shāohòu jiù dǎ diànhuà dào nèibiān de gōngsī qù yùdìng, méiyou yìwài dehuà, xiàzhōu yīnggāi jiù nénggòu sòngdá le.

林 真是 太 感谢 了。

Zhēnshì tài gǎnxiè le.

》》 語彙と文法

空（第四声で）ひま・空き　领带 ネクタイ　推荐 推薦する・勧める　眼光 見る目・鑑識眼　独到 独自で優れている・独創的　拜托 お願いする　款式 スタイル　素色 無地　图案 柄　对于 ～にとっては。目的語が人の場合は对を用いる　了解 問い合わせる・了解する　甲骨文 甲骨文字　曾经 かつて・以前には　款（量詞）種類や様式を数える　抉择 採択する・選択する　确实 確かに・間違いなく　途径 経路・つて　订购 注文する・予約して買う　送达 配達する・送り届ける

》》 補充表現　　衣服の種類

西服・西装	xīfú・xīzhuāng	スーツ
大衣 / 背心	dàyī / bèixīn	コート / ベスト・チョッキ
衬衫	chènshān	シャツ・ブラウス
裤子 / 裙子	kùzi / qúnzi	パンツ・ズボン / スカート
成衣	chéngyī	既成服
定制 服装	dìngzhì fúzhuāng	注文服
无尾晚礼服 / 夜礼服	Wúwěiwǎnlǐfú / yèlǐfú	タキシード / イブニングドレス
领结・蝴蝶结	lǐngjié・húdiéjié	蝶ネクタイ

豆知識　中国のシルク

　ネクタイや和装などに使われる絹織物は古代中国で発展しました。その歴史は古く，すでに殷代には高度な段階に達し，漢代にはシルクロードなどでローマ帝国などに運ばれています。

　明代（1368～1644）の江南デルタ地帯は農民が製糸や機織りなどによって家計を補助していて，水路が交わる場所に「市鎮」という街がありました。ここに徽州商人（明清時代に活躍した安徽省黄山付近が出身の商人）が問屋を置き，農民は家内生産で作った生糸や綿織物を舟で運びこんでいました（中島楽章，2009）。

　現代，中国の桑畑の面積は166万ヘクタール（2500万畝 mǔ），生糸の世界生産の80％を占め，生産額は1500億元です。農地面積などに用いられる畝は市畝ともいい，1畝は10分（fēn），100畝が1頃（qǐng）です。1畝は6.667アールにあたります（日本絹人繊維物工業会，2020）。

1. Qián jǐtiān wǒ kàndào nǐ tuījiàn de qípáo, yǎnguāng fēicháng dúdào ne.

2. Bàituō nǐ néngbùnéng yě gěi wǒ tuījiàn yíxià.

3. Wǒ yìzhí duìyú Zhōngguó de jiǎgǔwén fēicháng gǎn xìngqù.

4. Wǒ kěyǐ bāng nǐ qù liǎojiě yíxià.

5. Nǐ xiǎng mǎi dehuà, wǒmen kěyǐ tōngguò gōngsī tújìng wèi nǐ yùdìng.

6. Kěyǐ máfan nǐ bāng wǒ dìnggòu yíxià ma?

7. Méiyou yìwài dehuà, xiàzhōu yīnggāi jiù nénggòu sòngdá le.

覚えておきたい表現

練習 **24b** 本文を参照して中国語に訳してください。

1. 数日前，君が勧めたチャイナドレスを見たが，見立てがとても独特で優れていた。

---

2. 私にもすこし勧めてもらうことができませんか，お願いします。

---

3. 私はずっと中国の甲骨文字に（非常に）興味があります。

---

4. 私はちょっと問い合わせてみます。

---

5. あなたが買いたいなら，会社のツテを通して予約できます。

---

6. お手数ですが，あなたが予約していただけますか？

---

7. 順調にいけば，来週には届くはずです。

《日本語訳》

○江さん，いま時間はありますか？○林さん，何かご用ですか？○じつは今回中国に来て，一本ネクタイを買うつもりなんです。数日前，あなたが伊藤さんに勧めたチャイナドレスを見たけど，見立てがとてもよかった。だから，ぼくにもすこし勧めてくれないかと思うんです。○もちろんいいですよ。林さん，どんな感じのネクタイがほしいですか，無地か柄ものか，生地に希望はありますか。わが社は以前ネクタイ専門会社と協力していたので問い合わせできますよ。○それはよかった。じつはずっと中国の甲骨文字に興味があって，甲骨文の柄がプリントしてあるネクタイがあるか知りたいです。○それはタイミングがいいですね。去年，甲骨文シリーズのネクタイを発表した会社があって，ちょっと待ってください。そのシリーズのネクタイの図案から好きな柄を見てもらえます。○お手数をおかけします。○あった！林さん，見てください。全部で3種類，甲骨文の柄物ネクタイがあります。どれにしますか？○うーん，選ぶのが難しいな。どれもなかなか魅力的につくってあるね。○確かに。このシリーズは販売量も多いんです。林さんが買いたいなら，会社のツテで予約できますよ。○そうですね……いったいどれがいいかな？じゃ，こうします。この三つを全部買います！お手数ですが，江さん予約していただけますか？○全部買うんですね。林さんらしいです。分かりました。後で電話して注文しておきます。順調にいけば来週には届くでしょう。○ありがとう。

21 林先生，伊藤小姐，这里就是上海博物馆。哇，看上去就非常 (¹)。是的，上海博物馆 (²) 地 1.1 万平方米，上面的招牌，就是 (³) 上海市第一 (⁴) 市长陈毅先生题字的。江小姐，请问售票 (⁵) 在哪里？我们先去买票吧。不用担 (⁶)，上海博物馆是免费对民众 (⁷) 放的，我们直接进去就好了。太棒了，那我们快走吧。哦，对了，我们的背 (⁸) 和手提包最好都先寄存在那 (⁹) 的寄物处。你们看，这层楼就是中国 (¹⁰) 代的青铜器。我们公司之前有一款产品，就是参考这些青铜器的 (¹¹) 格制作的。两位之前有没有看过？当然有，那一系列的 (¹²) 服在日本的销量也非常高。林先生，你快 (¹³) 来看看这边，这是中国风格的家具展 (¹⁴)，非常有特色！哦，对了。我看到那边有 (¹⁵) 念品售卖的区域，我们过去看看吧。可以啊。我们去看看吧。就是这个，小型青铜器模样的钥匙 (¹⁶)，我要买一个。真是有趣的设 (¹⁷) 呢，请问，这些 (¹⁸) 西可以拍照吗？非常抱歉，在我们的展馆里的所有 (¹⁹) 域都是禁止拍摄的。啊，真是可惜啊。林先生，那，你 (²⁰) 全部东西买下来不就好了！

22 江小姐，我们 (¹) 天要到哪里去观光呀。伊藤，江小姐是带我们 (²) 来调研中国特色的设计风格的，你怎么能说成是观光呢？哈哈，我们今天去 (³) 匹的工艺店看看，找找有没有适合我们新系列产品 (⁴) 的材料。这家店就是以蓝印布而 (⁵) 名的，我们进去看看吧。说到蓝印布，就是那个中国非常有名的布类吧？听说蓝印布最 (⁶) 的特点就是会有各种各样的花纹，除了 (⁷) 物、动物以外，还有人把中国的戏剧故事 (⁸) 容印到上面去呢。是的，不愧是伊藤小姐，懂得真多！林先生，你看看这款，上面画着好多小 (⁹)。还有那边印花，我们买 (¹⁰) 块回去，给我们的产品做参考吧。我觉得这种布料有融入流行的 (¹¹) 素。是休闲风格的衣服吗？是的，除了休闲装，居家服装也可以采用。因为蓝印布除了 (¹²) 观好看之外，质感也非常优秀，在家里穿着 (¹³) 会觉得非常舒服的。对了，江小姐，我听说现在有一种新技术，能够减 (¹⁴) 布匹制作过程中的水资源消耗，是真的吗？是的，不过这项技术现在还在研究阶段，如果能有进展的话，就能够通过快速循环 (¹⁵) 理，短时间内重复利用同一批 (¹⁶) 进行漂染，能有效地 (¹⁷) 约水资源呢。对于我们时装业来说水资源是不可或缺的资源，但同时也是地球上的 (¹⁸) 类赖以生存的资源。我们必须要在两者之间取得 (¹⁹) 衡，如果因为我们对水资源的浪费而造成别人水资源的缺 (²⁰)，实在是不应该啊。

23 咚咚咚。来了，是哪位？林先生，是我！哦，是伊藤啊，怎（¹　　）了？林先生你快开（²　　）嘛。哇。林先生，怎么样，好看吗？真好看，伊藤穿起来意（³　　）的合适，你在哪里买的旗袍呀？这是我（⁴　　）江小姐在上海有名的裁缝店定制的。你觉得如何，我想听听更详细的评价。嗯…（⁵　　）衣服的质地来看，应该是使用了非常高级的（⁶　　）料，穿起来会非常舒服吧。颜色（⁷　　）非常抢眼，听说红色是中国人非常喜欢的颜色，（⁸　　）表着喜庆和吉祥。从花纹上来看，这种绣法应该是中国传统的（⁹　　）字绣，既能完美地表现图案的模样，（¹⁰　　）不会影响到衣服的穿着体验，可以说得上是一件优秀的作品呢。还有吗？还有…根据我的（¹¹　　）解，现在中国制衣业的纺织用水，都会经过精（¹²　　）的处理。（¹³　　）你这件衣服的色彩模样来看，应该使用的是之前推出的那种污染量比较小，易（¹⁴　　）处理的染料。这种染料如果能大规模推（¹⁵　　）下去，对于整个时装界来说，相信也会是一场革命吧。毕竟现在废（¹⁶　　）处理的问题也是让时装界非常（¹⁷　　）疼的呢。真是的，林先生脑子里只有衣服吗！（¹⁸　　）家想听到的明明是我穿起来看上去怎么样的！啊，这个我（¹⁹　　）开始不是说过了吗？伊藤你穿起来非常合适，很好看呀。林先生真是的，完全不懂（²⁰　　）孩子的心呢！

24 江小姐，请问现（¹　　）有空吗？哦，林先生啊，请问有什么事情呢？是这样的，这次来中国，我原本（²　　）算买一条领带。前几天我看到你推荐给伊藤的旗袍，眼（³　　）真是非常独到呢。所以想拜托你能（⁴　　）能也给我推荐一下。当然可以，林先生你想要什（⁵　　）款式的领带呢，是素色的还是带图案的，对材料有要求吗？我们公司之前（⁶　　）好有和几家专门制作领带的公司（⁷　　）作过，我可以帮你去（⁸　　）解一下。那真是太好了。其实我一直对于中国的（⁹　　）骨文非常感兴趣，所以我想问问有没有印有甲骨文图案的领带呢？那真是太（¹⁰　　）了，去年有一家公司就曾经推出过甲骨（¹¹　　）系列的领带，请稍等一下，我找找这个系列领带的图（¹²　　），你看看比较喜欢哪一款。麻烦了。找到了！林先生你看看，他们一共有（¹³　　）款不同甲骨文图案的领带，你想要哪一款？嗯…真是难（¹⁴　　）抉择呢。每一款都做得相当吸（¹⁵　　）人呢。确实，这一系列的领带销量（¹⁶　　）是非常高的，如果林先生你想买的话，我们可以通过公司途径为你预（¹⁷　　）。这样…到底哪一款好呢？哎，就这样吧，这三款我都买下来吧！可以麻烦江小姐帮我订购一下吗？（¹⁸　　）买下来吗，感觉像是林先生会做的事情呢。好的，我稍后就（¹⁹　　）电话到那边的公司去预订，没有意外的话，（²⁰　　）周应该就能够送达了。真是太感谢了。

林 江 小姐，请问 你 今天 晚上 有 空 吗? 为了 感谢 你 帮 我 和 伊藤 买了 旗袍 和 领带，我们 想 请 你 吃 顿 饭。

Jiāng xiǎojiě, qǐngwèn nǐ jīntiān wǎnshang yǒu kòng ma? Wèile gǎnxiè nǐ bāng wǒ hé Yīténg mǎile qípáo hé lǐngdài, wǒmen xiǎng qǐng nǐ chī dùn fàn.

江小姐 两位 实在 太 客气 了，只是 朋友 之间 的 互相 帮忙 而已。不用 专门 请 我 吃饭 这么 客气 的。

Liǎngwèi shízài tài kèqi le, zhǐshì péngyǒu zhījiān de hùxiāng bāngmáng éryǐ. Búyòng zhuānmén qǐng wǒ chī fàn zhème kèqi de.

伊藤 江 小姐，你 就 不要 推辞 了。其实 我们 也 是 抱着 能够 请 你 吃饭，顺便 了解 一下 上海 当地 特色 这样 的 想法。

Jiāng xiǎojiě, nǐ jiù búyào tuīcí le. Qíshí wǒmen yě shì bàozhe nénggòu qǐng nǐ chī fàn, shùnbiàn liǎojiě yíxià Shànghǎi dāngdì tèsè zhèyàng de xiǎngfǎ.

江小姐 既然 伊藤 小姐 都 这么 说 了，那 我 就 却之不恭 了。今天 晚上 我 带 两位 到 豫园 去 走走 吧!

Jìrán Yīténg xiǎojiě dōu zhème shuō le, nà wǒ jiù quèzhībùgōng le. Jīntiān wǎnshang wǒ dài liǎngwèi dào yùyuán qù zǒuzou ba!

(晚上，三人来到豫园)

伊藤 哇，这里 明明 是 在 闹 市区，怎么 一下子 就 像 来到了 古代 一样。

Wa, Zhèlǐ míngmíng shì zài nào shìqū, zěnme yíxiàzi jiù xiàng láidàole gǔdài yíyàng.

江小姐 是的，虽然 豫园 处在 上海 的 中心 地区，可是 他 这个 区域 还是 保持了 中国 古代 的 装修 风格，整个 园区 的 商铺 和 景点 都 保持 着 相同 的 风格。你 看看 那边。

Shìde, suīrán Yùyuán chǔzài Shànghǎi de zhōngxīn dìqū, kěshi tā zhège qūyù háishi bǎochíle Zhōngguó gǔdài de zhuāngxiū fēnggé, zhěngge yuánqū de shāngpù hé jǐngdiǎn dōu bǎochízhe xiāngtóng de fēnggé. Nǐ kànkan nàbiān.

伊藤 诶，这家 充满 古代 风格 的 店 是…星巴克?

Éi, zhèjiā chōngmǎn gǔdài fēnggé de diàn shì…Xīngbākè?

江小姐 是的，不仅 是 星巴克，包括 麦当劳、优衣库 等 外国 店铺，在 豫 园里 的 门店 都 是 充满了 中国 古代 特色，所以 它们 既是 商铺 又 是 景点。

Shìde, bùjǐn shì Xīngbākè, bāokuò Màidāngláo、Yōuyīkù děng wàiguó diànpù, zài Yùyuánli de méndiàn dōu shì chōngmǎnle Zhōngguó gǔdài tèsè, suǒyǐ tāmen jìshì shāngpù yòushì jǐngdiǎn.

林 这个 园区 的 设计师 真是 非常 有 想法 呢。

Zhège yuánqū de shèjìshī zhēnshì fēicháng yǒu xiǎngfa ne.

伊藤 这里 这么 多 店铺 和 小吃，真是 看得 我 眼花 缭乱 了，这里 有 什 么 特别 有名 的 美食 吗?

Zhèlǐ zhème duō diànpù hé xiǎochī, zhēnshì kànde wǒ yǎnhuā liáoluàn le, zhèlǐ yǒu shénme tèbié yǒumíng de měishí ma?

江小姐　要 说 豫园里 最 有名 的 美食 的话，应该 要 数 前面 这家 店 的 蟹 黄 小笼包 吧。

Yào shuō Yùyuánli zuì yǒumíng de měishí dehuà, yīnggāi yào shǔ qiánmian zhèjiā diàn de xièhuáng xiǎolóngbāo ba.

伊藤　小笼包 吗? 太 好 了，上次 我 吃过 以后 一直 念念 不忘，终于 又 可以 吃到 了!

Xiǎolóngbāo ma? Tài hǎo le, shàngcì wǒ chīguo yǐhòu yìzhí niànniàn búwàng, zhōngyú yòu kěyǐ chīdào le!

》》 語彙と文法 》

为了 のために　只是〜而已 〜なだけである　专门 とくに・わざわざ　推辞 辞退する・遠慮する　顺便 ついでに　却之不恭 お断りするのは失礼だ　豫园 上海にある明代の庭園。面積2万㎡，1559年着工　闹 にぎやか・騒がしい　虽然〜可是… 〜であるが…　装修 壁などの工事・内装，改装する　园区 地区・一帯　星巴克 スターバックス　麦当劳 マクドナルド　门店 ショップ　景点 観光スポット　小吃 軽食　眼花缭乱 目移りする　数（第三声で）数える　蟹黄 かに味噌

》》 補充表現 》　　四字成語 (1)

不知不觉	bùzhī bùjué	知らず知らず
诚心诚意	chéngxīn chéngyì	誠心誠意
趁热打铁	chèn rè dǎ tiě	鉄は熱いうちに打て
光阴似箭	guāngyīn sì jiàn	光陰矢のごとし
乱七八糟	luàn qī bā zāo	めちゃくちゃだ
忙中有错	mángzhōng yǒu cuò	忙しいと失敗がある
随机应变	suíjī yìngbiàn	臨機応変
一帆风顺	yìfān fēngshùn	万事順調
有备无患	yǒubèi wúhuàn	備えあれば憂いなし

《小美の中国お仕事コラム》　現地のお店を御案内

　駐在員にはいろいろな能力が必要ですが，〝いい感じのお店〟をたくさん知っていることも駐在員の大切なスキルといっても過言ではありません。駐在員は現地会社の接待や日本からの出張員や客先などをアテンドする機会が多く，「駐在しているんだから，当然いい感じのお店も知っているだろう」というスタンスでみえる場合も多いからです。

　慣れないうちは，現地に住む日本人向けの情報誌や中国の食べログのようなアプリをチェックするのもお勧めです。駐在員の奥さんの SNS を参考にすることもあります。

　中国には TikTok や小红书（Xiǎohóngshū）というスマホ・アプリがあり，流行の発信源として注目されています。

1. Wèile gǎnxiè nǐ, wǒmen xiǎng qǐng nǐ chī dùn fàn.

---

2. Shízài tài kèqi le, zhǐshì péngyǒu zhījiān de hùxiāng bāngmáng éryǐ.

---

3. Nǐ jiù búyào tuīcí le. Qíshí wǒmen yě shì bàozhe qǐng nǐ chī fàn.

---

4. Shùnbiàn liǎojiě yíxià Shànghǎi dāngdì tèsè de xiǎngfǎ.

---

5. Zhème shuō le, nà wǒ jiù quèzhībùgōng le.

---

6. Zhège qūyù háishi bǎochíle Zhōngguó gǔdài de zhuāngxiū fēnggé.

---

7. Shàngcì wǒ chīguo yǐhòu yìzhí niànniàn bú wàng.

覚えておきたい表現

練習 **25b** ＞ 本文を参照して中国語に訳してください。

1. あなたに感謝するために，私達は（あなたに）一度ごちそうをしたいんです。

---

2. 本当に水くさいですね，友達どうしでは助け合うだけです。

---

3. 遠慮しないで，（ほんとうに）私達はあなたと食事したいと思っています。

---

4. ついでに上海独特の考え方をすこしお聞きします。

---

5. そう言われたら，お断りするのもかえって失礼ですね。

---

6. この地区はまだ中国古代の景観を残しています。

---

7. 前回（私は）食べてからずっと忘れられません。

《日本語訳》
○江さん，今晩，時間がありますか？私と伊藤さんがチャイナドレスとネクタイを買うのを手伝ってくれて，お礼にごちそうをしたいんです。○お二人とも水くさいですね。友達どうしでは助け合うものです。わざわざ食事なんて。○江さん，遠慮しないで。ほんとうにいっしょに食事したいの。ついでに上海の考え方もお聞きします。○伊藤さんにそう言われたら，お断りするのもかえって失礼ですね。今晩はお二人を連れて豫園に行きましょう！（夜，三人は豫園に来た）○わ，にぎやかなところですね。まるで急に古代に飛びこんだみたいです。○そう。豫園は上海の中心地区にあるけれど，中国古代の景観を残していて，地区の店や観光スポットも同じ景観にしてあるんです。あちらを見て。○あれ？この古代風の店は……スターバックス？○そうですよ。スターバックスだけではなくてマクドナルドやユニクロなど外国の店舗も豫園のショップは古代風の外観です。だから，お店でもあるし，観光スポットでもあるんです。○この地区のデザイナーはとても独創的だね。○こんなにたくさんのお店や料理，目移りしちゃいますね。とくに有名なグルメって何かありますか？○一番有名なグルメというと，あの店の蟹味噌小籠包ですね。○小籠包？やった！前回食べてからずっと忘れられないんですよ。また食べられる！

伊藤　林 先生，可以 陪 我 出去 走走 吗?
Lín xiānsheng, kěyǐ péi wǒ chūqu zǒuzou ma?

林　可以 啊，伊藤，你 想 去 哪里 呀。
Kěyǐ a, Yīténg, nǐ xiǎng qù nǎli ya.

伊藤　说到 上海，果然 还是 要 到 外滩 去 看一看 吧?
Shuōdào Shànghǎi, guǒrán háishi yào dào Wàitān qù kànyikàn ba?

林　外滩 吗? 好吧。刚好 趁 今天 晚上 比较 有 空，我们 一起 去 走走 吧!
Wàitān ma? Hǎoba. Gānghǎo chèn jīntiān wǎnshang bǐjiào yǒu kòng, wǒmen yìqǐ qù zǒuzou ba!

（夜晚，外滩下着小雨）

伊藤　运气 真是 不错 呢，我 之前 一直 听 别人 说，下着 小雨 的 夜晚，是 外滩 最 美 的 时候。
Yùnqì zhēnshì búcuò ne, wǒ zhīqián yìzhí tīng biérén shuō, xiàzhe xiǎoyǔ de yèwǎn, shì Wàitān zuì měi de shíhou.

林　确实 如此，外滩 真是 一个 值得一看 的 地方 呢。走 在 这 长 堤 上，一边 是 黄浦江 对面 的 大楼 夜景，另 一边 是 有 各国 特色 的 建筑，再 加上 江上 这些 闪闪 发光 的 游船，我 一辈子 都 不 会 忘记 这 景色 了。
Quèshí rúcǐ, Wàitān zhēnshì yíge zhídeyíkàn de dìfang ne. Zǒu zài zhè cháng dī shàng, yìbian shì Huángpǔjiāng duìmian de dàlóu yèjǐng, lìng yìbian shì yǒu gèguó tèsè de jiànzhù, zài jiāshàng jiāngshàng zhèxiē shǎnshǎn fāguāng de yóuchuán, wǒ yíbèizi dōu bú huì wàngjì zhè jǐngsè le.

伊藤　咦，说起来 为什么 这里 会 有 这么 多 不同 国家 的 建筑 呢?
Yí, shuōqǐlai wèishénme zhèli huì yǒu zhème duō bùtóng guójiā de jiànzhù ne?

林　很 多 年 前，这里 叫做 租界，是 当时 各国 的 领事馆 聚集 的 地方，后来 过了 许多 年，这些 建筑 还是 被 保留了 下来。
Hěn duō nián qián, Zhèli jiàozuò zūjiè, shì dāngshí gèguó de lǐngshìguǎn jùjí de dìfang, hòulái guòle xǔduō nián, zhèxiē jiànzhù háishi bèi bǎoliúle xiàlai.

伊藤　哇，林 先生，黄浦江 对岸 那座 高塔 是不是 我们 上次 坐车 的 时候 经过 的 东方明珠?
Wa, Lín xiānsheng, Huángpǔjiāng duì'àn nàzuò gāotǎ shìbúshì wǒmen shàngcì zuòchē de shíhou jīngguò de Dōngfāngmíngzhū?

林　是的。
Shìde.

伊藤　真 想 站在 上面 好好 看看 整个 上海 呢。
Zhēn xiǎng zhànzài shangmian hǎohao kànkan zhěngge Shànghǎi ne.

林　那，我们 去 看看。东方明珠 的 顶部 有 一个 观光平台，现在 这个 时间 应该 还 没有 到 关闭 的 时间，我们 现在 到 对面 去 还 来得及。
Nà, wǒmen qù kànkan. Dōngfāngmíngzhū de dǐngbù yǒu yíge guānguāngpíngtái, xiànzài zhège shíjiān yīnggāi hái méiyou dào guānbì de shíjiān, wǒmen xiànzài dào duìmian qù hái láidejí.

伊藤	诶，要 到 江 的 对面 吗？ 我们 怎么 过去 呢？
	Éi, yào dào jiāng de duìmiàn ma? Wǒmen zěnme guòqu ne?
林	当然 是 靠 你 引以为豪 的 手机地图 查找过去 的 最快 方式 啦！
	Dāngrán shì kào nǐ yǐnyǐwéiháo de shǒujīdìtú cházhǎoguòqu de zuì kuài fāngshì la!
伊藤	林 先生 又 把 事情 丢给 我，真是 狡猾 呢！
	Lín xiānsheng yòu bǎ shìqing diūgěi wǒ, zhēnshì jiǎohuá ne!

≫ 語彙と文法

陪 付き添う　説到 と言ったら～　外灘 バンド, 黄浦江の西岸地区　刚好 ちょうどいい　趁 ～の間・～を利用して　运气 運　确实如此 確かに　值得 ～に値する　一边 A 另一边 B 再加上 C A や B それに C　黄浦江 長江に合流する川　一辈子 一生　说起来 言うなれば　租界 外国人居留地　聚集 集まる　保留下来 保存してある　经过 通過する・経験する　来得及 間に合う　引以为豪 を誇りとする・と豪語する　查找 さがす　丢 投げる・なくす・捨てる　事情 仕事・事　狡猾 ずるい

≫ 補充表現　四字成語（2）

成千上万	chéngqiān shàngwàn	何千何万にものぼる
当务之急	dāngwù zhījí	当面の急務
情不自禁	qíng bú zì jīn	思わず
实事求是	shíshì qiú shì	事実を直視する
引人注目	yǐn rén zhùmù	注目を集める
一如既往	yì rú jì wǎng	今まで通り
众多周知	zhòng duō zhōuzhī	皆が知っている

豆知識　張愛玲

中国の文学者と言えば, 日本では魯迅 (Lǔ Xùn 1881 ～ 1936) や老舎 (Lǎoshě 1899 ～ 1966) が知られているかもしれませんが, 上海出身の張愛玲 (Zhāng Àilíng 1920 ～ 95) も国際的評価が高い作家です。彼女は幼い頃にミッション系スクールで学び, 1939 年, 香港大学に進学。41 年に上海に戻り, 執筆活動を始めます。最初の結婚と離婚をへて, 52 年に香港に移り, 55 年からはアメリカに渡って劇作家フェルディナント・ライアー氏と結婚し, 73 年以後, ロサンゼルスに住みました。作品は 1952 年から中国国内では発禁でしたが, 改革開放後に見直されています。代表作『傾城之恋』(Qīngchéngzhīliàn, 1943 年) は映画化もされ, 日本語でも読めます。この物語はバツイチの御嬢様と英国育ちの実業家のラブストーリーです。

上海には 1845 年にイギリス租界が設置され, 48 年にアメリカ租界, 49 年にフランス租界が設置され, 1863 年にはイギリスとアメリカの租界が合併して共同租界になります (殿木, 1942)。こうした状況の中, 20 世紀初頭の上海には 20 カ国の人々が暮らしていました。1937 年に日中戦争がはじまると, 共同租界とフランス租界の周囲は日本軍が占領します。日本人は 1870 年代から上海に住みはじめており, 租界が返却された 1943 年には 10 万人以上が暮らしていました (藤田, 2010)。

このような歴史を外灘はへていて, そこに張愛玲も生きていました。外灘は古くは洋場 yángchǎng とも呼ばれ, 〝外国人の浜〟の意味です。

1. Nǐ kěyǐ péi wǒ chūqu zǒuzou ma?

----

2. Gānghǎo chèn jīntiān wǎnshang bǐjiào yǒu kòng.

----

3. Yùnqì zhēnshì búcuò ne.

----

4. Xiàzhe xiǎoyǔ de yèwǎn shì Wàitān zuì měi de shíhou.

----

5. Quèshí rúcǐ, Wàitān zhēnshì yíge zhídeyíkàn de dìfang ne.

----

6. Wǒ yíbèizi dōu bú huì wàngjì zhè jǐngsè le.

----

7. Nǐ yòu bǎ shìqing diūgěi wǒ, zhēnshì jiǎohuá ne!

覚えておきたい表現

練習 **26b** > 本文を参照して中国語に訳してください。

1. 私に付き添って出かけられますか？

2. ちょうど今晩は時間がある。

3. 運が本当にいいですね。

4. 小雨の降る夜は外灘が一番美しい時です。

5. 確かに，外灘は本当に一見の価値があるところだね。

6. 一生この景色を忘れない。

7. また用事を私に投げるなんて，本当にずるい！

《日本語訳》
○林さん，私と出かけられますか？○いいよ，伊藤さん，どこに行きたいの？○上海といえば，やっぱり外灘（バンド）を見に行きましょう。○外灘か，いいよ。○ちょうど今晩は時間があるから，いっしょに行こう！（夜，外灘には小雨が降っている）○運がいいですね。誰かが言っていたけど，小雨の降る夜は外灘が一番美しい時だそうです。○確かに，外灘は一見の価値があるところだね。この長い堤防を歩くと黄浦江の対岸のビルの夜景や，外国風の建築があって，それに川にはきらきら光る遊覧船，ぼくは一生この景色を忘れない。○そう言えば，どうしてこんなに外国の建築があるんですか？○ずっと昔，ここは租界といわれていて，各国の領事館が集まっていたところで，長い年月がすぎても建築が保存されてきたんだ。○わ，林さん，黄浦江の対岸のあの高い塔って，前に車に乗った時にみた東方明珠じゃないですか？○そうだね。○あの上にのぼってよく上海を眺めたいですね。○じゃ，見に行こう。東方明珠の上には展望台があって，この時間ならまだ閉まってないし，対岸に行けば間に合う。○え，対岸に行くんですか？どうやって？○もちろん，君の得意なケータイ地図で探すのが一番早いだろうね！○林さん，また用事を丸投げなんて，本当にずるい！

林 伊藤，今天 周日 你 不 打算 在 酒店 休息 一下 吗？最近 工作 这么
多，经常 加班 到 深夜，睡眠 足够 吗？

Yīténg, jīntiān zhōurì nǐ bù dǎsuàn zài jiǔdiàn xiūxi yíxià ma? Zuìjìn gōngzuò zhème
duō, jīngcháng jiābān dào shēnyè, shuìmián zúgòu ma?

伊藤 放心 吧，林 先生。我 有 好好 保证 自己 的 睡眠 时间 的，你 看看，
我 都 没有 黑眼圈 就 知道 我 最近 睡得 非常 好。

Fàngxīn ba, Lín xiānsheng. Wǒ yǒu hǎohǎo bǎozhèng zìjǐ de shuìmián shíjiān de, nǐ
kànkan, wǒ dōu méiyou hēiyǎnquān jiù zhīdào wǒ zuìjìn shuìde fēicháng hǎo.

林 那 就 好，可 为什么 你 要 来 徐家汇 呢？如果 是 要 逛街 的话，我
们 住 的 酒店 附近 也 有 更 繁华 的 商业 区域 啊。

Nà jiù hǎo, kě wèishénme nǐ yào lái Xújiāhuì ne? Rúguǒ shì yào guàngjiē dehuà, wǒmen
zhù de jiǔdiàn fùjìn yě yǒu gèng fánhuá de shāngyè qūyù a.

伊藤 不是 啦。林 先生 可能 不 知道，我 父母 都 是 天主 教徒。父母 虽
然 没有 强制 要求 我 信教，可是 从 小 在 他们 的 耳濡目染 之下，
我 对 天主教 文化 还是 比较 有 兴趣 的。父母 听说 我 来 上海，一
直 说 要 让 我 到 徐家汇 的 耶稣会 会馆 去 看看，所以 我 才 让 林
先生 陪 我 走 一趟 啦。

Búshì la. Lín xiānsheng kěnéng bù zhīdào, wǒ fùmǔ dōu shì tiānzhǔ jiàotú. Fùmǔ suīrán
méiyou qiángzhì yāoqiú wǒ xìnjiào, kěshi cóng xiǎo zài tāmen de ěrrúmùrǎn zhīxià, wǒ
duì tiānzhǔjiào wénhuà háishi bǐjiào yǒu xìngqù de. Fùmǔ tīngshuō wǒ lái Shànghǎi,
yìzhí shuō yào ràng wǒ dào Xújiāhuì de Yēsūhuìhuìguǎn qù kànkan, suǒyǐ wǒ cái ràng
Lín xiānsheng péi wǒ zǒu yítàng la.

林 耶稣会 会馆 吗？没 想到 以 佛道 为 主流 信仰 的 中国，也 有着 大
型 的 天主教 教堂 呢。

Yēsūhuìhuìguǎn ma? Méi xiǎngdào yǐ fódào wéi zhǔliú xìnyǎng de Zhōngguó, yě yǒuzhe
dàxíng de tiānzhǔjiào jiàotáng ne.

伊藤 是的。徐家汇 是 世代 笃信 天主教 的 徐 光启 后裔 的 居住地，当
年 法国 天主教 耶稣会 江南 教区 选择 在 这里 建造 耶稣会 会馆。
在 那 以后，一批 以文传道 的 耶稣会 会士 就 在 这里 开始 兴建 教
堂，创办 学校 传播 西方 宗教文化。徐家汇 地区 因此 就 成为 了
西方 文化 输入 的 窗口。

Shìde. Xújiāhuì shì shìdài dǔxìn tiānzhǔjiào de Xú Guāngqǐ hòuyì de jūzhùdì, dāngnián
Fǎguó tiānzhǔjiào Yēsūhuì jiāngnán jiàoqū xuǎnzé zài zhèli jiànzào Yēsūhuìhuìguǎn. Zài
nà yǐhòu, yìpī yǐwénchuándào de Yēsūhuìhuìshì jiù zài zhèli kāishǐ xīngjiàn jiàotáng,
chuàngbàn xuéxiào, chuánbō xīfāng zōngjiàowénhuà. Xújiāhuì dìqū yīncǐ jiù chéngwéi le
xīfāng wénhuà shūrù de chuāngkǒu.

林 哇 哦。

Wa o.

伊藤 怎么 了，林 先生？

Zěnme le, Lín xiānsheng?

林 没有，看到 你 这么 一本正经 地 在 给 我 普及 知识，觉得 有点 惊

讶 而已。

Méiyǒu, kàndào nǐ zhème yìběnzhèngjīng de zài gěi wǒ pǔjí zhīshi, juéde yǒudiǎn jīngyà éryī.

伊藤 林 先生，你 真 讨厌!

Lín xiānsheng, nǐ zhēn tǎoyàn!

>> **語彙と文法**

加班 残業（する）・休日出勤（する）　足够 十分な　黑眼圈 眼の隈　徐家汇 上海の地名　天主教 カトリック。基督教 (jīdūjiào) はプロテスタント　耳濡目染 見知っている　耶稣会 イエズス会　趟 動量詞。往復を表す　佛道 仏教と道教（合成語）　教堂 教会　笃信 信仰する　徐光启 徐光啓 (1562-1633)。明代末期の宰相・学者　后裔 子孫　以文传道 文化で宣教する　兴建 建築する　创办 創建する　因此 これによって　输入 輸入する・インプットする　窗口 窓口　一本正经 まじめ。正经 (zhèngjīng) はまとも・正式の意　惊讶 驚く　讨厌 きらい

>> **補充表現**　宗教関連の用語

道教	dàojiào	道教	犹太教	yóutàijiào	ユダヤ教
佛教	fójiào	仏教	道观	dàoguàn	道観（道教寺院）
儒教	rújiào	儒教	寺庙	sìmiào	寺
伊斯兰教	yīsīlánjiào	イスラム教	清真寺	qīngzhēnsì	モスク

豆知識　**伝統的家族形態**

　上海の〝徐家匯〟のように，中国には大家族に由来する地名があります。すでに前3～4世紀に小家族が成立していて，古代でも大家族が主流とは言えませんが，宋代では一家族700人が同時に食事をしていた例があり，明代では5世同居で648部屋の家に住んでいた例もあります。伝統的に中国では均分相続が主流でした。「中国の家産分割は均分的な意味での細胞分裂で……それが農民を窮乏においこむ一つの要因」との指摘があります（仁井田，2006，208頁）。

　世界の家族形態を研究したエマニュエル・トッド氏 (1951～) によると，家族システムと国家形成に関係があるようです。主な家族形態は以下の4種です。

　①絶対核家族（英米等）：息子は全て両親から独立する。相続は遺言によるので係争も起こるが，息子達が事業を起こし，起業家などを生む。自由主義と親和性がある。

　②平等主義的核家族（フランス・スペイン等）：息子が親と同居することはまれで，この意味で核家族だが，遺産は兄弟で均分相続される。自由と平等を理念とする共和主義と親和性がある。

　③直系家族（日本・韓国・ドイツ等）：主に長男が親と同居，次男以下は独立する。後継ぎの教育に関心が高く，家系に知識が蓄積される。長男の妻にも家を経営する手腕が求められる。地方分権と親和性があり，ときに民族主義的傾向を帯びる。

　④外婚制共同体家族（中国・ロシア等）：息子達が両親と同居して大家族を形成し，家長の死後に遺産が均等分配される。共産主義をとった地域と概ね重なる。

　もちろん，都市化や一人っ子政策 (1979～2014年) によって，現代の中国人の家族観も変容を被っていると考えられますが，価値観では伝統的意識が残る部分もあるでしょう。

1. Zuìjìn gōngzuò duō, jīngcháng jiābān dào shēnyè, shuìmián zúgòu ma?

2. Wǒ yǒu hǎohǎo bǎozhèng zìjǐ de shuìmián shíjiān de.

3. Wǒmen zhù de jiǔdiàn fùjìn yě yǒu gèng fánhuá de shāngyè qūyù a.

4. Cóng xiǎo zài ěrrúmùrǎn zhīxià. wǒ yǒu xìngqù de.

5. Zài zhèli xīngjiàn jiàotáng, chuàngbàn xuéxiào, chuánbō xīfāng wénhuà.

6. Xújiāhuì dìqū yīncǐ jiù chéngwéile xīfāng wénhuà shūrù de chuāngkǒu.

7. Wǒ juéde yǒudiǎn jīngyà éryǐ.

覚えておきたい表現

練習 27b 本文を参照して中国語に訳してください。

1. 最近仕事が多くて，いつも深夜まで残業だけど，睡眠は足りていますか？

2. しっかり自分の睡眠時間は確保しています。

3. 私達が泊まっているホテルの付近にももっとにぎやかな商業地区があります。

4. 小さい頃から見聞していて、私は興味があるのです。

5. ここで教会を建設し、学校を創建し、西洋の文化を伝えたのです。

6. 徐家匯地区はこうして西洋文化輸入の窓口になりました。

7.（私は）ちょっとびっくりしただけです。

《日本語訳》
○伊藤さん、今日は日曜だけどホテルで休むつもりはないんだろ？最近仕事が多くていつも深夜まで残業だけど、睡眠は足りてる？○安心して、林さん。睡眠時間は確保してます。ほら、隈なんてなくて、よく眠れていることが分かるでしょ。○よかった、でもなんで徐家匯にいくの？ぶらぶら歩くなら、ホテルの近くにもにぎやかなところがあるよ。○ちがいますよ。林さんは知らないでしょうが、私の両親はカトリック教徒なんです。信仰を強制はしなかったけれど、小さい頃からいろいろ知っているから、カトリック文化にやっぱり興味があるんです。上海に私が行くと聞いて、両親がずっと徐家匯のイエズス会会館を見に行くようにと言っていたので、林さんを誘って行ってみようかなと思って。○イエズス会会館？仏教や道教が主流の中国に大きなカトリック教会があるとは思わなかった。○そうですよ。徐家匯は代々カトリックを篤く信仰した徐光啓の子孫達の住んだところで、当時フランスのカトリック、イエズス会の江南教区がイエズス会会館を建てたんです。その後、文化で宣教をしたイエズス会士達は、ここで教会を建設し、学校を創建して、西洋の宗教文化を伝え始めたんです。徐家匯地区はこうして西洋文化輸入の窓口になったんです。○ワオ！○どうしたんですか、林さん。○いや、君がぼくにそんなにまじめに一般知識を教えてくれるなんて、ちょっとびっくりしただけだよ。○いやなことを言いますね！

28 杭州西湖

伊藤 这里 就是 杭州 西湖 吗? 真是 太 大 了!
Zhèlǐ jiùshi Hángzhōu Xīhú ma? Zhēnshì tài dà le!

林 当然，我们 从 上海 坐了 两个多 小时 的 高铁 才 来到 杭州。怎么 能 不 到 传说 中 的 西湖 看看 呢?
Dāngrán, wǒmen cóng Shànghǎi zuòle liǎnggeduō xiǎoshí de gāotiě cái láidào Hángzhōu. Zěnme néngbu dào chuánshuō zhōng de Xīhú kànkan ne?

伊藤 林 先生，我 听说 杭州 这个 城市 和 岐阜 也 有 关系，是 这样 吗?
Lín xiānsheng, wǒ tīngshuō Hángzhōu zhège chéngshì hé Qífù yě yǒu guānxi, shì zhèyàng ma?

林 是的，杭州 和 岐阜 是 姊妹 城市，双方 也 一直 有着 往来。中国 有 一句 古话，"上 有 天堂，下 有 苏 杭"。就是 说 苏州 和 杭州 的 景色，就 像 天上 的 景色 一般。
Shìde, Hángzhōu hé Qífù shì zǐmèi chéngshì, shuāngfāng yě yìzhí yǒuzhe wǎnglái. Zhōngguó yǒu yíjù gǔhuà, "Shàng yǒu tiāntáng, xià yǒu Sū Háng". jiùshi shuō Sūzhōu hé Hángzhōu de jǐngsè, jiù xiàng tiānshàng de jǐngsè yìbān.

伊藤 确实 是 名副其实 啊! 这个 景点 的 名字 叫···苏堤? 这边 还有 苏 东坡 的 人物 历史 简介。苏堤 和 苏 东坡 也 有 关系 吗?
Quèshí shì míngfùqíshí a! Zhège jǐngdiǎn de míngzi jiào···Sūdī? Zhèbian háiyǒu Sū Dōngpō de rénwù lìshǐ jiǎnjiè. Sūdī hé Sū Dōngpō yě yǒu guānxi ma?

林 没错，这 是 以前 苏 东坡 在 杭州 做 官 的 时候，带领 人民 大兴 水利，筑堤 防洪，后来 老百姓 为了 纪念 苏 东坡，就 把 这里 命名 为 苏堤 了。
Méicuò, zhè shì yǐqián Sū Dōngpō zài Hángzhōu zuò guān de shíhou, dàilǐng rénmín dàxīng shuǐlì, zhùdī fánghóng, hòulái lǎobǎixìng wèile jìniàn Sū Dōngpō, jiù bǎ zhèlǐ mìngmíng wéi Sūdī le.

伊藤 原来 如此。我 看看，苏堤 春晓? 这 就是 西湖 十景 之一 吗?
Yuánlái rúcǐ. Wǒ kànkan, Sūdī chūnxiǎo? Zhè jiùshi xīhú shíjǐng zhīyī ma?

林 是的，苏堤 春晓 是 指 寒冬 过 后，苏堤 报春 的 美妙 景色。是 只 有 在 特定 的 时间 才 能够 看到 的 美景，除此之外 还 有 诸如 平 湖 秋月，断桥 残雪 等 景色 也 是 如此。
Shìde, Sūdī chūnxiǎo shì zhǐ hándōng guò hòu, Sūdī bàochūn de měimiào jǐngsè. Shì zhǐyǒu zài tèdìng de shíjiān cái nénggòu kàndào de měijǐng, chúcǐzhīwài hái yǒu zhūrú Pínghú qiūyuè, Duànqiáo cánxuě děng jǐngsè yě shì rúcǐ.

伊藤 林 先生，你 这 了解得 未免 也 过于 详细 了 吧?
Lín xiānsheng, nǐ zhè liǎojiěde wèimiǎn yě guòyú xiángxì le ba?

林 哈哈，是 这样 的，我 刚才 看到 那边 有 西湖 十景 的 明信片 在 卖，我 拿起来 看了 一下，上面 写着 各个 景色 的 介绍，所以 我 才 知 道 这么 详细 的。
Hāhā, shì zhèyàng de, wǒ gāngcái kàndào nèibiān yǒu Xīhú shíjǐng de míngxìnpiàn zài mài, wǒ náqǐlai kànle yíxià, shàngmian xiězhe gège jǐngsè de jièshào, suǒyǐ wǒ cái zhīdào zhème xiángxì de.

伊藤	诶，有 西湖 十景 的 明信片 吗? 在 哪里? 我 要 买，我 要 买，我 要 寄回 到 日本 去!

伊藤　诶，有 西湖 十景 的 明信片 吗? 在 哪里? 我 要 买，我 要 买，我 要 寄回 到 日本 去!
　　　Éi, yǒu Xīhú shíjǐng de míngxìnpiàn ma? Zài nǎlǐ? Wǒ yào mǎi, wǒ yào mǎi, wǒ yào jìhuí dào Rìběn qu!

林　　就 在 那边，能不能 寄到 日本 还是 要 先 问问 老板 提不提供 国际 邮寄 业务 啦。
　　　Jiù zài nèibian, néngbùnéng jìdào Rìběn háishi yào xiān wènwen lǎobǎn tíbutígōng guójì yóujì yèwù la.

伊藤　好吧。
　　　Hǎoba.

語彙と文法

杭州 浙江省北部の都市　西湖 杭州にある湖。世界遺産　高铁 高速鉄道　能不 ～でいられようか（反語）　传说 伝説　是这样吗?（同意を求める）そうでしょ　姉妹城市 姉妹都市　有一句古话（諺などを紹介する表現）～という言葉がある　名副其实 名が実に沿う・その名の通り　苏东坡 蘇軾（そ・しょく Sū Shì 1037～1101）のこと。北宋の政治家，文人，芸術家　简介 簡単な紹介　做官 役人になる　带领 ひきいる　大兴 大いに興す　纪念 記念する　报春 春の訪れを告げる　除此之外 このほか　诸如（例を挙げる時に用いる）例えば≒比如说　未免 まぬかれない→せざるを得ない　过于～ ～にすぎる　是这样的（事情の説明に用いる）～というわけだ　明信片 ハガキ　寄（郵便で）送る。eメール・ファックスは发を用いる

補充表現　歴史上の人物

孔子 / 孟子 / 荀子	Kǒngzǐ / Mèngzǐ / Xúnzǐ
司马迁 / 班固	Sīmǎ Qiān / Bān Gù
李白 / 杜甫 / 王维	Lǐ Bái / Dù Fǔ / Wáng Wéi
玄宗皇帝 / 杨贵妃	Xuánzōng huángdì / Yáng guìfēi
鲁迅 / 胡适	Lǔ Xùn / Hú Shì

豆知識　世界遺産と西湖

　2022 年の時点で，中国におけるユネスコ世界遺産（世界遗产 Shìjiè yíchǎn）の登録は 56 カ所となっています（うち 1 カ所は国境をまたぐ遺産）。これらのうち，14 カ所が自然遺産，4 カ所（泰山，黄山，峨眉山と楽山大仏，武夷山）が複合遺産，38 カ所が文化遺産です。

　世界遺産としての最初の登録は 1987 年で，万里の長城，莫高窟，秦の始皇陵，泰山，北京と瀋陽の明清朝の皇宮群，周口店の北京原人遺跡の 6 カ所が登録されました。

　西湖は 2011 年に「杭州西湖の文化的景観」として世界遺産に登録されています。カテゴリは文化遺産で，唐代から詩人や芸術家にインスピレーションを与え，日本や韓国などの庭園の造形にも影響を与えたことが評価されています。

　会話文では上海から広州までを 2 時間としていますが，高速鉄道（沪杭高铁 Hù Háng gāotiě）によって 50 分弱で結ばれていますので，もっと早く到着する場合もあるでしょう。

1. Wǒmen zuòle liǎnggeduō xiǎoshí de gāotiě cái láidào Hángzhōu.

----

2. Zěnme néngbu dào chuánshuō zhōng de Xīhú kànkan ne?

----

3. Hángzhōu hé Qífù shì zǐmèi chéngshì, shuāngfāng yìzhí yǒuzhe wǎnglái.

----

4. Zhōngguó yǒu yíjù gǔhuà, "Shàng yǒu tiāntáng, xià yǒu Sū Háng."

----

5. Quèshí shì míngfùqíshí a!

----

6. Hòulái lǎobǎixìng wèile jìniàn Sū Dōngpō, jiù bǎ zhèli mìngmíng wéi Sūdī le.

----

7. Wǒ náqǐlai kànle yíxià, suǒyǐ wǒ cái zhīdào zhème xiángxì de.

覚えておきたい表現

練習 **28b** 本文を参照して中国語に訳してください。

1. 私達は2時間あまり高速鉄道に乗ってやっと杭州に着いた。

2. 伝説中の西湖に来て，見ないことがどうしてできるだろうか？

3. 杭州市と岐阜市は姉妹都市で，双方にはずっと交流がある。

4. 中国には〝上に天国あれば下に蘇杭あり〟という古い言葉があります。

5. 確かにその名の通りです！

6. その後，庶民が蘇東坡を記念するために，ここを蘇堤と命名した。

7. ちょっと手にとって見てみたから，こんなに細かく知っている。

《日本語訳》
○ここが杭州の西湖ですか？大きいですね！○そうだね。上海から2時間あまり高速鉄道に乗ってやっと杭州に着いた。伝説中の西湖を見ないわけにはいかないだろう？○林さん，杭州と岐阜って関係があるんでしょ。○そうだよ。杭州市と岐阜市は姉妹都市で，双方はずっと交流がある。中国には〝上に天国あれば下に蘇杭あり〟という古い言葉があって，蘇州と杭州の景色は天上の景色のようだという意味だよ。○確かにその名の通りです！この観光スポットの名前は蘇堤って言うんですね？こっちには蘇東坡の経歴が紹介してあります。蘇堤と蘇東坡って関係があるんですか？○そうだよ。蘇東坡が杭州の官になった時，民を率いて水利工事を計画して堤防を築いて洪水を防いだ。その後，庶民が蘇東坡を記念するために，ここに蘇堤という名前をつけたんだ。○そうだったんですね。ちょっと見てみます。蘇堤の春暁？これが西湖十景の一つですね？○そう。蘇堤の春暁は寒い冬が過ぎた後，蘇堤に春の訪れを告げる美しい景色のことで，特定の時間にだけ見られる景色なんだ。ほかにも例えば平湖の秋月，断橋の残雪などの景色も同じだね。○林さん，詳しすぎですね？○ハハハ，さっきあそこに西湖十景の絵ハガキを売っているのを見て，ちょっと手にとって見てみたら，いろんな景色の紹介が書いてあって，だからこんなに詳しいというわけなんだ。○え，西湖十景のハガキですか？どこ？買いたい，買いたいです。日本に送りたいです！○日本に送れるかどうか，まず店主に国際郵便サービスを提供しているか聞いた方がいい。○分かりました。

25 江小姐，请问你今天晚上有空吗？(¹　) 了感谢你帮我和伊藤买了旗袍和领带，我们想请你吃顿饭。两位实 (²　) 太客气了，只是朋 (³　) 之间的互相帮忙而已。不用专门请我吃饭这么客 (⁴　) 的。江小姐，你就不要推辞了。其实我们也是抱着能够请你吃饭，顺便 (⁵　) 解一下上海当地特色这样的想法。既然伊藤小姐都这么说了，那我就却 (⁶　) 不恭了。今天晚上我带两位到豫园去走走吧！哇，这里明明是在闹市 (⁷　)，怎么一下子就像来到了古 (⁸　) 一样。是的，虽然豫园处在上海的 (⁹　) 心地区，可是他这个区域还是保持了中国古代的装修 (¹⁰　) 格，整个园区的商铺和景点都保持着相同的风格。你看看那边。诶，这家 (¹¹　) 满古代风格的店是…星巴克？是的，不 (¹²　) 是星巴克，包括麦当劳、优衣库等 (¹³　) 国店铺，在豫园里的门店都是充满了中国古代特色，所以它们既是商铺 (¹⁴　) 是景点。这个园区的设 (¹⁵　) 师真是非常有想法呢。这里这么多店铺和 (¹⁶　) 吃，真是看得我眼花缭乱了，这里有什么特别有名的美食吗？要说豫园里最 (¹⁷　) 名的美食的话，应该要数前面这家店的蟹黄小笼包吧。小笼包吗？太好了，(¹⁸　) 次我吃过以后 (¹⁹　) 直念念不忘，终 (²⁰　) 又可以吃到了！

26 林先生，可以陪我出去走走吗？可 (¹　) 啊，伊藤，你想去哪里呀。说到上海，果然还是要到外滩 (²　) 看一看吧？外滩吗？好吧。刚好趁今天晚 (³　) 比较有空，我们一起去走走吧！运气真是不错呢，我之前一直听别人说，(⁴　) 着小雨的夜晚，是外滩最美的时候。确实如此，外滩真是一个值得 (⁵　) 看的地方。走在这长堤上，(⁶　) 边是黄浦江对面的大楼夜景，另一边是各国特色的建筑，再加上江上这些闪 (⁷　) 发光的游船，我一辈子都不会忘 (⁸　) 这景色了。咦，说起来 (⁹　) 什么这里会有这么多不同国家的建筑呢？很多年前，这里 (¹⁰　) 做租界，是当时各国的领事馆聚集的地 (¹¹　)，后来过了许多年，这些建筑还是被保留了下来。哇，林先生，黄浦 (¹²　) 对岸那座高塔是不是我们上次坐 (¹³　) 的时候经过的东方明珠？是的。真想站在 (¹⁴　) 面好好看看整个上海呢。那，我们去看看？东方明珠的顶部有一个观光 (¹⁵　) 台，现在这个时间应该还没有到 (¹⁶　) 闭的时间，我们现在到对面去还来得 (¹⁷　)。诶，要到江的 (¹⁸　) 面吗？我们怎么过去呢？当然是靠你引以 (¹⁹　) 豪的手机地图查找过去的最快方式啦！林先生又把事情 (²⁰　) 给我，真是狡猾呢！

27 伊藤，今天周（¹　）你不打算在酒店休息一下吗？最近（²　）作这么多，经常加班到深夜，睡眠足够吗？放心吧，林先生。我有好好保证自（³　）的睡眠时间的，你看看，我都没有黑眼圈就知道我最近睡得非常好。那就好，（⁴　）为什么你要来徐家（⁵　）呢？如果是要逛街的话，我们住的酒店附近也有更繁华的商（⁶　）区域啊。不是啦。林先生可能不知道，我（⁷　）母都是天主教徒。父母虽然没有强制要求我信教，可是从（⁸　）在他们的耳濡目染之下，我对天主教文化还是比较有（⁹　）趣的。父母听说我来上海，一直说要让我到徐家汇的耶稣会会馆去看看，所以我（¹⁰　）让林先生陪我走一趟啦。耶稣会会馆吗？没想到（¹¹　）佛道为主流信仰的中国，也有着（¹²　）型的天主教教堂呢。是的。徐家汇是（¹³　）代笃信天主教的徐光启后裔的居住地，当年法国天主教耶稣会（¹⁴　）南教区选择在这里建造耶稣会会馆。在那以后，一批以文传道的耶稣会士就在这里开始兴建教堂，（¹⁵　）办学校传播（¹⁶　）方宗教文化。徐家汇地区因此就成为了西方文（¹⁷　）输入的窗口。哇哦。怎么了，林先生？没有，看到你这么一（¹⁸　）正经地在给我普及知识，觉得有点惊讶而（¹⁹　）。林先生，你真（²⁰　）厌！

28 这里就是杭州西湖吗？真是太（¹　）了！当然，我们从上海坐了两个多（²　）时的高铁才来到杭州。怎么能不到传说中的西湖看看呢？林先生，我听说杭州这个城（³　）和岐阜也有关系，是这样吗？是的，杭州和岐阜是姊妹城市，（⁴　）方也一直有着往来。中国有一（⁵　）古话，"上有天堂，下有苏杭"。就是说苏州和杭州的景色，就像（⁶　）上的景色一般。确实是名副其实啊！这个景点的名字（⁷　）…苏堤？这边还有苏东坡的人物历史简（⁸　）。苏堤和苏东坡也有（⁹　）系吗？没错，这是以前苏东坡在杭州做官的时候，带领人民大兴（¹⁰　）利，筑堤防洪，后来老百姓为了纪念苏东坡，就把这里命名（¹¹　）苏堤了。原来如此。我看看，苏堤春晓？这就是西湖（¹²　）景之一吗？是的，苏堤春晓是指寒冬过后，苏堤报春的美妙景色。是只在特定的时间（¹³　）能够看到的美景，除此之外还有诸（¹⁴　）平湖秋月，断桥残雪等景色也是如此。林先生，你这了解得（¹⁵　）免也过于详细了吧？哈哈，是这样的，我刚（¹⁶　）看到那边有西湖十景的明信（¹⁷　）在卖，我拿起来看了一下，上面写着各个景色的介绍，所以我（¹⁸　）知道这么详细的。诶，有西湖十景的明信片吗？在哪里？我要买，我要买，我要寄回到（¹⁹　）本去！就在那边，能不能寄到日本还是要先问问（²⁰　）板提不提供国际邮寄业务啦。好吧。

林 终于 也 差不多 到了 要 回国 的 时候 了。
Zhōngyú yě chàbuduō dàole yào huíguó de shíhou le.

伊藤 是 啊, 在 中国 这段 时间 过得 真是 快 呢。虽然 工作 的 事情 也 非常 繁忙, 但是 能 有 时间 在 上海 和 杭州 这些 地方 观光, 真是 太 好 了 呢。
Shì a, zài Zhōngguó zhèduàn shíjiān guòde zhēnshì kuài ne. Suīrán gōngzuò de shìqing yě fēicháng fánmáng, dànshi néng yǒu shíjiān zài Shànghǎi hé Hángzhōu zhèxiē dìfang guānguāng, zhēnshì tài hǎo le ne.

林 伊藤, 明天 你 去 前台 那里 办理 一下 退房 的 事。江 小姐 说 这 家 酒店 和 我们 公司 是 有 签订 合作 业务 的, 你 和 前台 的 服务 员 确认 一下 我们 居住 的 时间 和 总金额 就 可以 了, 剩下 的 支 付 和 报销 就 交给 中国 分公司 这边 负责。
Yīténg, míngtiān nǐ qù qiántái nàli bànlǐ yíxià tuìfáng de shì. Jiāng xiǎojiě shuō zhèjiā jiǔdiàn hé wǒmen gōngsī shì yǒu qiāndìng hézuò yèwù de, nǐ hé qiántái de fúwùyuán quèrèn yíxià wǒmen jūzhù de shíjiān hé zǒngjīn'é jiù kěyǐ le, shèngxià de zhīfù hé bàoxiāo jiù jiāogěi Zhōngguó fēngōngsī zhèbiān fùzé.

伊藤 好的。对了, 林 先生, 我们 买点 什么 中国 的 特产 回去 好 呢?
Hǎode. Duìle, Lín xiānsheng, wǒmen mǎi diǎn shénme Zhōngguó de tèchǎn huíqu hǎo ne?

林 关于 这个, 我 倒是 后来 又 找 江 小姐 买了 几条 甲骨文 图案 的 领带, 回去 送给 几个 朋友, 其他 的 我 也 没有 准备。伊藤 你 有 什么 建议 吗?
Guānyú zhège, wǒ dàoshi hòulái yòu zhǎo Jiāng xiǎojiě mǎile jǐtiáo jiǎgǔwén tú'àn de lǐngdài, huíqu sòng gěi jǐge péngyou, qítā de wǒ yě méiyou zhǔnbèi. Yīténg nǐ yǒu shénme jiànyì ma?

伊藤 诶, 我 可 还 什么 都 没有 准备 好。还是 找 江 小姐 问问 吧。
Éi, wǒ kě hái shénme dōu méiyou zhǔnbèi hǎo. Háishi zhǎo Jiāng xiǎojiě wènwen ba.

(两人回到公司，找到了江小姐)

伊藤 江 小姐! 请 务必 帮帮 我。
Jiāng xiǎojiě! Qǐng wùbì bāngbang wǒ.

江小姐 怎么 了, 伊藤 小姐, 有 什么 事情 吗?
Zěnme le, Yīténg xiǎojiě, yǒu shénme shìqing ma?

伊藤 请 你 向 我 推荐 一些 可以 带回去 的 特产, 我们 快 就要 回去 了, 可 我 现在 才 想起来 这件 事。
Qǐng nǐ xiàng wǒ tuījiàn yìxiē kěyǐ dàihuíqu de tèchǎn, wǒmen kuài jiùyào huíqu le, kě wǒ xiànzài cái xiǎngqǐlai zhèjiàn shì.

江小姐 原来 如此, 请 交给 我 吧。上海 的 话, 比较 推荐 二位 还是 带 一 些 工艺品 回去, 因为 食物 这种 东西 要 经过 国际 航班 的 安检 还 是 比较 麻烦 的。
Yuánlái rúcǐ, qǐng jiāogěi wǒ ba. Shànghǎi dehuà, bǐjiào tuījiàn èrwèi háishi dài yìxiē gōngyìpǐn huíqu, yīnwèi shíwù zhèzhǒng dōngxi yào jīngguò guójì hángbān de ānjiǎn háishi bǐjiào máfan de.

142

刚好 我们 公司 今年 有 推出 中国风 的 衣服 礼盒 套装，套装 里面
有 中国 特色 的 衣服，加上 一把 中国 传统 的 折扇，非常 适合 作
为 带回 国 的 手信。
Gānghǎo wǒmen gōngsī jīnnián yǒu tuīchū Zhōngguófēng de yīfu lǐhé tàozhuāng,
tàozhuāng lǐmian yǒu Zhōngguó tèsè de yīfu, jiāshàng yìbǎ Zhōngguó chuántǒng de
zhéshàn, fēicháng shìhé zuòwéi dàihuí guó de shǒuxìn.

如果 两位 没 什么 其他 想法 的话，告诉 我 需要 的 数量，我 帮 两
位 安排 直接 邮寄 到 日本 去 吧。
Rúguǒ liǎngwèi méi shénme qítā xiǎngfǎ dehuà, gàosu wǒ xūyào de shùliàng, wǒ bāng
liǎngwèi ānpái zhíjiē yóujì dào Rìběn qù ba.

林	那 真是 帮 大 忙 了，谢谢 江 小姐。 Nà zhēnshì bāng dà máng le, xièxie Jiāng xiǎojiě.
江小姐	林 先生 客气 了。 Lín xiānsheng kèqi le.
伊藤	诶…我 好 想 把 上海 的 小笼包 也 带回 日本。 Éi…wǒ hǎo xiǎng bǎ Shànghǎi de xiǎolóngbāo yě dàihuí Rìběn.
林	新鲜 出炉 热腾腾 的 美食，带回 到 日本 可 就 不 好吃 咯。 Xīnxiān chūlú rèténgténg de měishí, dàihuí dào Rìběn kě jiù bù hǎochī lo.

語彙と文法

差不多 ほとんど　虽然〜但是… 〜だが…だ　繁忙 忙しい　前台 フロント　退房 チェックア
ウト　签订 サインする・調印する　确认 確認（する）　居住 住む　总金额 合計金額　支付 支
払い　报销 精算する・決算する　什么都没有〜 何も〜ない　想起来 思い出す　国际航班 国際
便フライト　安检 安全チェック（する）　礼盒 贈答用の箱→贈答品　折扇 扇子

補充表現　　中国語のことわざ 歇后语　前半を言って後半の意味を表します。

画蛇添足，多此一举	huà shé tiān zú, duō cǐ yìjǔ	蛇足。一つ多い。
箭在弦上，不得不发	jiàn zài xiánshàng, bùdébù fā	矢が弦にある。状況切迫。
大海捞针，没处寻	dà hǎi lāo zhēn, méi chùxún	海に針を探す。極めて困難だ。
芝麻开花，节节高	zhīma kāihuā, jiéjié gāo	ゴマの花が咲く。段々向上。
兔子尾巴，长不了	tùzi wěiba, chángbuliǎo	ウサギの尻尾。長く続かない。
八仙过海，各显神通	bāxiān guò hǎi, gè xiǎn shéntōng	八仙海を渡る。各々特技を発揮。
打破砂锅，问到底	dǎpò shāguō, wèn dàodǐ	土鍋を割る。問い詰める。

豆知識　スピーチの速さ

　　NHK のニュースの話す速度は仮名漢字文で毎分 300 字前後とされています。このため，日本
語のスピーチもこの速度でしゃべるのが良いとされ，490 字を超えると放送に適さないという
指摘もあります。
　　中国語の場合，CCTV（中国中央電視台）のアナウンサーは毎分 250 字前後の速度で，最も速
い時で 300 字程度とされます。

練習　29a 本文を参照してピンインから簡体字にしてください。

1. Zhōngyú yě chàbuduō dàole yào huíguó de shíhou le.

2. Zài Zhōngguó zhèduàn shíjiān guòde zhēnshì kuài ne.

3. Suīrán gōngzuò yě fēicháng fánmáng, dànshi néng yōu shíjiān guāngguāng.

4. Míngtiān nǐ qù qiántái bànlǐ yíxià tuìfáng de shì.

5. Nǐ quèrèn yíxià wǒmen jūzhù de shíjiān hé zǒng jīn'é jiù kěyǐ le.

6. Wǒmen kuàijiù yào huíqu le, kě wǒ xiànzài cái xiǎngqǐlai zhèjiàn shì.

7. Zhōngguó chuántǒng de zhéshàn shìhé zuòwéi dàihuí guó de shǒuxìn.

覚えておきたい表現

練習 **29b** 本文を参照して中国語に訳してください。

1. とうとう帰国の時期が迫ってきました。

---

2. 中国での時間は（本当に）速く過ぎ去りました。

---

3. 仕事も忙しかったけど，観光する時間を持つことができた。

---

4. 明日は（あなたが）フロントに行きチェックアウトのことを手続きしてください。

---

5. （あなたが）私達の泊まった時間と合計金額を確認すればいい。

---

6. 私達がもうすぐ帰るのに，私は今やっとこのことを思い出したのです。

---

7. 中国伝統の扇子は帰国の手土産にするのに合っています。

《日本語訳》
○とうとう帰国の時期が迫ってきました。○そうです。中国での時間は速かったです。仕事も忙しかったけれど，上海と杭州を観光する時間もとれてよかった。○伊藤さん，明日はフロントでチェックアウトの手続きをして。江さんが言うには，このホテルと我が社は提携関係があって，フロントで宿泊時間と合計金額を確認すればよいそうだ。残りの支払いと精算は支社でしてくれる。○分かりました。そうだ，林さん。何か中国のお土産を買いたいけどいいですか？○ぼくはあのあと江さんに甲骨文柄のネクタイを買ってもらったから，帰って友達に贈るよ。他は準備していない。伊藤さんは何か意見はある？○え，まだ何も準備してないです。江さんに聞いてみます。（二人は会社に帰り，江さんを探す）○江さん！ちょっと助けて。○どうしたの？伊藤さん，何か？○持って帰るお土産なんだけど，お勧めがありますか。もうすぐ帰るのに今やっと思い出したんです。○そう。まかせて。上海だとお勧めやはり工芸品です。食べ物は国際便のチェックも面倒だし。ちょうど我が社が今年売り出した贈答用衣服のセットがあって，中国独特の服もあります。それに中国伝統の扇子も帰国の手土産にはいいですよ。他に考えがなければ必要な数を言ってください。かわりに手配して直接日本に送ります。○大変お手数をおかけします。ありがとう。江さん。○林さん，気にしないでください。○私は上海の小籠包を日本に持って帰りたくてたまらないです。○熱々のおいしい物を日本に持って帰っても美味しくないよ。

30 別れ

江小姐 两位 终于 要 回 日本 了。
Liǎngwèi zhōngyú yào huí Rìběn le.

林 是的，非常 感谢 江 小姐 这段 时间 的 帮助，无论 是 工作 上 还是 日常 生活 上，都 多亏 有 江 小姐 的 帮忙 我们 才 能 顺利 地 完成 这趟 出差。
Shìde, fēicháng gǎnxiè Jiāng xiǎojiě zhèduàn shíjiān de bāngzhù, wúlùn shì gōngzuò shàng háishi rìcháng shēnghuó shàng, dōu duōkuī yǒu Jiāng xiǎojiě de bāngmáng wǒmen cái néng shùnlì de wánchéng zhètàng chūchāi.

伊藤 江 小姐，下次 有 机会 到 日本 来 的话，一定 要 来 找 我!
Jiāng xiǎojiě, xiàcì yǒu jīhuì dào Rìběn lái dehuà, yídìng yào lái zhǎo wǒ!

江小姐 一定 会 的。两位，到 浦东机场 的 直达专线 我 已经 为 两位 预约 好 了，现在 就 送 两位 到 车站 去，坐 直达专线 的话 就 不用 担心 塞车 的 问题，一定 能 准时 到达 机场 的。
Yídìng huì de. Liǎngwèi, dào Pǔdōngjīchǎng de zhídázhuānxiàn wǒ yǐjing wèi liǎngwèi yùyuē hǎo le, xiànzài jiù sòng liǎngwèi dào chēzhàn qù, zuò zhídázhuānxiàn dehuà jiù búyòng dānxīn sāichē de wèntí, yídìng néng zhǔnshí dàodá jīchǎng de.

林 江 小姐 想得 实在 太 周到 了。
Jiāng xiǎojiě xiǎngde shízài tài zhōudào le.

（机场直达专线上）

伊藤 上海 真是 个 方便 的 城市 呢，在 城市中 专门 开辟了 这 一条 直通 机场 的 动车 专线。
Shànghǎi zhēnshì ge fāngbiàn de chéngshì ne, zài chéngshìzhōng zhuānmén kāipìle zhè yìtiáo zhítōng jīchǎng de dòngchē zhuānxiàn.

林 没错，这次 来 中国 真的 让 我 对 这个 地方 有了 新 的 认识。无论 是 美丽 的 自然 景色，还是 方便 快捷 的 城市 生活，都 让 我 深 深 地 爱上了 这个 地方 了。
Méicuò, zhècì lái Zhōngguó zhēnde ràng wǒ duì zhège dìfang yǒule xīn de rènshi. Wúlùn shì měilì de zìrán jǐngsè, háishi fāngbiàn kuàijié de chéngshì shēnghuó, dōu ràng wǒ shēnshēn de àishàngle zhège dìfang le.

伊藤 嘻嘻，没 想到 林 先生 也 会 说出 这么 感性 的 话 来。真 希望 能 快点 有 下一次 来到 中国 的 机会。
Xīxi, méi xiǎngdào Lín xiānsheng yě huì shuōchū zhème gǎnxìng de huà lái. Zhēn xīwàng néng kuài diǎn yǒu xiàyícì láidào Zhōngguó de jīhuì.

林 这 是 自然 的，如果 这次 的 项目 进展 顺利，相信 公司 对于 中国 这边 的 市场 和 工厂 都 会 有 重新 的 评估，接下来 发展 的 重心 可能 也 会 偏向于 中国 这边，那 中日 两边 公司 的 交流 也 会 越 来越 多，出差 的 机会 也 会 更 多 的。
Zhè shì zìrán de, rúguǒ zhècì de xiàngmù jìnzhǎn shùnlì, xiāngxìn gōngsī duìyú Zhōngguó zhèbian de shìchǎng hé gōngchǎng dōu huì yǒu chóngxīn de pínggū, jiēxiàlái fāzhǎn de zhòngxīn kěnéng yě huì piānxiàngyú Zhōngguó zhèbian, nà Zhōng Rì liǎngbian gōngsī de jiāoliú yě huì yuèláiyuè duō, chūchāi de jīhuì yě huì gèng duō de.

伊藤	下次 要是 再 有 到 中国 出差 的 机会，我 一定 要 争取 到!
	Xiàcì yàoshi zài yǒu dào Zhōngguó chūchāi de jīhuì, wǒ yídìng yào zhēngqǔ dào!
林	哈哈，伊藤 你 在 中国 待了 这么 段 时间，也 可以 称得上 是 一个 中国通 了，公司 考虑 到 这点，也 一定 会 优先 选择 让 你 到 这边 来 的。
	Hāha, Yīténg nǐ zài Zhōngguó dāile zhème duàn shíjiān, yě kěyǐ chēngdeshàng shì yíge Zhōngguótōng le, gōngsī kǎolǜ dào zhèdiǎn, yě yídìng huì yōuxiān xuǎnzé ràng nǐ dào zhèbian lái de.
伊藤	那 就 太 好 了。
	Nà jiù tài hǎo le.
林	对了 伊藤，还有 十来分钟 就 到 机场 了，你 的 护照 准备好 了 吗?
	Duìle Yīténg, háiyǒu shíláifēnzhōng jiù dào jīchǎng le, nǐ de hùzhào zhǔnbèihǎo le ma?
伊藤	啊，林 先生，我 又 忘记 了，把 护照 放在 行李箱 的 底层 了。
	A, Lín xiānsheng, wǒ yòu wàngjì le, bǎ hùzhào fàngzài xínglixiāng de dǐcéng le.
林	真是 的，果然 是 伊藤 呢，趁着 还 没 到 站，赶快 先 拿出来 放在 随身 的 包 里面 吧，不然 到了 机场 再 翻找 就 更 麻烦 了。
	Zhēnshì de, guǒrán shì Yīténg ne, chènzhe hái méi dào zhàn, gǎnkuài xiān náchūlai fàngzài suíshēn de bāo lǐmian ba, bùrán dàole jīchǎng zài fānzhǎo jiù gèng máfan le.
伊藤	好的!
	Hǎode!

上海市街と浦東空港の間に 2004 年からリニア（磁浮 cífú）が開通しています（速度は 300km/h）。

語彙と文法

无论 A 还是 B 都 C A や B にかかわらず C   多亏 のおかげで   顺利 順調に   直达专线 直通路線   塞车 渋滞（する）   准时 時間通り   开辟 開く   快捷 すばやい   爱上 好きになる   重新 新たに   偏向 偏る   越来越 だんだん   要是 もしも   争取 何とかして   待 滞在する   这么段时间 こんな時間（＝这么一段时间）   ～来分钟 ～分くらい（来は概数に用いる）   赶快 いそいで

補充表現　　　別れの表現

见到你太好了。	Jiàndào nǐ tài hǎo le.	お会いできてよかった。
以后常联系。	Yǐhòu cháng liánxì.	以後連絡をとりましょう。
请替我向大家问好。	Qǐng tì wǒ xiàng dàjiā wènhǎo.	皆様によろしく。
我先告辞了。	Wǒ xiān gàocíle.	お先に失礼します。
请留步，别送。	Qǐng liúbù, bié sòng.	見送りは結構です。
后会有期。	Hòuhuì yǒu qī.	また会いましょう。
一路平安。	Yílù píng'ān.	（去る人に）道中ご無事で。

1. Fēicháng gǎnxiè Jiāng xiǎojiě zhèduàn shíjiān de bāngzhù.

---

2. Duōkuī nǐ de bāngmáng wǒmen cái néng wánchéng zhètàng chūchāi.

---

3. Xiàcì yǒu jīhuì dào Rìběn lái dehuà, yídìng yào lái zhǎo wǒ!

---

4. Dào jīchǎng de zhídá zhuānxiàn wǒ yǐjing yùyuē hǎo le.

---

5. Nǐ xiǎng de shízài tài zhōudào le.

---

6. Zhōng Rì liǎngbian gōngsī de jiāoliú yě huì yuèláiyuè duō.

---

7. Yàoshi zài yǒu chūchāi de jīhuì, wǒ yídìng yào zhēngqǔ dào!

覚えておきたい表現

練習 30b 〉 本文を参照して中国語に訳してください。

1. 江さんの（この時間の）手助けに非常に感謝しています。

2. 君が手助けしてくれたおかげで（私達は）今回の出張をやり遂げることができた。

3. 次回日本に来る機会があれば，きっと私を探してね！

4. 空港までの専用線を（私が）もう予約しました。

5. 君はじつに周到に考えていますね！

6. 中日両国の会社の交流もだんだん多くなる。

7. もし出張の機会があれば，きっとなんとかして来ます！

《日本語訳》
○とうとう日本に帰るんですね。○江さん、この出張で助けていただき本当に感謝しています。仕事や生活もおかげさまで順調で今回の出張をやり遂げることができました。○江さん、今度日本に来る機会があればきっと連絡してね！○ええ、きっと。浦東空港の直通線はもう予約してあります。駅まで送りますね。直通線に乗れば渋滞の問題はないし、時間通りに空港に着けます。○江さんは準備がいいですね。（空港行直通線で）○上海は便利ですね。街なかに空港直通路線があって。○確かに、今回中国に来て新しい気づきがあった。美しい景色や便利な都市生活、ここが大好きになった。○へへ、林さんもそんな感傷的な話をするんですね。はやくまた中国に来る機会があればなあ。○そうなるよ。今回のプロジェクトが順調にいけば、会社も中国市場や工場の再評価をして重心を中国に移すだろう。中日両国の交流も増え、出張の機会も多くなる。○次に中国に出張にくる機会があれば、きっとなんとかして来ます！○ハハ、伊藤さんはこんな時に中国に滞在してりっぱな〝中国通〟だ。会社も考慮するよ。きっと優先的に来させるさ。○そうなるといいです。○そうだ、伊藤さん、あと10分くらいで空港に着くけどパスポートは準備してる？○あ、林さん忘れてました。スーツケースの底に入ってます。○本当に伊藤さんは変わらないね。駅に着く前に身につけるバッグに入れておいて。そうでないと空港に着いてから探してると面倒になるよ。○分かりました！

伊藤 　林 先生，我们…快要 登机 了 吧?
　　　Lín xiānsheng, wǒmen…kuàiyào dēngjī le ba?

林 　　是的，如果 航班 没有 延误 的话，大概 20 分钟 不到 就要 登机 了。
　　　Shìde, rúguǒ hángbān méiyou yánwù dehuà, dàgài 20 fēnzhōng búdào jiùyào dēngjī le.

伊藤 　20 分钟 吗? 应该 来得及 吧…
　　　20 fēnzhōng ma? yīnggāi láidejí ba…

林 　　伊藤，怎么 了?
　　　Yīténg, zěnme le?

伊藤 　没，没有 什么 特别 的 事情!
　　　Méi, méiyou shénme tèbié de shìqing!

林 　　看 你 这么 为难 的 样子，该 不会 证件 留在了 酒店 吧?
　　　Kàn nǐ zhème wéinán de yàngzi, gāi búhuì zhèngjiàn liúzàile jiǔdiàn ba?

伊藤 　当然 不会! 出发 前 才 和 林先生 你 核对过 不是 吗!
　　　Dāngrán búhuì! Chūfā qián cái hé Lín xiānsheng nǐ héduìguo búshì ma!

林 　　也是，那 可 别 乱 跑 了，快要 登机 了。
　　　Yěshì, nà kě bié luàn pǎo le, kuàiyào dēngjī le.

伊藤 　好吧。
　　　Hǎoba.

伊藤 低语 林 先生 可 真是 不 懂 女孩子 的 心 啊。
　　　Lín xiānsheng kě zhēnshì bù dǒng nǚháizi de xīn a.

(林看到满脸局促的伊藤，醒悟过来)

林 　　伊藤，话说 刚才 喝了 那么 多 水，我 想 去 个 洗手间，你 要不要
　　　上 个 洗手间 啊?
　　　Yīténg, huàshuō gāngcái hēle nàme duō shuǐ, wǒ xiǎng qù ge xǐshǒujiān, nǐ yàobúyào
　　　shàng ge xǐshǒujiān a?

伊藤 　要 去!
　　　Yào qù!

林 　　那 我们 的 行李，稍微 拜托 旁边 的 人 帮忙 照看 一下 吧。
　　　Nà wǒmen de xíngli, shāowēi bàituō pángbiān de rén bāngmáng zhàokàn yíxià ba.

林 　　你好，我 和 我 的 同伴 想 上 个 洗手间，请问 您 可以 帮 我们 照
　　　看 一下 行李 吗?
　　　Nǐhǎo, wǒ hé wǒ de tóngbàn xiǎng shàng ge xǐshǒujiān, qǐngwèn nín kěyǐ bāng wǒmen
　　　zhàokàn yíxià xíngli ma?

路人 　好的，你 这 行李 放在 这里，要是 有人 拿走 的话 我 会 制止 的。
　　　I lǎode, nǐ zhè xíngli fàngzài zhèli, yàoshi yǒu rén názǒu dehuà wǒ huì zhìzhǐ de.

林 　　真是 非常 感谢。我们 走 吧，伊藤。
　　　Zhēnshì fēicháng gǎnxiè. Wǒmen zǒu ba, Yīténg.

伊藤 　好!
　　　Hǎo!

語彙と文法

快要～了 もうすぐ～になる　登机 飛行機に搭乗する　航班 フライト　延误 遅れる・遅延する
不到 に満たない　为难 困る　核对 照合する　乱 むやみに・気ままに　话说 （話題の転換）そ
ういえば　稍微 やや・すこし　拜托 頼む・お願いする　照看 世話をする・見守る。看 (kān)
も見守るの意味　同伴 同行者・連れの者　行李 荷物　要是 もし～

補充表現　　空港で使う言葉など

国际 航班楼	guójì hángbānlóu	国際線ターミナル
国内 航班楼	guónèi hángbānlóu	国内線ターミナル
海关	hǎiguān	税関
购票处	gòupiàochù	チケット購買所
起飞	qǐfēi	離陸
已降落	yǐjiàngluò	着陸済み
行李牌	xínglǐpái	手荷物タグ
行李推车	xínglǐtuīchē	手荷物カート
问询处	wènxúnchù	案内所
候机室	hòujīshì	待合室

豆知識　中国人の友情観

　社会心理学の調査によると，中国人学生が友人に求めることの第1位は「人柄の良さ」（優しい・親切・思いやり・落ち着き・傲慢でない・礼儀正しい）です。2位は「相互扶助・協力」（苦楽を分かち合う・話を聞いてくれる）で，3位は「誠実・信頼」です。以下，理解・尊重，責任感・まじめ，明朗・活発，気が合う，知性・能力と続きます（上原，2009）。

　日本人との付き合いでは，曖昧さ，本音と建て前，省略，言いわけ，細かすぎること等が友情を築く障害としてあげられています。日本人から見て中国人は会話の〝立ち入り度〟が高いという指摘もあります。

　また，相互扶助の重視から相手の期待に添えない場合に，日本人よりも中国人の方が統計的有意に〝すまない〟と感じる割合が高いことも指摘されています。

　こうした日中の友情観の違いについて知っておくと，互いの理解が深まり，付き合いがしやすくなるのではないでしょうか。

　中国語で体面を表す言葉には〝脸 (liǎn：顔)〟と〝面子 (miànzi)〟があり，〝脸〟は信頼できることを他者に印象づけたいという社会的体面を指し，〝面子〟は影響力が及ぶことを示す物質的体面との指摘もあります。中国人どうしには互いに相手の〝脸〟や〝面子〟を守るというモラルもあります。

　不確実な状況下で相手を信頼する行動についても社会心理学の実験があり，日本人は中国人・台湾人を下まわることが指摘されています。つまり，中国人はよく知らない相手でもまずは信頼してみるという能力が日本人より高いという指摘です（山岸，2009）。

　もちろん，人間には個性があるので一概には言えませんが，とはいえ，その国に生まれた子供を〝～人〟として育てる文化の力があることも否定できないでしょう。直感的な〝～人論〟の一般化は危険な面もありますが，社会心理学の調査などを参照して相互理解につなげるのも一つの方法だと思われます。

1. Wǒmen kuài yào dēngjī le ba?

----

2. Rúguǒ hángbān méiyou yánwù dehuà, dàgài 20 fēnzhōng jiù yào dēngjī le.

----

3. Wǒ yīnggāi láidejí ba.

----

4. Wǒ méiyou shénme tèbié de shìqing!

----

5. Huàshuō gāngcái hēle nàme duō shuǐ, wǒ xiǎng qù ge xǐshǒujiān.

----

6. Qǐngwèn nín kěyǐ bāng wǒmen zhàokàn yíxià xíngli ma?

----

7. Yàoshi yǒu rén názǒu dehuà wǒ huì zhìzhǐ de.

覚えておきたい表現

練習 31b ＞ 本文を参照して中国語に訳してください。

1.（私達は）もうすぐ搭乗ですね？

2. フライトが遅れなければ，20分もたたずに搭乗でしょう。

3. 間に合うかな？

4. とくに何もありません。

5. そう言えば，さっきあんなに水を飲んだから，ちょっとトイレに行きたい。

6. ちょっと荷物を見ておいてくれませんか？

7. 持っていきそうな人がいたら制止します。

《日本語訳》
○林さん，私達，もうすぐ搭乗ですね？○そうだよ。フライトが遅れなければ，だいたい20分もたたずに搭乗だね。○20分ですか，間に合うかな……○伊藤さん，どうしたの？○いや，なんでもないです！○そんなに困っているところをみると，ホテルにパスポートを置いてきたんじゃ？○そんなはずないでしょ！出発の前に林さんとチェックしたじゃないですか！○ほんとにもう，あちこち行かないようにしてくれよ。もうすぐ搭乗なんだから。○分かってます。○林さん，ほんとうに女の子の心が分からないんですね。（林はもじもじしている伊藤を見て，気がつく）○伊藤さん，そう言えばさっきあんなに水を飲んだから，ちょっとトイレに行きたいんだけど，君はトイレに行かなくていい？○行きます！○じゃあ，荷物をちょっと隣の人に見ておいてもらおう。○すみません，私と連れの者がトイレに行きたいのですが，ちょっと荷物を見ておいてくれませんか？○いいですよ。荷物はそこに置いて，持っていきそうな人がいたら止めます。○ありがとうございます。行くよ。伊藤さん。○はい！

伊藤　林 先生，我们 下一次 的 会议，应该 是 计划 和 中国 分公司 进行
网络 会议 吧，要不要 提前 和 对方 沟通 一下?
Lín xiānsheng, wǒmen xiàyícì de huìyì, yīnggāi shì jìhuà hé Zhōngguó fēngōngsī jìnxíng
wǎngluò huìyì ba, yàobúyào tíqián hé duìfāng gōutōng yíxià?

林　也 对，毕竟 使用 哪种 网络 软件 进行 会议 这些 内容 还是 提早
商量，在 会前 调试 完成 比较 有 效率。那 你 就 给 江 小姐 那边
打 个 电话 讨论 一下 吧。
Yě duì, bìjìng shǐyòng nǎzhǒng wǎngluò ruǎnjiàn jìnxíng huìyì zhèxiē nèiróng háishi
tízǎo shāngliang, zài huìqián tiáoshì wánchéng bǐjiào yǒu xiàolù. Nà nǐ jiù gěi Jiāng
xiǎojiě nèibian dǎ ge diànhuà tǎolùn yíxià ba.

伊藤　太 好 了，回来 日本 以后，我 只 在 LINE上 和 江 小姐 聊过 几句，
还 挺 想念 她 的!
Tài hǎo le, huílai Rìběn yǐhòu, wǒ zhǐ zài LINEshàng hé Jiāng xiǎojiě liáoguo jǐ jù, hái
tǐng xiǎngniàn tā de!

伊藤　喂，请问 是 江 小姐 吗?
Wèi, qǐngwèn shì Jiāng xiǎojiě ma?

江小姐　是的，是 伊藤 小姐 吗? 很 久 不 见 了，最近 好 吗?
Shìde, shì Yīténg xiǎojiě ma? hěn jiǔ bú jiàn le, zuìjìn hǎo ma?

伊藤　托 你的 福，非常 好。我 这次 打 电话 过来，主要 是 林 先生 让 我
和 你 讨论 一下 下一次 网络 会议 的 细节。
Tuō nǐde fú, fēicháng hǎo. Wǒ zhècì dǎ diànhuà guòlai, zhǔyào shì Lín xiānsheng ràng
wǒ hé nǐ tǎolùn yíxià xiàyícì wǎngluò huìyì de xìjié.

江小姐　实在 是 太 巧 了，我 也 正 准备 和 你们这边 联系 讨论 这件 事情。
Shízài shi tài qiǎo le, wǒ yě zhèng zhǔnbèi hé nǐmenzhèbian liánxì tǎolùn zhèjiàn
shìqing.

伊藤　那 在 你们这边，一般 是 使用 什么 软件 进行 视频 会议 的 呢?
Nà zài nǐmenzhèbiān, yìbān shì shǐyòng shénme ruǎnjiàn jìnxíng shìpín huìyì de ne?

江小姐　如果 是 我们 中国 这边 的话，一般 会 选择 QQ 视频 会议，因为
QQ 这个 通讯 软件 在 中国 的 普及度 非常 高，年轻人 基本上 都
会 用。
Rúguǒ shì wǒmen Zhōngguó zhèbiān dehuà, yìbān huì xuǎnzé QQ shìpín huìyì, yīnwèi
QQ zhège tōngxùn ruǎnjiàn zài Zhōngguó de pǔjídù fēicháng gāo, niánqīngrén jīběn
shàng dōu huì yòng.

伊藤　啊，这样 啊，我们 这边 倒是 很 少 用 QQ。
A, zhèyàng a, wǒmen zhèbian dàoshi hěn shǎo yòng QQ.

江小姐　是的，我 听说 在 日本 这边，会 使用 叫做 ZOOM 的 网络 会议 工
具，是吗?
Shìde, wǒ tīngshuō zài Rìběn zhèbian, huì shǐyòng jiàozuò ZOOM de wǎngluò huìyì
gōngjù, shìma?

伊藤　是的，你 也 知道 ZOOM 吗?
Shìde, nǐ yě zhīdào ZOOM ma?

江小姐	对 啊，我们 已经 研究过 了，为了 方便 你们 这边 的 安排，我们 已经 下载 试用过 ZOOM 了，到时候 开会 的 时候 直接 把 会议 ID 发过来 就 好 了。
	Duì a, wǒmen yǐjīng yánjiūguo le, wèile fāngbiàn nǐmen zhèbian de ānpái, wǒmen yǐjīng xiàzài shìyòngguo ZOOM le, dàoshíhou kāihuì de shíhou zhíjiē bǎ huìyì ID fāguòlai jiù hǎo le.
伊藤	那 实在 是 太 感谢 了!
	Nà shízài shì tài gǎnxiè le!
江小姐	伊藤 你 实在 是 太 客气 了!
	Yīténg nǐ shízài shì tài kèqi le!

≫ 語彙と文法

进行 行う　网络会议 ネット会議　提前 前もって　沟通 連絡・コミュニケーション（する）
毕竟 つまり　软件 ソフトウェア　提早 繰り上げる　调试 調整する・デバッグする　效率 効率（的だ）　聊 世間話をする　很久不见了 ひさしぶり　托〜的福 〜のおかげで　细节 細部・詳細　视频 ビデオ・テレビ　通讯 通信（する）　年轻人 若者　下载 ダウンロードする　到时候 その時になったら

≫ 補充表現　　ウェブ会議の用語 (1)

远程会议	yuǎnchéng huìyì	リモート会議
视频大会	shìpíndàhuì	ウェビナー（ウェブセミナー）
摄像机 / 〜头	shèxiàngjī / 〜 tóu	カメラ / ウェブカメラ
耳机 / 麦克风	ěrjī / màikèfēng	イヤホン / マイク
耳麦	ěrmài	ヘッドセット
安装	ānzhuāng	インストール（する）
客户端	kèhùduān	クライアント（アプリ）
召开 会议 / 开启〜	zhàokāi huìyì / kāiqǐ 〜	会議を開く / 〜開始する

豆知識　中国のネットユーザ

　2021 年末の統計で中国のネット・ユーザは 10.3 億人です（男女比は人口比と一致）。農村部では 2.8 億人のユーザがいて，農村でネットを利用していない人は 54.9%（CNNIC）。
　ユーザ全体のうち動画視聴者は 9.7 億人，ネット支払利用者は 9 億人です。2021 年 7 〜 9 月に銀行が処理したネット支払は 1746 兆元（745 億件）です。ネット購入は 8.4 億人が利用し，80 〜 90 年代生まれが最も多く，95 年生まれ以後の購買力も顕在化しています。これらの世代は国産品消費意識が強いと指摘されています。外食デリバリー利用者は 5.4 億人で，美団（Měituán: 2015 年設立）が 2021 年 6 月までに 22 万機の配達用ドローンの飛行試験を終えています。公用をオンラインでするユーザは 4.6 億人，オンライン医療の利用者は 2.8 億人です。字节跳动（Zìjiétiàodòng：バイトダンス）等も医療プラットホームに投資しています。
　ドメイン数は約 3600 万，ウェブページ 3350 億，光ケーブル敷設距離は 5488 万 km です。

1. Xiàyícì de huìyì, wǒmen yīnggāi shì jìhuà jìnxíng wǎngluò huìyì ba.

2. Yàobúyào tíqián hé duìfāng gōutōng yíxià?

3. Háishi tízǎo shāngliang, zài huìqián tiáoshì wánchéng bǐjiào yǒu xiàolǜ.

4. Hěn jiǔ bú jiàn le, zuìjìn hǎo ma? Tuō nǐ de fú, fēicháng hǎo.

5. Shízài shi tài qiǎo le, wǒ yě zhèng zhǔnbèi hé nǐmen liánxì tǎolùn.

6. Nǐmen yìbān shǐyòng shénme ruǎnjiàn jìnxíng shìpín huìyì de ne?

7. Wèi le fāngbiàn nǐmen de ānpái, wǒmen yǐjīng xiàzài shìyòngguo le.

覚えておきたい表現

.

練習 **32b** > 本文を参照して中国語に訳してください。

1. 次の会議ですが，（私達は）ネット会議を行うように計画すべきですよね。

....

2. 事前に相手と打ち合わせする必要がありますか？

....

3. やはり事前に相談して，会議の前に試し（終え）ておくと比較的効率がいい。

....

4. お久しぶりです，最近元気ですか？おかげさまでとても元気です。

....

5. ちょうどよかった。私もあなた達に相談しようと準備していたところです。

....

6. あなた方はふつうどんなソフトを使ってビデオ会議をしていますか？

....

7. あなた方の都合にあわせて（私達は）もうダウンロードして試しました。

....

《日本語訳》
○林さん，次の会議ですけど，中国支社とネット会議をしないといけないんでしょ。前もって向こうと打ち合わせする必要がありますか？○そうだね。どのソフトを使って会議を進めるにしても，内容はやはり事前に相談して，会議の前に試しておくと効率がいい。江さんに電話して相談してみて。○分かりました。日本に帰って来てから LINE で江さんとちょっとやりとりしただけだから懐かしいです！○もしもし，江さん？○はい。伊藤さんですか？久しぶり。最近元気ですか？○おかげさまで元気です。今回電話したのはちょっと次のネット会議の細部を相談してって林さんが言うもので。○ちょうどよかった。私もその件について相談しようとしていたところなんです。○そっちだとふつうどんなソフトを使ってビデオ会議をしているの？○中国だと QQ ビデオ会議を選ぶかな。この通信ソフトは中国での普及度がとても高いんです。若い人は基本的にみんな使えますよ。○あ，そうですか。こちらでは QQ はあまり使っていないんです。○ええ，日本では ZOOM というネット会議ツールを使っているそうですね？○そうです。あなたも ZOOM を知ってるの？○ええ，もう検討していて，そちらの都合にあわせて，ZOOM をダウンロードして試しました。会議をはじめる時になったら直接会議 ID を送ればいいですよ。○ありがとう。○どういたしまして！

◆ MCT 29-32　音声を聞きながらカッコに簡体字（1文字）を書き入れてください。

29　终于也差（¹　　）多了到了要回国的时候了。是啊，在中国这段时间过得真是快呢。虽然工作的事情（²　　）非常繁忙，但是能有时间在上海和杭州这些地（³　　）观光，真是太好了呢。伊藤，明天你去前（⁴　　）那里办理一下退房的事。江小姐说这家酒店和我们公司是有签（⁵　　）合作业务的，你和前台的服务员确（⁶　　）一下我们居住的时间和总金额就可以了，剩下的支付和报销就（⁷　　）给中国分公司这边负责。好的。对了，林先生，我们（⁸　　）点什么中国的特产回去好呢？关于这个，我倒是后来（⁹　　）找江小姐买了几条甲骨文图案的领带，回去送给（¹⁰　　）个朋友，其他的我也没有准备。伊藤你有什么建（¹¹　　）吗？诶，我可还什么都没有准备好。还是找江小姐问问吧。江小姐！请（¹²　　）必帮帮我。怎么了，伊藤小姐，有什么事情吗？请你（¹³　　）我推荐一些可以带回去的特产，我们快就要回去了，可我现在（¹⁴　　）想起来这件事。原来如此，请交给我吧。上海的话，（¹⁵　　）较推荐二位还是带一些工（¹⁶　　）品回去，因为食物这种东西要经过国（¹⁷　　）航班的安检还是比较麻烦的。刚好我们公司今年有推（¹⁸　　）中国风的衣服礼盒套装，套装里面有中国特色的衣服，加上一把中国传统的折扇，非常适合作为带回国的手信。如果两位没什么其他想法的话，告诉我需要的数量，我帮两位安排直接邮寄到日本去吧。那真是帮大（¹⁹　　）了，谢谢江小姐。林先生客气了。诶…我好想把上海的小笼包也带回日本。新鲜（²⁰　　）炉热腾腾的美食，带回到日本可就不好吃咯。

30　两位终于要回日本了。是的，非常感谢江小姐这段时间的帮助，无论是（¹　　）作上还是日常生活上，都多（²　　）有江小姐的帮忙我们才能顺（³　　）地完成这趟出差。江小姐，下次有机会到日本来的话，（⁴　　）定要来找我！一定会的。两位，到浦东机场的直（⁵　　）专线我已经为两位预约好了，现在就送两位到（⁶　　）站去，坐直达专线的话就不用担心塞车的问题，一定能准时到达机场的。江小姐想得实在（⁷　　）周到了。上海真是个方便的城市呢，在城市中专门（⁸　　）辟了这一条直通机场的动车专线。没错，这次来中国真的（⁹　　）我对这个地方有了新的认识。（¹⁰　　）论是美丽的自然景色，还是方便快捷的城（¹¹　　）生活，都让我深深地爱上了这个地方了。嘻嘻，没想到林先生也会说（¹²　　）这么感性的话来。真希望能快点有下一次来中国的机会。这是（¹³　　）然的，如果这次的项目进展顺利，相信公司对（¹⁴　　）中国这边的市场和工（¹⁵　　）都会有重新的评估，接下来发展的重（¹⁶　　）可能也会偏向于中国这边，那中日两边公司的交流也会越来越多，出差的机会（¹⁷　　）会更多的。下

158

次要是再有到中国 (^{18}) 差的机会，我一定要争取到！哈哈，伊藤你在中国待了这么段时间，也可以称得上是一个中国通了，公司考虑到这点，也一定会优先选择让你到这边来的。那就太好了。对了，伊藤，还有 (^{19}) 来分钟就到机场了，你的护照准备好了吗？啊，林先生，我又忘记了，把护照放在 (^{20}) 李箱的底层。真是的，果然是伊藤呢，趁着还没到站，赶快先拿出来放在随身的包里面吧，不然到了机场再翻找就更麻烦了。好的！

31　林先生，我们…快要登机了吧？是的，(^{1}) 果航班没有延误的话，大概20 (^{2}) 钟不到就要登机了。20分钟吗？应该来得 (^{3}) 吧…伊藤，怎么了？没，没有 (^{4}) 么特别的事情！看你这么 (^{5}) 难的样子，该不会证 (^{6}) 留在了酒店吧？当然 (^{7}) 会！出发前才和林先生你核 (^{8}) 过不是吗！也是，那可别乱跑了，快要登机 (^{9})。好吧。林先生可真是不懂女孩 (^{10}) 的心啊。伊藤，话说刚才喝了那么多 (^{11})，我想去个洗手间，你要 (^{12}) 要上个洗 (^{13}) 间啊？要 (^{14})！那我们的行李，稍微拜 (^{15}) 旁边的人帮忙照看一下吧。你好，我和我的同伴想 (^{16}) 个洗手间，请问您可 (^{17}) 帮我们照看一下行李吗？好的，你这 (^{18}) 李放在这里，要是有人拿走的话我会制 (^{19}) 的。真是非常感谢。我们 (^{20}) 吧，伊藤。好！

32　林先生，我们下一次的会议，应该是 (^{1}) 划和中国分公司进行网络会 (^{2}) 吧，要不要提前和对方沟通一下？也对，毕竟使用哪种网络软 (^{3}) 进行会议这些 (^{4}) 容还是提早商量，在会前调试完成比较有效率。那你就给江小姐那边 (^{5}) 个电话讨论一下吧。太好了，回来日本 (^{6}) 后，我只在 LINE 上和江小姐聊过 (^{7}) 句，还挺想念她的！喂，请问是江小姐吗？是的，是伊藤小姐吗？很 (^{8}) 不见了，最近好吗？托你的福，非常好。我这次打电话过来，(^{9}) 要是林先生让我和你讨论一下下一次网络会议的细 (^{10})。实在是太巧了，我也正准备和你们这边联系讨 (^{11}) 这件事情。那在你们这边，一般是使用什么软件进 (^{12}) 视频会议的呢？如果是我们中国这边的话，一般会选择 QQ 视频会议，(^{13}) 为 QQ 这个通讯软件在中国的普及度非常高，年轻 (^{14}) 基本上都会用。啊，这样啊，我们这边倒是很少 (^{15})QQ。是的，我听说在日本这边，会使用 (^{16}) 做 ZOOM 的网络会议工具，是吗？是的，你 (^{17}) 知道 ZOOM 吗？对啊，我们已经研究过了，(^{18}) 了方便你们这边的安排，我们已经 (^{19}) 载试用过了，到时候 (^{20}) 会的时候直接把会议 ID 发过来就好了。那实在是太感谢了！伊藤你实在是太客气了！

ウェブ会議で新製品提案

林 喂喂喂，能 听到 吗，张 先生?
Wéiwéiwéi, néng tīngdào ma, Zhāng xiānsheng?

张澜 可以 听到 的。
Kěyǐ tīngdào de.

林 那 麻烦 张 先生 先 把 中国 分公司 的 销售 报告 发过来，然后 简要 地 为 我们 介绍 一下 吧。
Nà máfan Zhāng xiānsheng xiān bǎ Zhōngguó fēngōngsī de xiāoshòu bàogào fāguòlai, ránhòu jiǎnyào de wèi wǒmen jièshào yíxià ba.

张澜 好的，上个 季度 我们 的 销售 情况 非常 理想，总销量 超过了 预期 销量，大概 是 上上个 季度 的 130%⋯
Hǎode, shàngge jìdù wǒmen de xiāoshòu qíngkuàng fēicháng lǐxiǎng, zǒngxiāoliàng chāoguòle yùqī xiāoliàng, dàgài shì shàngshàngge jìdù de bǎifēnzhī yìbǎi sānshí⋯

以上 就是 我们 的 报告。
Yǐshàng jiùshi wǒmen de bàogào.

林 太 棒 了! 无论 是 工作 成果 还是 报告，都 非常 完美 呢。
Tài bàng le! Wúlùn shì gōngzuò chéngguǒ háishi bàogào, dōu fēicháng wánměi ne.

张澜 嘿，瞧 林 先生 你 说 的，这 不是 刚好 上个 季度 你 和 伊藤 小姐 出差 来到 我们 这边，给 我们 提供了 非常 大 的 帮助 呢!
Hēi, qiáo Lín xiānsheng nǐ shuō de, zhè búshì gānghǎo shàngge jìdù nǐ hé Yīténg xiǎojiě chūchāi laidào wǒmen zhèbian, gěi wǒmen tígōngle fēicháng dà de bāngzhù ne!

林 哈哈哈，张 先生 你 这么 夸 我，实在 是 太 不好意思 了。接下来 我们 来 讨论 一下 下个 季度 的 商品 方向 吧。
Hāhāhā, Zhāng xiānsheng nǐ zhème kuā wǒ, shízài shì tài bùhǎoyìsi le. Jiēxiàlai wǒmen lái tǎolùn yíxià xiàge jìdù de shāngpǐn fāngxiàng ba.

张澜 这个 我们 这边 倒是 有 一个 方案。之前 林 先生 闲聊 的 时候，你 提出过 一个 想法，当时 我们 没有 深入 展开 去 讨论，回过 头 去 我 想了想，确实 是 一个 不错 的 方向，所以 我们 这边 针对 这个 方向 做出了 一个 产品 方案，主题 就是 环保。
Zhège wǒmen zhèbian dàoshi yǒu yíge fāng'àn. Zhīqián Lín xiānsheng xiánliáo de shíhou, nǐ tíchūguo yíge xiǎngfǎ, dāngshí wǒmen méiyou shēnrù zhǎnkāi qù tǎolùn, huíguò tóu qu wǒ xiǎnglexiǎng, quèshí shì yíge búcuò de fāngxiàng, suǒyǐ wǒmen zhèbian zhēnduì zhège fāngxiàng zuòchūle yíge chǎnpǐn fāng'àn, zhǔtí jiùshi huánbǎo.

林 哦哦，就是 我们 之前 聊过 的 环保 问题 是吧? 确实 我 觉得 我们 行业 在 这个 方向 还 有 许多 可以 开展 内容 呢。这样 也 符合 现 在 世界 的 主流 风向。
Óó, jiùshi wǒmen zhīqián liáoguo de huánbǎo wèntí shìba? Quèshí wǒ juéde wǒmen hángyè zài zhège fāngxiàng hái yǒu xǔduō kěyǐ kāizhǎn nèiróng ne. Zhèyàng yě fúhé xiànzài shìjiè de zhǔliú fēngxiàng.

张澜 是的，所以 接下来 我们 的 产品，都 会 主打 环保 这个 概念，除了 材料 以外，包括 制作、运输 方法 等，都 会 以 环保 为 主题 去 执

行。麻烦 日本 公司 的 各位 先 看看 我们 做 的 制作 方案 吧。

Shìde, suǒyǐ jiēxiàlai wǒmen de chǎnpǐn, dōu huì zhǔdǎ huánbǎo zhège gàiniàn, chúle cáiliào yǐwài, bāokuò zhìzào、yùnshū fāngfǎ děng, dōu huì yǐ huánbǎo wéi zhǔtí qù zhíxíng. Máfan Rìběn gōngsī de gèwèi xiān kànkan wǒmen zuò de zhìzuò fāng'àn ba.

林 好的，我 觉得 你们 的 构思 非常 棒，那 等 我们 先 看完 这份 方案 之后，再 进行 下一次 的 讨论 会议 吧。

Hǎode, wǒ juéde nǐmen de gòusī fēicháng bàng, nà děng wǒmen xiān kànwán zhèfèn fāng'àn zhīhòu, zài jìnxíng xiàyícì de tǎolùn huìyì ba.

张澜 好，我们 等 林 先生 你 的 消息。

Hǎo, wǒmen děng Lín xiānsheng nǐ de xiāoxi.

▶ 語彙と文法

销售 販売（する） 简要 簡潔 季度 四半期 理想 思い通り 预期 予定 上上 前々・先々 130% 百分之一百三十（bǎifēn zhī yì bǎi sānshí） 完美 完全だ・立派だ 瞧你说 何を言うんです 夸 大げさに言う 方案 計画・プラン 闲聊 雑談する 回头 振りかえる 提出 意見を言う 针对 をねらう 环保 環境保護 行业 業界 符合 符合する・一致する 风向 風向き・動向 主打 売り物にする・テーマにする 执行 実施する 构思 構想（する） 消息 知らせ・ニュース・連絡

▶ 補充表現　　ウェブ会議の用語（2）

安排 会议 / 邀请～	ānpái huìyì / yāoqǐng ～	会議を予約する / に招く
加入～	jiārù ～	（会議に）参加する
所有者 / 管理者	suǒyǒuzhě / guǎnlǐzhě	オーナー / 管理者
参会者	cānhuìzhě	参加者
会议账号 / 密码	huìyìzhànghào / mìmǎ	会議アカウント / パスワード
屏幕共享	píngmù gòngxiǎng	画面共有
静音 / 解除～ / 全体～	jìngyīn / jiěchú ～ / quántǐ ～	ミュート / ～解除 / 全～
分组讨论室	fēnzǔ tǎolùnshì	ブレイクアウトルーム
录制 / 群聊	lùzhì / qúnliáo	録画 / グループチャット
字幕 / 背景墙	zìmù / bèijǐngqiáng	字幕 / 背景
离开 会议 / 结束～	líkāi huìyì / jiéshù ～	会議を抜ける / ～を終える

豆知識　～倍に注意

　中国語では変化分を表す場合，補語として動詞等の後ろに置きます。例えば，増加（zēngjiā）という動詞は後ろに～倍を取ることがあります。この場合，増加一倍（～ yí bèi）は〝(1倍が増えて）2倍に増える〟という意味です。日本語の〝人一倍〟と同じ発想です。注意すべき点は2倍以上の場合で，増加両倍は〝2倍が増える〟という意味で，全体では3倍です。

　また，増加到～とすれば到達点を表します。したがって，増加到両倍は〝(増加して）2倍に到達する〟という意味です。

　こうした数字の細かな点は，その場で確認を取る必要があるでしょう。

練習 33a 本文を参照してピンインから簡体字にしてください。

1. Máfan nǐ xiān bǎ fēngōngsī de xiāoshòu bàogào fāguòlai.

....

2. Shàngge jìdù wǒmen de xiāoshòu qíngkuàng fēicháng lǐxiǎng.

....

3. Zǒng xiāoliàng dàgài shì shàngshàngge jìdù de bǎifēnzhī yìbǎi sānshí.

....

4. Yǐshàng jiùshi wǒmen de bàogào.

....

5. Wúlùn shì gōngzuò chéngguǒ háishi bàogào, dōu fēicháng wánměi ne.

....

6. Huíguò tóu qu wǒ xiǎnglexiǎng, quèshí shì yíge búcuò de fāngxiàng.

....

7. Jiēxiàlai wǒmen de chǎnpǐn, dōu huì zhǔdǎ huánbǎo gàiniàn,

....

覚えておきたい表現

....

....

....

....

練習 33b 本文を参照して中国語に訳してください。

1. お手数ですが，あなたがまず支社の販売報告をしてください。

2. 前四半期，私達の販売状況は理想的でした。

3. 総販売量は概ね前々四半期の130％です。

4. 以上が私達の報告です。

5. 仕事の成果も報告も非常に立派ですね。

6. ふりかえってすこし考えてみると，確かによい方向性です。

7. 次の（私達の）製品は，すべて環境保護のコンセプト（概念）をテーマにします。

《日本語訳》

○もしもし，聞こえますか？張さん？○聞こえます。○では，お手数ですが，張さんがまず中国支社の販売報告をして，その後，簡潔に説明してください。○分かりました。前四半期，我々の販売状況は理想的で総販売量は予想販売量を超え，概ね前々四半期の130％で……以上が我々からの報告です。○すごい！成果も報告もとても立派ですね。○え，何を言うんです。これはちょうど前四半期，あなたと伊藤さんが我々のところに出張にきて，大きな手助けをしてくれたからではないですか！○ハハハ，張さんに褒めていただくと恐縮です。続いて，次の四半期の商品の方向性を相談しましょう。○それは我々のほうで一つプランがあります。以前，林さんと話した時，一つアイデアが話題になり，その時は深く話しませんでしたが，ふりかえって考えてみると，確かによい方向性なので，それをねらって製品の企画をします。テーマは環境保護です。○ああ，私達が以前話した環境保護問題ですね。確かに我々の業界はこの方向で展開できる余地がまだあり，現在の世界動向と一致します。○そうです。だから，次の製品は環境保護を売りにし，材料のほかにも製造や運輸方法など，すべて環境保護をテーマに行います。お手数ですが，日本側がまず我々のプランを見てください。○分かりました。あなた方の構想はすごい。では，まずそのプランを読んだ後，次の会議を行いましょう。○いいでしょう。林さんの連絡を待ちます。

林
伊藤，你 现在 有 空 吗?

Yīténg, nǐ xiànzài yǒu kòng ma?

伊藤
怎么了林 先生，我 目前 手头 上 有 一个 重要 的 新产品 设计 方案 在 跟进，但 时间 不是 特别 紧。

Zěnmele Lín xiānsheng, wǒ mùqián shǒutóu shàng yǒu yíge zhòngyào de xīnchǎnpǐn shèjì fāng'àn zài gēnjìn, dàn shíjiān búshì tèbié jǐn.

林
那就好。我 有 一个 新 的 工作 要 交给 你。

Nà jiù hǎo. Wǒ yǒu yíge xīn de gōngzuò yào jiāogěi nǐ.

伊藤
很 少 见到 林 先生 在 交代 工作 的 时候，会 这样 卖 关子 啊，是 怎么 回事 呀。

Hěn shǎo jiàndào Lín xiānsheng zài jiāodài gōngzuò de shíhou, huì zhèyàng mài guānzi a, shì zěnme huíshì ya.

林
从 中国 回来 也 有 一段 时间 了，你 的 中文 不 会 都 忘光 了 吧?

Cóng Zhōngguó huílai yě yǒu yíduàn shíjiān le, nǐ de Zhōngwén bú huì dōu wàngguāng le ba?

伊藤
怎么 会! 我 和 江 小姐 偶尔 还 会 聊天 呢，而且 是 她 说 日语 我 说 中文 的 特别 交流 方式!

Zěnme huì! Wǒ hé Jiāng xiǎojiě ǒu'ěr hái huì liáotiān ne, érqiě shì tā shuō Rìyǔ wǒ shuō Zhōngwén de tèbié jiāoliú fāngshì!

林
你们 两个 可 真 够 有 意思 的。先 不 说 这个，是 这样 的，我们 针对 目前 岐阜 地区 的 服装业 情况，需要 做 一份 行业 介绍。除 了 日语 之外，也 需要 同步 做 一份 中文 的 版本，这个 任务 你 可 以 完成 吧?

Nǐmen liǎngge kě zhēn gòu yǒu yìsi de. Xiān bù shuō zhège, shì zhèyàng de, wǒmen zhēnduì mùqián Qífù dìqū de fúzhuāngyè qíngkuàng, xūyào zuò yífèn hángyè jièshào. Chúle Rìyǔ zhīwài, yě xūyào tóngbù zuò yífèn Zhōngwén de bǎnběn, zhège rènwù nǐ kěyǐ wánchéng ba?

伊藤
当然 可以! 不是 我 自吹自擂，岐阜 本地 的 服装业 状况，我 还是 非常 了解 的。唯一 的 小问题 是 在 业界 里面 的 一些 专业 术语，可能 需要 查找 一下 对应 的 中文 是 什么。

Dāngrán kěyǐ! Búshì wǒ zìchuīzìléi, Qífù běndì de fúzhuāngyè zhuàngkuàng, wǒ háishi fēicháng liǎojiě de. Wéiyī de xiǎowèntí shì zài yèjiè lǐmian de yìxiē zhuānyè shùyǔ, kěnéng xūyào cházhǎo yíxià duìyìng de Zhōngwén shì shénme.

林
那 你 就 可以 当作 是 一次 中文 测验 了。你 做完 以后，可以 总结 一下，把 所有 你 不 知道 怎么 用 中文 表达 的 单词 发给 我，我 来 告诉 你 对应 的 中文 就 好 了。

Nà nǐ jiù kěyǐ dàngzuò shì yícì Zhōngwén cèyàn le. Nǐ zuòwán yǐhòu, kěyǐ zǒngjié yíxià, bǎ suǒyǒu nǐ bù zhīdào zěnme yòng Zhōngwén biǎodá de dāncí fāgěi wǒ, wǒ lái gàosu nǐ duìyìng de Zhōngwén jiù hǎo le.

伊藤
哈哈哈，原来 这 是 考试 吗? 那 你 就 是 我 的 老师 了，负责 给 我 打分 和 解答 问题。

Hāhāhā, yuánlái zhè shì kǎoshì ma? Nà nǐ jiùshì wǒ de lǎoshī le, fùzé gěi wǒ dǎfēn hé jiědá wèntí.

林	你 要 这么 说，也 的确 没错。

Nǐ yào zhème shuō, yě díquè méicuò.

伊藤	好的，那 我 先 去 努力 了，林 老师。

Hǎode, nà wǒ xiān qù nǔlì le, Lín lǎoshī.

林	加油 咯。伊藤 同学。

Jiāyóu lo. Yīténg tóngxué.

》 語彙と文法

手头 手近なところ　跟进 進める，後について進む　卖关子 もったいぶる　怎么回事（意外を表す）いったい何です　V光 V して何もなくなる　偶尔 たまに　聊天 雑談・チャットする　而且 しかも・かつ　版本 版・ヴァージョン　自吹自擂 自画自賛する　专业术语 専門用語　測验（能力を）試験する・測定する　当作 とみなす　总结 総決算する　表达 伝える　打分 採点する　加油 給油する→がんばる

》 補充表現　　データ処理の用語

数据 / 资料	shùjù / zīliào	データ
基期 / 现期	jīqī / xiànqī	基準時期 / 現在時期
样本	yàngběn	サンプル
总计 / 平均	zǒngjì / píngjūn	合計 / 平均
增长量 / 百分点	zēngzhǎngliàng / bǎifēndiǎn	増加量 / パーセント
误差 / 尾数	wùchā / wěishù	誤差 / 端数
四舍五入	sìshěwǔrù	四捨五入
相关系数	xiāngguānxìshù	相関係数
柱形图 / 圆形图	zhùxíngtú / yuánxíngtú	棒グラフ / 円グラフ
散布图	sànbùtú	散布図

豆知識　翻訳について

　翻訳論では原文主義（直訳）と目的言語主義（意訳）が問題になります。もちろんジャンルによって訳文が原文に沿う程度も異なりますが，そもそも訳文は原文を知らずに理解できなくては意味がありません。このために翻訳では原文の意図・表現・文化などをうまく目的言語で表現する必要があります。日本語と中国語は〝サラサラお茶漬けにコッテリ中華〟（武吉，2007）と例えられ，日本語は省略を利かせる方が自然で，中国語は言葉を尽くす傾向があります。このため，中国語原文を逐語訳すると，くどくて読むに堪えない和訳ができあがることもあります。

　日本語と中国語の翻訳には，次のようなテクニックが紹介されています。①加訳（つなぎ言葉を補う）②減訳（代名詞などを訳さない。意味不明にならぬように注意）③反訳（肯定と否定を変換）④変訳（品詞を変換）⑤倒訳（順序を変換）⑥分訳（複数の文に分割）⑦合訳（一文にする）などです。

　近年，文芸翻訳では直訳と意訳の二元論を超えて，作者と読者の〝世界共有〟の立場から翻訳を考える視点も提案されています（山本，2020）。

1. Wǒ mùqián shǒutóu shàng yǒu yíge xīnchǎnpǐn shèjì fāng'àn.

2. Wǒ yǒu yíge xīn de gōngzuò yào jiāogěi nǐ.

3. Zhèyàng mài guānzi a, shì zěnme huíshì ya.

4. Nǐ de Zhōngwén bú huì dōu wàngguāng le ba?

5. Wǒmen zhēnduì mùqián de fúzhuāngyè, xūyào zuò yífèn hángyè jièshào.

6. Búshì wǒ zìchuīzìléi, běndì de zhuàngkuàng, wǒ fēicháng liǎojiě de.

7. Wéiyī de xiǎowèntí shì zài yèjiè lǐmian de yìxiē zhuānyè shùyǔ.

覚えておきたい表現

練習 **34b** 本文を参照して中国語に訳してください。

1. いま手もとに新製品のデザイン案があります。

2. あなたにしてもらいたい新しい仕事がある。

3. そんなにもったいぶるなんて，いったい何ですか？

4. 中国語は忘れてないだろうね？

5. 私達は今のアパレル業界について，業界紹介をつくる必要がある。

6. 自画自賛するわけじゃないけど，現地のアパレル業の情況はよく分かっています。

7. 唯一の問題は業界の中のいくつかの専門用語です。

《日本語訳》
○伊藤さん，いま時間ある？○どうしたんですか，林さん。いま手もとで重要な新製品のデザイン案をすすめていますけど，とくに差し迫ってはいませんよ。○よかった。してもらいたい新しい仕事があるんだ。○林さんが仕事を交代する時にそんなにもったいぶるなんて珍しいですね。いったい何ですか？○中国から帰って時間がたったけど，中国語は忘れてないだろうね？○忘れるわけはないです！私は江さんとたまに話していますよ。しかも，彼女が日本語で私が中国語の特殊コミュニケーションです！○君達は面白いね。ところで，ぼくらは岐阜のアパレル業界の現状について業界紹介をつくる必要があって，日本語のほかに中国語バージョンも作らなければならない。この仕事できるかな？○もちろんできます！自慢するわけじゃないですけど，岐阜のアパレル業界の情況はよく分かっています。唯一の問題は業界の専門用語で，対応する中国語が何かを探さないといけないことですね。○じゃあ，中国語の腕だめしだと思って。それが終わったあと，すこしまとめて，中国語でどう表現するか分からない単語を全部ぼくに送ってよ。ぼくが対応する中国語を教えればいいだろう。○ハハハ，それってテストでしょ？じゃあ，林さんが先生ですね。責任をとって採点と解答をしてくださいよ。○そう言われると，確かにそうだ。○はい，じゃあ努力します。林先生。○がんばるんだぞ。伊藤君。

伊藤　林 先生，你 这 几天 上班 好像 比 平时 晚了 一点 诶，你 平时 都 会 比 上班 时间 提早 十五 分钟 到 公司 的。

Lín xiānsheng, nǐ zhè jǐtiān shàngbān hǎoxiàng bǐ píngshí wǎnle yìdiǎn éi, nǐ píngshí dōu huì bǐ shàngbān shíjiān tízǎo shíwǔ fēnzhōng dào gōngsī de.

林　对 啊，我 的 汽车 出了 点 问题，送去 维修 了。这 几天 都 是 坐 巴士 上班。

Duì a, wǒ de qìchē chūle diǎn wèntí, sòngqu wéixiū le. Zhè jǐtiān dōu shì zuò bāshì shàngbān.

伊藤　原来 如此，说起 这个，我 想起 我们 在 上海 坐 巴士 的 事情 了。

Yuánlái rúcǐ, shuōqǐ zhège, wǒ xiǎngqǐ wǒmen zài Shànghǎi zuò bāshì de shìqing le.

林　哦哦，你 说 的 是 那 一次 吧。我们 上了 巴士 以后，发现 我们 身 上 没有 零钱，手机里 又 没有 他们 使用 的 支付 软件。

Óó, nǐ shuō de shì nà yícì ba. Wǒmen shàngle bāshì yǐhòu, fāxiàn wǒmen shēnshàng méiyou língqián, shǒujīli yòu méiyou tāmen shǐyòng de zhīfù ruǎnjiàn.

伊藤　对 啊! 就是 那次。

Duì a! jiùshi nèicì.

林　那次 实在 是 太 尴尬 了，而且 刚好 钱包里 只有 日元 的 小额 硬币，在 中国 坐 公交车 是 要 多少 钱 来着? 好像 是 两块钱 吧，大概 是 33 日元 的 样子。幸好 我 的 钱包里 有 一枚 100 日元 的 硬币。

Nàcì shízài shì tài gāngà le, érqiě gānghǎo qiánbāoli zhǐyǒu Rìyuán de xiǎo'é yìngbì, zài Zhōngguó zuò gōngjiāochē shì yào duōshao qián láizhe? Hǎoxiàng shì liǎngkuàiqián ba, dàgài shì 33 Rìyuán de yàngzi. Xìnghǎo wǒ de qiánbāoli yǒu yìméi 100 Rìyuán de yìngbì.

伊藤　现在 想起来 实在 是 怪 不好意思 的，幸好 那天 有 一位 热心 的 男 生 愿意 收下 这枚 硬币 帮 我们 付 车钱，不然 我们 就 成 逃票 的 了。

Xiànzài xiǎngqǐlai shízài shì guài bùhǎoyìsi de, xìnghǎo nàtiān yǒu yíwèi rèxīn de nánshēng yuànyì shōuxià zhèméi yìngbì bāng wǒmen fù chēqián, bùrán wǒmen jiù chéng táopiào de le.

林　没办法，中国 的 巴士 现在 已经 没有了 售票 的 服务，我们 也 没 有 当地 的 IC 卡，现在 想起来，的确 是 我 粗心大意 了。

Méibànfǎ, Zhōngguó de bāshì xiànzài yǐjing méiyǒule shòupiào de fúwù, wǒmen yě méiyou dāngdì de IC kǎ, xiànzài xiǎngqǐlai, díquè shì wǒ cūxīndàyì le.

伊藤　对 啊，明明 这 不 像 是 林 先生 会 犯 的 错误。

Duì a, míngming zhè bú xiàng shì Lín xiānsheng huì fàn de cuòwù.

林　确实…。

Quèshí….

伊藤　不过 啊，我 倒是 一点 都 不 觉得 惊讶 呢。

Búguò a, wǒ dàoshi yìdiǎn dōu bù juéde jīngyà ne.

林　啊? 为什么 这么 说?

A? Wèishénme zhème shuō?

伊藤	不 知道 为什么，这趟 出差 回来，我 感觉 我 才 真正 地 认识到了 林 先生，不 单单 是 之前 那样 刻板 认真 的 形象 了。

Bù zhīdào wèishénme, zhètàng chūchāi huílai, wǒ gǎnjué wǒ cái zhēnzhèng de rènshi dàole Lín xiānsheng, bù dāndan shì zhīqián nàyàng kèbǎn rènzhēn de xíngxiàng le.

林	原来 之前 我 在 伊藤 眼里 是 这样 的 形象 啊，总 感觉 有点 惭愧 呢。

Yuánlái zhīqián wǒ zài Yīténg yǎnli shì zhèyàng de xíngxiàng a, zǒng gǎnjué yǒudiǎn cánkuì ne.

伊藤	没有 的 事，这样 的 林 先生 也 非常 的 好!

Méiyou de shì, zhèyàng de Lín xiānsheng yě fēicháng de hǎo!

語彙と文法

上班 出社（する）　平时 いつも　晚 遅れる　出问题 問題が出る→故障する　维修 修理する
巴士 バス　零钱 小銭　支付软件 支払いソフト（アプリ）　尴尬 ばつが悪い・困った　幸好 幸い・ちょうどよく　男生 若い男の人・男子学生　车钱 運賃　逃票 無賃乗車　粗心大意 うっかりする。単独では粗心 cūxin, 大意 dàyi と発音　错误 まちがい　倒是 なかなか（余裕を表す）
刻板 頑固・融通がきかない　惭愧 恥ずかしい・恥じる

補充表現　　乗り物など

飞机 / 直升飞机	fēijī / zhíshēngfēijī	飛行機 / ヘリコプター
无人机	wúrénjī	ドローン
公共汽车	gōnggòng qìchē	バス
租用汽车	zūyòng qìchē	レンタカー
汽车导航	qìchē dǎoháng	カーナビ
汽车分享	qìchē fēnxiǎng	カーシェア
电动汽车	diàndòng qìchē	電気自動車
氢能汽车	qīngnéng qìchē	水素自動車
充换电站	chōnghuàn diànzhàn	充電ステーション
出租单车 / ～自行车	chūzū dānchē / ～ zìxíngchē	レンタサイクル

豆知識　補語の派生用法

　中国語の動詞の後には，結果・方向・時間・回数・様態・程度などの補語が続くことがあります。補語は単なる補足ではなく，重要な情報を含みます。とくに方向補語は動作の方向を表す基本用法のほかに，派生用法があるので注意が必要です。例えばV上は到達，V下は安定などを表し，V起来には①開始，②実際（～してみると），③集合，④推量などの用法があります。想起来は〝思い出す〟を表す派生用法で，想出来（思いつく）との区別は重要です。また，結果補語と方向補語には可能型があります。V得（補語）で可能を表し，V不（補語）で不可能を表します。こうした補語を使えば，様々な意図を表せます。辞書で確認してみましょう。

　　買不起　（お金がなくて）　買えない　(-不起 buqǐ：前提の不成立)
　　買不了　（値が高くて）　買えない　(-不了 buliǎo：動作が完了不能)
　　買不着　（品物がなくて）　買えない　(-不着 buzháo：目的に到達不能)

1. Nǐ zhèjǐtiān shàngbān hǎoxiàng bǐ píngshí wǎnle yìdiǎn.

2. Wǒ de qìchē chūle diǎn wèntí, sòngqu wéixiū le.

3. Shuōqǐ zhège, wǒ xiǎngqǐ wǒmen zài Shànghǎi zuò bāshì de shìqing le.

4. Wǒmen shàngle bāshì yǐhòu, fāxiàn wǒmen shēnshàng méiyou língqián.

5. Shǒujīli yòu méiyou tāmen shǐyòng de zhīfù ruǎnjiàn.

6. Nàcì shízài shì tài gāngà le.

7. Míngmíng zhè bú xiàng shì nǐ huì fàn de cuòwù.

覚えておきたい表現

練習 **35b** 本文を参照して中国語に訳してください。

1. ここ数日出勤がいつもよりちょっと遅いですね。

----

2. 私の車はすこし故障して，修理に出した。

----

3. そう言えば，私達が上海でバスに乗ったことを思い出しました。

----

4. 私達はバスに乗った後，小銭を持っていないことに気づいた。

----

5. ケータイにも（彼らが使う）支払いソフトがなかった。

----

6. あの時は実に困りました。

----

7. 明らかに（これは）あなたがするような失敗ではなかった。

《日本語訳》
○林さん，ここ数日，出勤がいつもよりちょっと遅いですね。いつもは出社時間より15分はやく会社に着いているのに。○ああ，車が故障して修理に出したんだ。ここ数日はバスで通勤している。○そうなんですね。そう言えば，上海でバスに乗ったことを思い出しました。○ああ，あの時のことだろう。バスに乗った後で小銭がないことに気づいて，ケータイにも支払いソフトがなくてね。○そうです！あの時です。○あの時は実に困ったね。しかも財布には日本の硬貨しかなくて，中国のバスはどのくらいの料金だったかな？2元くらいだったから，だいたい33円くらい。幸いぼくの財布に100円硬貨一枚があったんだ。○いま思い出してもなかなか恥ずかしいです。あの日は親切な男の人がその硬貨をうけとって，私達の乗車賃を払ってくれたんです。そうでなかったら無賃乗車になるところでした。○しかたなかったね。中国のバスはいま車内で切符を販売しなくなったし，ぼくらも当時のICカードを持ってなかった。いま思い出してもうっかりしていた。○そうですね。間違いをするなんて林さんらしくなかったです。○確かに……○でも，私は少しも驚きませんでしたよ。○え？なんで？○なんて言うのか，あの出張から帰ってきて，本当に林さんのことが分かった気がしました。以前みたいに頑固でまじめという印象だけじゃなくて。○もともとぼくは伊藤さんの眼にそんな印象に映っていたんだな。ちょっと恥ずかしい。○大したことじゃないですよ。そんな林さんもとてもいいですよ！

朝食

伊藤	老板，这是新开的店铺吗？
	Lǎobǎn, zhè shì xīn kāi de diànpù ma?
早餐店老板	对的，我们家店今天开张，专卖中式早餐的哦。小姑娘想买点什么吗？
	Duìde, wǒmen jiā diàn jīntiān kāizhāng, zhuānmài zhōngshì zǎocān de o. Xiǎogūniang xiǎng mǎi diǎn shénme ma?
伊藤	我看看…小笼包、馒头、油条…哇！看着都想吃呢！一看到就让我想起在上海那段时间了。
	Wǒ kànkan…xiǎolóngbāo、mántou、yóutiáo…wa! Kànzhe dōu xiǎng chī ne! Yí kàndào jiù ràng wǒ xiǎngqǐ zài Shànghǎi nàduàn shíjiān le.
老板	小姑娘，你还去过中国啊？那你可得尝尝这中式早餐正不正宗了！
	Xiǎogūniang, nǐ hái qùguo Zhōngguó a? Nà nǐ kě děi chángchang zhè zhōngshì zǎocān zhèngbuzhèngzōng le!
伊藤	好，那就给我来两根油条吧，虽然都想吃一遍，但其他的还是留到明天早餐的时候再吃吧！
	Hǎo, nà jiù gěi wǒ lái liǎnggēn yóutiáo ba, suīrán dōu xiǎng chī yíbiàn, dàn qítā de háishi liúdào míngtiān zǎocān de shíhou zài chī ba!
老板	好嘞，两根油条。给。
	Hǎolei, liǎnggēn yóutiáo. Gěi.
伊藤	哦，抱歉老板，麻烦再拿两根油条，我给一个朋友也带一份！
	Ó, bàoqiàn lǎobǎn, máfan zài ná liǎnggēn yóutiáo, wǒ gěi yíge péngyou yě dài yífèn!
老板	行！
	Xíng!
伊藤	林先生，今天我给你带了早饭呢！
	Lín xiānsheng, jīntiān wǒ gěi nǐ dàile zǎofàn ne!
林	是吗？真是太感谢了，你怎么知道我今天因为堵车，没有吃早饭呢？
	Shìma? Zhēnshì tài gǎnxiè le, nǐ zěnme zhīdào wǒ jīntiān yīnwèi dǔchē, méiyou chī zǎofàn ne?
伊藤	我当然不知道，你先看看我给你带的是什么？
	Wǒ dāngrán bù zhīdào, nǐ xiān kànkan wǒ gěi nǐ dài de shì shénme?

（林打开包装）

林	哦？这不是…叫什么来着，我们在上海吃过的。
	Ó? Zhè búshì…jiào shénme láizhe, wǒmen zài Shànghǎi chīguo de.
伊藤	油条！
	Yóutiáo!
林	对对对，就是油条！
	Duìduìduì, jiùshi yóutiáo!

語彙と文法

店铺 店舗　开张 商売をはじめる　中式 中国式　早餐 朝ご飯　小姑娘 お嬢さん　馒头 マントゥ，餡の入っていない蒸しパン　油条 発酵させた小麦粉のふわふわした棒状の揚げパン。転じてずるい人物も指す　V 着都想 A V していると A したくなる　一〜 就 〜するとすぐ　得（発音 děi）しなければならない　尝尝 味わう　正宗（料理などが）本場の　留到 A 再 B A を残しておいて後で B する　〜嘞 軽い肯定を表す　抱歉 すまない　堵车 渋滞する

補充表現　　朝食など

粥	zhōu	かゆ
包子 / 花卷	bāozi / huājuǎn	肉まん / 花卷（甘い蒸しパン）
大饼 / 葱油饼	dàbǐng / cōngyóubǐng	お焼き / ネギ入りのお焼き
方便面	fāngbiànmiàn	インスタントラーメン
豆浆	dòujiāng	豆乳
煎蛋	jiāndàn	目玉焼き
水果	shuǐguǒ	フルーツ
酸奶	suānnǎi	ヨーグルト
三明治	sānmíngzhì	サンドイッチ
烤面包	kǎomiànbāo	トースト

豆知識　呼びかけ

　外国語を学習すると，実際に使ってみたくなりますが，どう会話をはじめるかで困る場合があります。例えば，レストランで店員さんを呼ぶ場合，日本語でも〝店員さん〟，中国語でも〝服务员〟と役割で呼べます。ここのテキストでも〝老板〟（店主）を使っています。

　くだけた言い方ですが，日本語では〝お兄さん〟〝お姉さん〟という親族名を（親しみをこめて）他人に使うこともできます。しかし，同じ親族名称でも〝弟〟や〝妹〟は家族内でも呼びかけに使えません。日本語では上下関係の〝上〟に当たるものは呼びかけに使えますが，〝下〟に当たるものは呼びかけに使えないようです。会社でも〝課長〟は呼びかけに使えますが，〝部下〟とは呼びません。中国語でもこれは同じようですが，〝张主任〟のように姓を冠する場合が多いようです。

　若い女性に対しては〝姑娘〟gūniang も使えます。これは〝お嬢さん〟にあたる呼びかけで，同じような言葉として〝小姐〟xiǎojiě も使えます。しかし，この種の呼びかけは関係性によっては，相手から嫌がられた事例も報告されています。仕事では女性には〝〜女士〟nǚshì，男性には〝〜先生〟xiānsheng を使うのが無難でしょう。通りがかりの人のように，まったく知らない相手には〝你好〟も使えます。

　親しい間柄では，名前を呼ぶことがそのまま挨拶になります。ただし，教室などの公の場で目上の人（例えば教師）をフルネームで呼び捨てることは，日本と同様で侮辱になる場合があります。

　中国人は幼名（小名 xiǎomíng・乳名 rǔmíng）を持つ場合があり，概ね萌萌や甜甜など可愛らしい名前や，特徴によってつけられます。これは大人になっても親しい間柄で使われることがあり，親が十代の子供を叱る時に呼ぶこともあるようです。

　こうした視点で中国ドラマなどを見るのも面白いのではないでしょうか。

練習 　**36a** 　本文を参照してピンインから簡体字にしてください。

1. Lǎobǎn, zhè shì xīn kāi de diànpù ma?

---

2. Kànzhe dōu xiǎng chī ne!

---

3. Yí kàndào jiù ràng wǒ xiǎngqǐ zài Shànghǎi nàduàn shíjiān le.

---

4. Nǐ děi chángchang zhè zhōngshì zǎocān zhèngbúzhèngzōng le!

---

5. Suīrán dōu xiǎng chī yíbiàn, dàn qítā de liúdào míngtiān chī ba.

---

6. Máfan zài ná liǎnggēn yóutiáo.

---

7. Jiào shénme láizhe, wǒmen zài Shànghǎi chīguo de.

覚えておきたい表現

練習 **36b** 本文を参照して中国語に訳してください。

1. ご主人，これは新しく開いた店ですか？

2. 見ていると食べたくなる！

3. 見ていると上海にいた時を思い出させます。

4. この中国式朝食が本場のものかどうか，味わわないといけないよ！

5. 一通り食べたいけれど，他のは明日食べるようにとっておくことにします。

6. お手数ですけど，もう2本油条を取ってください。

7. 何って言うのだったか，上海で食べたことがある。

《日本語訳》
○あの，ここは新しいお店ですか？○そうです。私達の店は今日開店で，中国式朝食の専門店ですよ。お嬢さん，何か買いたいの？○えーと，小籠包，マントウ，油条……ああ，見ていると食べたくなりますね！こうして見ていると上海にいた時を思い出します。○お嬢さん，中国に行ったことがあるのかい？じゃあ，この中国式朝食が本場のものかどうか味わってもらわないといけないよ！○いいですよ。じゃあ2本，油条をください。一通り食べたいけど，他のは明日の朝ご飯の時にとっておいて後で食べます！○いいね。2本，油条ね，どうぞ。○あ，すみません，お手数ですけど，もう2本，油条をお願いします。友達にも一人分持っていきます。○いいですよ！○林さん，今日，朝ご飯を持ってきてあげましたよ！○そうなの？ほんとうにありがとう。どうして今日渋滞で朝ご飯を食べてないって分かったの？○そんなこと知りませんよ。まず私が持ってきたのが何か見てみて。○あ，これは……何っていうんだったかな，上海で食べたことがある。○油条！○そうそう，油条！

33 喂喂喂，能听到吗，张先生？可以（¹　）到的。那麻烦张先生先把中国分公司的销售报告（²　）过来，然后简要地为我们介绍一下吧。好的，（³　）个季度我们的销售情况非常理想，总销量超过（⁴　）预期销量，大概是上上个季度的130%…以上就是我们的报告。太棒了！（⁵　）论是工作成果还是报告，都非常完美呢。嘿，瞧林先生你说的，这（⁶　）是刚好上个季度你和伊藤小姐出差来到我们这边，给我们提供了非常（⁷　）的帮助呢！哈哈哈，张先生你这（⁸　）夸我，实在是太（⁹　）好意思了。接下来我们来讨论一下下个季度的商品（¹⁰　）向吧。这个我们这边倒是有一个方案。之前林先生（¹¹　）聊的时候，你提出过一个想法，当时我们没有深（¹²　）展开去讨论，回过头去我想（¹³　）想，确实是一个不错的方向，所以我们这边（¹⁴　）对这个方向做出了一个产品方案，主题就是环保。哦哦，就是我们之前聊过的环保问题是吧？确实我觉得我们（¹⁵　）业在这个方向还有许多可以开展内容呢。这样也符合现在（¹⁶　）界的主流风向。是的，所以接下来我们的产品，都会主（¹⁷　）环保这个概念，除了材料以外，包括制作、运输方法等，都会以环保为（¹⁸　）题去执行。麻烦日本公司的（¹⁹　）位先看看我们做的制作方案吧。好的，我觉得你们的构思非常棒，那等我们先看完这份方案之后，再进行（²⁰　）一次的讨论会议吧。好，我们等林先生你的消息。

34 伊藤，你现在有空吗？怎么（¹　）林先生，我目前手（²　）上有一个重要的新产品设计方案在跟进，但时间不是特别紧。那就好。我有一个新的（³　）作要交给你。很少见到林先生在交代工作的时候会这样卖（⁴　）子啊，是怎么回事呀。从中国回来也有一段时间了，你的中（⁵　）不会都忘光了吧？怎么会！我和江小姐偶（⁶　）还会聊天呢，而且是她说日语我说中文的特别（⁷　）流方式！你们两个可真够有意思的。先不说这个，是这样的，我们针对（⁸　）前岐阜地区的服装业情况，需要做一份行（⁹　）介绍。除了日语之外，也需要同步做（¹⁰　）份中文的版本，这个任务你可以完成吧？当然可以！不是我（¹¹　）吹自擂，岐阜本地的服装业状况我还是非常（¹²　）解的。唯一的小问题是在业界里面的一些专业（¹³　）语，可能需要查找一下对应的中文是什么。那你就可以（¹⁴　）作是一次中文测验了。你做完以（¹⁵　），可以总结一下，把所有你不知道怎么用中文表（¹⁶　）的单词发给我，我来告诉你（¹⁷　）应的中文就好了。哈哈哈，原来这是考试吗？那你就是我的老师了，负责给我打（¹⁸　）和解答问题。你要这么说，（¹⁹　）的确没错。好的，那我先去

努（²⁰　　）了，林老师。加油咯。伊藤同学。

35　林先生，你这几天上班好像比（¹　　）时晚了一点诶，你平时都会比上班时间提早十（²　　）分钟到公司的。对啊，我的汽车出了点问题，送去维修了。这几天都是坐（³　　）士上班的。原来如此，说起这个，我想起我们（⁴　　）上海坐巴士的事情了。哦哦，你说的是那一次吧。我们上了巴士（⁵　　）后，发现我们身上没有零钱，手机里（⁶　　）没有他们使用的支付软件。对啊！就是那次。那次实在是（⁷　　）尴尬了，而且刚好钱包里只有日元的小额硬（⁸　　），在中国坐公交车是要多（⁹　　）钱来着？好像是两块钱吧，大概是33（¹⁰　　）元的样子。幸好我的钱包里有一枚100日元的硬币。现在想起来实在是怪不好意思的，幸好那天有一位热（¹¹　　）的男生愿意收下这枚硬币帮我们付（¹²　　）钱，不然我们就成逃票的了。没办法，中国的巴士现在（¹³　　）经没有了售票的服务，我们也没有当地的IC（¹⁴　　），现在想起来，的确是我粗心（¹⁵　　）意了。对啊，明明这不像是林先生会（¹⁶　　）的错误。确实…。不过啊，我倒是一点都不觉得惊讶呢。啊？为什么这么说？不知道（¹⁷　　）什么，这趟出差回来，我感觉我（¹⁸　　）真正地认识到了林先生，不单单是之前那样刻板（¹⁹　　）真的形象了。原来之前我在伊藤眼里是这样的（²⁰　　）象啊，总感觉有点惭愧呢。没有的事，这样的林先生也非常的好！

36　老板，这是新（¹　　）的店铺吗？对的，我们家店（²　　）天开张，专卖中式早餐的哦。（³　　）姑娘想买点什么吗？我看看…小笼包、馒（⁴　　）、油条…哇！看着都想（⁵　　）呢！一看到就让我想起（⁶　　）上海那段时间了。小姑娘，你还（⁷　　）过中国啊？那你可得尝尝这中式早餐（⁸　　）不正宗了！好，那就给我来两根油条吧，虽然都想吃（⁹　　）遍，但其他的还是留到（¹⁰　　）天早餐的时候再吃吧！好嘞，两根油条。给。哦，抱歉（¹¹　　）板，麻烦（¹²　　）拿两根油条，我给一个朋（¹³　　）也带一份！行！林先生，今天我给你带了（¹⁴　　）饭呢！是吗？真是太感谢了，你怎（¹⁵　　）知道我今天因为堵（¹⁶　　），没有吃早饭呢？我当然（¹⁷　　）知道，你先看看我给你带的是（¹⁸　　）么？哦？这不是…叫什么（¹⁹　　）着，我们在上海吃（²⁰　　）的。油条！对对对，就是油条！

観光客に路線案内

观光客 你好，请问 方便 吗? 我 有些 问题 想 请教 你 一下。
Nǐhǎo, qǐngwèn fāngbiàn ma? Wǒ yǒuxiē wèntí xiǎng qǐngjiào nǐ yíxià.

林 你好，请问 有 什么 可以 帮助 你 的 吗?
Nǐhǎo, qǐngwèn yǒu shénme kěyǐ bāngzhù nǐ de ma?

观光客 是 这样 的，我 想 去 名古屋 中部国际机场，但是 我 不 知道 该 怎 么 坐 到 那里 去，这个 车次 的 流程图 以及 换乘 方向 我 有点 没 看 明白，请问 你 可以 告诉 我 吗?
Shì zhèyàng de, wǒ xiǎng qù Mínggǔwū Zhōngbùguójìjīchǎng, dànshi wǒ bù zhīdào gāi zěnme zuò dào nàli qù, zhège chēcì de liúchéngtú yǐjí huànchéng fāngxiàng wǒ yǒudiǎn méi kàn míngbai, qǐngwèn nǐ kěyǐ gàosu wǒ ma?

林 当然 可以，刚好 我 也 要 到 那里 去。名古屋 铁路 的确 有 很多 的 支线，别说 是 你们 外国人，就 连 日本 其他 地区 的 人 来到 我们 这里，也 会 觉得 确实 有些 复杂 了。对了，你们 是 上海人 吗?
Dāngrán kěyǐ, gānghǎo wǒ yě yào dào nàli qù. Mínggǔwū tiělù díquè yǒu hěn duō de zhīxiàn, biéshuō shì nǐmen wàiguórén, jiù lián Rìběn qítā dìqū de rén láidào wǒmen zhèli, yě huì juéde quèshí yǒuxiē fùzá le. Duìle, nǐmen shì Shànghǎirén ma?

观光客 对 啊，你 怎么 知道 的?
Duì a, nǐ zěnme zhīdào de?

林 其实 我 之前 在 中国 待过 一段 时间，你 的 口音 和 我 当时 的 一 个 同事 特别 像，所以 我 推测 你 也许 是 上海人 吗?
Qíshí wǒ zhīqián zài Zhōngguó dāiguo yíduàn shíjiān, nǐ de kǒuyīn hé wǒ dāngshí de yíge tóngshì tèbié xiàng, suǒyǐ wǒ tuīcè nǐ yěxǔ shì Shànghǎirén ma?

观光客 对的，我 就是 上海 来 的，你 之前 也 是 待在 上海 吗? 看来 我们 还 真是 有 缘分 呢!
Duìde, wǒ jiùshi Shànghǎi lái de, nǐ zhīqián yě shì dāizài Shànghǎi ma? Kànlai wǒmen hái zhēnshì yǒu yuánfèn ne!

林 的确。那 我们 边 走 边 说 吧。我们 可以 到 神宫前 那里 上 车，乘坐 名古屋 铁路 直接 去 名古屋 中部国际机场。
Díquè. Nà wǒmen biān zǒu biān shuō ba. Wǒmen kěyǐ dào Shéngōngqián nàli shàng chē, chéngzuò Mínggǔwū tiělù zhíjiē qù Mínggǔwū Zhōngbùguójìjīchǎng.

观光客 那 实在 是 太 好 了，一路 上 不仅 有 你 带路，还 能 互相 聊聊天，一定 会 是 一趟 有趣 的 行程。
Nà shízài shì tài hǎo le, yílù shàng bùjǐn yǒu nǐ dàilù, hái néng hùxiāng liáoliáotiān, yídìng huì shì yítàng yǒuqù de xíngchéng.

語彙と文法

方便 便利だ・都合がよい　请教 教えてもらう　是这样的（以下事情の説明をする時に使う）実は～　该 ～するべき　车次 列車番号　流程图 路線図　换乘 乗り換える　铁路 鉄道　支线 支線　别说 A 就连 B A は言うまでもなく B さえも　复杂 複雑　也许 かもしれない　缘分 縁（一）边 V₁（一）边 V₂ V₁ しながら V₂ する　不仅～还… ～だけでなく…も　带路 道案内・ガイドする　行程 日程・過程・プロセス

補充表現　観光関連の用語

景区	jǐngqū	景勝地
钓鱼	diàoyú	釣り
登山	dēngshān	登山
骑马	qímǎ	乗馬
潜水	qiánshuǐ	ダイビング
祭祀	jìsì	祭り
主题乐园	zhǔtí lèyuán	テーマパーク
乡村旅行	xiāngcūn lǚxíng	カントリー・トリップ
生态旅游	shēngtài lǚyóu	エコ・ツーリズム

豆知識　コーパスをつかう

　縁（えん）は仏教由来の言葉です。意味は〝間接的原因〟で，〝めぐりあわせ〟の意味でも使われます。現代中国語では〝缘分〟という語を使います。このような語は辞書だけでは言葉の働きの様々な側面が分かりません。そんな時，コーパス（语料库 yǔliàokù）を使うのが便利です。北京大学中国言語学中心のコーパスを使って調べてみると，〝缘分〟に次のような用例を見つけることができます。

①**A と B の縁・～間の縁**

她和哥哥的缘分	彼女と兄の縁（人と人）
我与青州的缘分	私と青州の縁（人と土地）
阿里巴巴和雅虎的缘分	アリババとヤフーの縁（組織と組織）
咱们之间有缘分	私達の間には縁がある

②**縁がある**

有什么缘分	なにか縁がある
有一段小小的缘分	ちょっとした縁がある
你们有缘分，应该结为夫妇	あなたたち縁があるから夫婦になるべきだ

③**縁かもしれない**　縁は目に見えない概念なので推測と共起する

也许这就叫缘分	これを縁と言うのかもしれない
我们两人之间真有缘分似的	私達二人の間には本当に縁があるようだ

④**動詞や修飾など**

结下缘分	縁を結ぶ（糸のメタファーでイメージ化）
缘分尽了	縁が尽きた（縁が切れた）
今生独一无二的缘分	この世で唯一無二の縁（希少属性）
不可求的缘分	願ってもない縁（希求されるが希少）
成事在于缘分	事を成すは縁にあり（社会的成功と関連）

練習 37a ＞ 本文を参照してピンインから簡体字にしてください。

1. Qǐngwèn fāngbiàn ma? Wǒ yǒuxiē wèntí xiǎng qǐngjiào nǐ yíxià.

---

2. Wǒ qù guójìjīchǎng, dànshi wǒ bù zhīdào gāi zěnme zuò dào nàli qù.

---

3. Chēcì de liúchéngtú yǐjí huànchéng fāngxiàng wǒ yǒudiǎn méi kàn míngbai.

---

4. Bié shuō shì wàiguórén, jiù lián Rìběnrén yě huì juéde fùzá le.

---

5. Qíshí wǒ zhīqián zài Zhōngguó dāiguo yíduàn shíjiān.

---

6. Kànlai wǒmen hái zhēnshì yǒu yuánfèn ne!

---

7. Wǒmen biān zǒu biān shuō ba.

覚えておきたい表現

練習 **37b** 本文を参照して中国語に訳してください。

1. ちょっとよろしいですか？すこし問題があって教えてほしいのです。

_____

2. 国際空港に行くのですが，そこに行くのにどう乗るのか分かりません。

_____

3. 列車番号の路線図や乗り換え方向が分からないです。

_____

4. 外国人は言うまでもなく，日本人でも複雑に感じるでしょう。

_____

5. 実は以前，中国にすこし滞在したことがあります。

_____

6. 私達は本当に縁があるようですね！

_____

7. 歩きながら話しましょう。

_____

《日本語訳》
○こんにちは。ちょっとよろしいですか？すこし困っていて教えていただきたいのですが。○こんにちは。なにかお手伝いできますか？○じつは，名古屋の中部国際空港に行きたいのですが，そこに行くのにどう乗るのか分からないんです。この列車番号の路線図や乗り換え方向がちょっと分からなくて，教えてくれませんか？○もちろんいいですよ。ちょうど私もそこに行きます。名古屋の鉄道は確かに支線が多くて，外国人は言うまでもなく，日本の他の地区の人でも，ここに来ると確かにちょっと複雑に感じるでしょうね。そうだ。あなた方は上海人ですか？○そうですよ。なんで分かるんですか？○実は，以前，中国にすこし滞在したことがあって，あなたの口調が当時の同僚と似ていたものですから，上海人かもしれないと思ったんです。○そうだったんですね。私は上海から来たんです。あなたも以前上海におられたのですね？すると，私達は本当に縁がありますね！○確かに。では，歩きながら話しましょう。神宮前まで乗車して，名古屋鉄道に乗ると直接，中部国際空港に行きますよ。○それはよかった。道中，あなたが道案内をしてくれるだけでなく，たがいに話せるし，きっと面白い旅になりますね。

観光客に地元紹介

观光客 你好，我 想 请问 一下，长良川 的 鹈鹕 是不是 非常 有名 啊？
Nǐhǎo, wǒ xiǎng qǐngwèn yíxià, Chángliángchuān de tíhú shìbúshì fēicháng yǒumíng a?

伊藤 对 啊！那边 就 有 一个 游览 的 观光 指引台，里面 的 工作人员 会 给 你 介绍 的。不过 我 正好 也 是 要 去 那里，要不要 一起 走 啊？
Duì a! Nàbian jiù yǒu yíge yóulǎn de guānguāng zhǐyǐntái, lǐmiàn de gōngzuòrényuán huì gěi nǐ jièshào de. búguò wǒ zhènghǎo yě shì yào qù nàli, yàobúyào yìqǐ zǒu a?

观光客 真的 可以 吗？会 打扰 你 吗？
Zhēnde kěyǐ ma? Huì dǎrǎo nǐ ma?

伊藤 当然 不会！能 有 一个 旅伴 我 也 求之不得。对了，你 为什么 要到 岐阜 这个 地方 来 呀？据我所知，在 外国 游客 中，岐阜 的 知名度 没 这么 高 吧？
Dāngrán búhuì! Néng yǒu yíge lǚbàn wǒ yě qiúzhībùdé. Duìle, nǐ wèishéme yào dào Qífù zhège dìfang lái ya? Jùwǒsuǒzhī, zài wàiguó yóukè zhōng, Qífù de zhīmíngdù méi zhème gāo ba?

观光客 怎么 会 呢？我 可是 一个 动漫迷，在 看了《你 的 名字》之后，非常 喜欢 里面 的 女主角 宫水 三叶，我 也 想 成为 像 她 一样 的 女生。在 了解 到 她 的 故乡 同时 也 是 故事 的 主要 舞台 就 在 岐阜 以后，就 打定 主意 要 到 这里 来 一趟 了。
Zěnme huì ne? Wǒ kěshi yíge dòngmànmí, zài kànle "Nǐ de míngzi" zhīhòu, fēicháng xǐhuān lǐmiàn de nǚzhǔjué Gōngshuǐ Sānyè, wǒ yě xiǎng chéngwéi xiàng tā yíyàng de nǚshēng. Zài liǎojiě dào tā de gùxiāng tóngshí yě shì gùshi de zhǔyào wǔtái jiù zài Qífù yǐhòu, jiù dǎdìng zhǔyì yào dào zhèli lái yítàng le.

伊藤 哦哦，是 那部 动画电影 是吧？没 想到 在 国外 也 有 人 看过 呢。
Óó, shì nàbù dònghuàdiànyǐng shìba? Méi xiǎngdào zài guówài yě yǒu rén kànguo ne.

观光客 那部 电影 在 中国 可是 非常 火爆 哦！
Nàbù diànyǐng zài Zhōngguó kěshi fēicháng huǒbào o!

伊藤 真的 吗？
Zhēnde ma?

（二人一边聊天一边游览）

伊藤 今天 过得 可 真 充实，你 接下来 的 行程 怎么 安排 呀？
Jīntiān guòde kě zhēn chōngshí, nǐ jiēxiàlai de xíngchéng zěnme ānpái ya?

观光客 我 要 赶 飞机 回国 了，从 升龙道 走，到 金泽 那里 回国。
Wǒ yào gǎn fēijī huíguó le, cóng Shēnglóngdào zǒu, dào Jīnzé nàli huíguó.

伊藤 原来 如此，那 可 真是 可惜 呢，我 还 说 明天 你 有 时间 的 话，我 再 带 你 到 岐阜 的 其他 地方 逛逛。
Yuánlái rúcǐ, nà kě zhēnshì kěxī ne, wǒ hái shuō míngtiān nǐ yǒu shíjiān dehuà, wǒ zài dài nǐ dào Qífù de qítā dìfang guàngguang.

观光客 对 啊，可惜 我 票 都 已经 买好 了，下次 如果 有 机会 的 话，我 会 再 来 的，希望 到时候 能 有 机会 再 见到 你 吧。
Duì a, kěxī wǒ piào dōu yǐjing mǎihǎo le, xiàcì rúguǒ yǒu jīhuì dehuà, wǒ huì zài lái de,

xīwàng dàoshíhou néng yǒu jīhuì zài jiàndào nǐ ba.

伊藤	希望 如此 吧，再见!

Xīwàng rúcǐ ba, zàijiàn!

观光客	再见!

Zàijiàn!

▶▶ 語彙と文法

鹈鹕 鵜 游览 遊覧 观光指引台 観光案内所 打扰 邪魔をする 旅伴 旅の道連れ・同行者
求之不得 求めても得られない→願ってもない 据我所知 私の知るところでは 游客 旅行客
动漫迷 アニメファン。〜迷は〜ファン・マニア 女主角 ヒロイン・女性の主人公 打定主意
考えを決める。主意は考え・アイデア 动画电影 アニメ映画 火爆 盛ん・流行している 升
龙道 日本の中部地方にある広域観光ルート 说（主観を表す）思う 希望如此 そうなるといい
ですね

▶▶ 補充表現　　アニメ用語

动漫 / 卡通	dòngmàn / kǎtōng	アニメ
漫画 / 游戏	mànhuà / yóuxì	マンガ / ゲーム
声优・配音演员	shēngyōu・pèiyīnyǎnyuán	声優
御宅族・宅人	yùzháizú・zháirén	オタク
同人志即卖会	tóngrénzhìjímàihuì	コミケ
角色扮演	juésèbànyǎn	コスプレ
傲娇	àojiāo	ツンデレ
壁咚	bìdōng	壁ドン
萝莉	luólì	ロリ（ファッションなど）

豆知識　中国のアニメ

　中国の国産アニメーション（动漫 dòngmàn・卡通 kǎtōng）の起源は，1926 年に万籁鸣（Wàn Làimíng：南京生まれ 1900 〜 97），万古蟾（Wàn Gǔchán：1900 〜 95）ら万氏四兄弟が 10 分のモノクロサイレントアニメ《大闹画室》（Dànào huàshì）を作ったことに始まるとされます。1941 年には万氏兄弟が《铁扇公主》(Tiěshàn gōngzhǔ：『西遊記』に取材) を作りました。その後，文化大革命と改革開放後の外国アニメーションの影響で中国アニメ産業は一時衰退しましたが，21 世紀に入ると，政府の支援で発展しています。

　最近の作品では，黒猫の妖精が活躍する《罗小黑战记》(Luó Xiǎohēi zhànjì 2011 年〜)，海の住人と人間との交流を描く作品《大鱼海棠》(Dàyú hǎitáng 2016 年)，日常コメディ《快把哥带走》(Kuài bǎ gē dài zǒu 2017 年〜)，仙術をつかう主人公が怪事件を解決する《魔道祖师》(módào zǔshī 2018 年〜) などがあり，日本でも視聴されているようです。

　2018 年の時点で，中国アニメ産業の総生産額は 1747 億元，市場規模は 141 億元，3.5 億人のユーザーを擁し，2020 年のアニメ産業の総生産額は 2000 億元を突破したと見られています（前瞻产业研究院，2018）。

1. Nàbian jiù yǒu yíge yóulǎn de guānguāng zhǐyǐntái.

---

2. Wǒ zhènghǎo yě shì yào qù nàli, yàobúyào yìqǐ zǒu?

---

3. Zhēnde kěyǐ ma? Huì dǎrǎo nǐ ma?

---

4. Néng yǒu yíge lǚbàn wǒ yě qiúzhībùdé.

---

5. Jùwǒsuǒzhī, zài wàiguó yóukè zhōng, zhīmíngdù méi zhème gāo ba?

---

6. Méi xiǎngdào zài guówài yě yǒu rén kànguo ne.

---

7. Jīntiān guòde zhēn chōngshí, nǐ jiēxiàlai de xíngchéng zěnme ānpái ya?

覚えておきたい表現

練習 **38b** ▷ 本文を参照して中国語に訳してください。

1. すぐそこに遊覧の観光案内所があります。

2. 私もちょうどそこに行くところだから，いっしょに行きたいですか？

3. 本当にいいですか？お邪魔じゃありませんか？

4. 同行者をもてるのは願ってもないことです。

5. 私の知るところでは，外国の観光客の中で，知名度がそんなに高くないのでは？

6. 国外にも見たことがある人がいるなんて思わなかった。

7. 今日は本当に充実していました。次の日程はどんな風に手配していますか？

《日本語訳》
○こんにちは。ちょっとお聞きしたいのですけれど，長良川の鵜って有名ですよね？○そうですよ！遊覧の観光案内所があって，中のスタッフが紹介してくれます。でも，私もそこに行くところだから，いっしょに行きません？○本当にいいの？お邪魔じゃありません？○そんなことないよ！いっしょに行く人がいるなんて願ってもないことだよ。そうだ。なんで岐阜に来たの？外国の観光客に岐阜の知名度ってそんなに高くないはずだけど？○そんなことないです。私はアニメファンなんですけど，『君の名は。』を見て，ヒロインの宮水三葉が好きになったんです。あんな女の子になりたくて。彼女の故郷やストーリーの舞台が岐阜にあると分かったから，ここに来ようって決めたんです。○そうなの。あのアニメ？国外にも見ている人がいるなんて思わなかった。○あの映画は中国でとっても流行っているんですよ！○ほんと？（二人は喋りながら観光する）○今日は充実していたね。次の予定はどうなっているの？○飛行機に乗って帰国します。昇竜道から金沢に行って帰国です。○そうなんだ。でも残念だね。明日時間があれば，岐阜の他のところも回れるのに。○そうですね。残念だけど，もうチケットが買ってあるんですよ。次回もし機会があれば，また来ますよ。あなたにもう一度会えるといいな。○そうなるといいね。さようなら！○さようなら！

观光客 你好，打扰 你 非常 抱歉，我 想 问 一下，这 附近 有 桃子 吗?
Níhǎo, dǎrāo nǐ fēicháng bàoqiàn, wǒ xiǎng wèn yíxià, zhè fùjìn yǒu táozi ma?

伊藤 啊?
A?

观光客 抱歉，刚才 说话 有点 唐突，虽然 好像 时间 有点 晚 了，但是 我 家 的 小孩子 闹着 要 吃 桃子，虽然 出来 旅游 我 也 劝 他 不要 这 么 任性，可是 这家伙 一直 在 和 我 闹 脾气，我 也 没有 办法 了，所以 才 冒昧 出来 寻找。
Bàoqiàn, gāngcái shuōhuà yǒudiǎn tángtū, suīrán hǎoxiàng shíjiān yǒudiǎn wǎn le, dànshì wǒ jiā de xiǎoháizi nàozhe yào chī táozi, suīrán chūlái lǚyóu wǒ yě quàn tā búyào zhème rènxìng, kěshì zhèjiāhuo yìzhí zài hé wǒ nào píqi, wǒ yě méiyou bànfǎ le, suǒyǐ cái màomèi chūlái xúnzhǎo.

伊藤 哦哦，原来 如此，可是 现在 已经 有点 晚 了，这边 附近 的 水果店 应该 都 关门 了 吧?
Óó, yuánlái rúcǐ, kěshì xiànzài yǐjīng yǒudiǎn wǎn le, zhèbiān fùjìn de shuǐguǒdiàn yīnggāi dōu guānmén le ba?

观光客 看来 的确 如此，唉，这小家伙 今晚 也 不 会 安生 了。
Kànlai díquè rúcǐ, āi, zhèxiǎojiāhuo jīnwǎn yě bú huì ānshēng le.

伊藤 看来 买不到 的话 你 真的 会 非常 困扰 呢。
Kànlai mǎibudào dehuà nǐ zhēnde huì fēicháng kùnrǎo ne.

观光客 虽然 非常 不好意思，但 确实 如此 呢。
Suīrán fēicháng bùhǎoyìsi, dàn quèshí rúcǐ ne.

伊藤 嗯…我 知道 有 一家 比较 远 的 水果店，现在 应该 还 在 营业，但 是 不 知道 现在 还 有没有 桃子 卖 了。
Ń…wǒ zhīdào yǒu yìjiā bǐjiào yuǎn de shuǐguǒdiàn, xiànzài yīnggāi hái zài yíngyè, dànshì bù zhīdào xiànzài hái yǒuméiyou táozi mài le.

观光客 麻烦 你 把 水果店 的 地址 告诉 我，我 还是 去 看看 吧。
Máfan nǐ bǎ shuǐguǒdiàn de dìzhǐ gàosu wǒ, wǒ háishi qù kànkan ba.

伊藤 好吧，水果店 的 地址 是…
Hǎoba, shuǐguǒdiàn de dìzhǐ shì…

(第二天酒店前)

观光客 这 不是 昨晚 的 小姐 吗?
Zhè búshì zuówǎn de xiǎojiě ma?

伊藤 哦，是 你 呀，昨天 买到 桃子 了 吗?
Ó, shì nǐ ya, zuótiān mǎidào táozi le ma?

观光客 托 你 的 福，买到 了，这孩子 吃到 桃子 以后 才 肯 听话。还 不 快 过来 谢谢 姐姐，没有 姐姐 昨晚 你 可 吃不到 桃子!
Tuō nǐde fú, mǎidào le, zhèháizi chīdào táozi yǐhòu cái kěn tīnghuà. Hái bú kuài guòlai xièxie jiějie, méiyou jiějie zuówǎn nǐ kě chībudào táozi!

小孩子 谢谢，姐姐!
Xièxie, jiějie!

》》 語彙と文法 》

抱歉 申し訳なく思う　唐突 失礼をする・突然　晩 （時刻が）おそい　闹 さわぐ　劝 説得する・言い聞かせる　任性 わがまま（である）　这家伙 この子・この人（親しみをこめた言い方）　脾气 かんしゃく・性格　冒昧 あてもなく・失礼を承知で　寻找 さがす　关门 （店などが）閉まる　安生 （子供などが）おとなしくなる　困扰 悩む・苦しむ　营业 営業（する）　地址 住所　不是～吗? （確認・反語）～ではないですか?　托～的福 ～のおかげで　肯 すすんで～する

》》 補充表現 》　フルーツ

苹果 / 橘子	píngguǒ / júzi	りんご / みかん
草莓 / 香蕉	cǎoméi / xiāngjiāo	いちご / バナナ
凤梨 / 荔枝	fènglí / lìzhī	パイナップル / ライチ
葡萄 / 梨	pútáo / lí	ブドウ / ナシ
西瓜 / 甜瓜	xīguā / tiánguā	スイカ / メロン
猕猴桃	míhóutáo	キウイ
蓝莓 / 木莓	lánméi / mùméi	ブルーベリー / ラズベリー
柠檬 / 葡萄柚	níngmén / pútáoyòu	レモン / グレープフルーツ

豆知識　中国の屋台

　屋台（摊子 tānzi）と言えば，台北の夜市（yèshì）が有名かもしれません。しかし，屋台が集まる地区は台北だけでなく，大きな都市には美食街（měishíjiē）があり，朝から夜まで屋台が出て，様々な料理が手頃な値段で提供されています。

　これらの屋台で出される料理は海鲜（hǎixiān）や火锅（huǒguō）などがあり，たいていの場合，カット・フルーツ（水果 shuǐguǒ）を提供している屋台もあります。日本から中国へ行く旅行者の中には水が合わず（水土不服 shuǐtǔ bù fú），屋台で売っているフルーツでお腹をこわす人もいますが，現地の人はよく食べているので屋台が成立しています。

　中国語圏から日本に来る旅行者の中には，こうした屋台が日本の都市のどこかにあるのではないかと思って探す人もいるでしょう。ここのテキストは著者の一人が名古屋で遭遇した実話がもとになっています。夜，翻訳機をつかって，女性（おそらく母親）が子供のために桃を買えるところを通行人に聞いていたのです。

1. Nǐhǎo, dǎrǎo nǐ fēicháng bàoqiàn, wǒ xiǎng wèn yíxià.

2. Bàoqiàn, gāngcái shuōhuà yǒudiǎn tángtū.

3. Wǒ jiā de xiǎoháizi nàozhe yào chī táozi.

4. Wǒ yě quàn tā búyào zhème rènxìng.

5. Kànlai mǎibudào dehuà nǐ zhēnde huì fēicháng kùnrǎo ne.

6. Suīrán fēicháng bùhǎoyìsi, dàn quèshí rúcǐ.

7. Tuō nǐ de fú, mǎidào le. Méiyou nǐ zuówǎn wǒmen chībudào táozi!

覚えておきたい表現

練習 **39b** 本文を参照して中国語に訳してください。

1. こんにちは。お邪魔してすみません。ちょっとお聞きしたいのです。

---

2. すみません，先ほどは唐突に話しかけて。

---

3. うちの子が桃を食べたいとやんちゃを言うんです。

---

4. 私もそんなわがままはいけないと言い聞かせています。

---

5. 買えないととても困るみたいですね。

---

6. 非常にお恥ずかしいですが，確かにその通りです。

---

7. おかげさまで買えました。あなたがいなければ昨晩桃が食べられませんでした！

《日本語訳》

○こんにちは。あの，お邪魔してすみません。ちょっとお聞きしたいのですが，この近くに桃はありますか？○え？○ごめんなさい，唐突に。時間もおそいのですが，うちの子が桃を食べたいとやんちゃを言うんです。旅先だからそんなわがままはいけないと言い聞かせているのですが，この子がずっとせがむので，どうしようもなくなって，あてもなく探しているんです。○あ，そうだったんですね。でも，今はもう時間がおそいから，この近くの果物屋は閉まっているんじゃないかな？○そうですね。ああ，あの子は今晩きっと大人しくしないな。○買えないととても困るみたいですね。○恥ずかしながらその通りです。○うーん，ちょっと遠い果物屋なら知っています。今もまだ営業しているはずですが，桃がまだ売っているかどうかは分からないです。○お手数ですが，その果物屋の住所を教えてくださいませんか。行ってみますので。○いいですよ。果物屋の住所は……（翌日ホテルの前で）○昨晩のお姉さんですか？○あ，あの時の。昨日は桃が買えましたか？○おかげさまで買えました。この子は桃を食べるとやっと言うことを聞いて。ほら，何ではやくこっちに来ないの。お姉さんにお礼をしなさい。お姉さんがいなかったら，昨日は桃が食べられなかったんだよ！○ありがとう，おねえさん！

温泉に行く

林	伊藤，你 这周六 有 空 吗? Yīténg, nǐ zhèzhōuliù yǒu kòng ma?
伊藤	有的，林 先生，怎么 了? Yǒude, Lín xiānsheng, zěnme le?
林	要 去 温泉 吗? Yào qù wēnquán ma?
伊藤	温泉!? Wēnquán!?
林	不 去 吗? Bú qù ma?
伊藤	我 去! Wǒ qù!
林	好的，地址 我 稍后 发 你。周六 可 不要 迟到 了! Hǎode, dìzhǐ wǒ shāo hòu fā nǐ. Zhōuliù kě búyào chídào le!
伊藤 自言自语	林 先生 这 是 邀请 我 约会 吗? 第一次 约会 就是 去 温泉，真是 意外 呢。 Lín xiānsheng zhè shì yāoqǐng wǒ yuēhuì ma? Dìyīcì yuēhuì jiùshi qù wēnquán, zhēnshì yìwài ne.

(到了周六，伊藤来到约定的地点，发现除了林以外，还有几张意料之外的熟面孔)

江小姐	惊喜 吗! Jīngxǐ ma!
伊藤	江 小姐，还 有 张 先生 你们… Jiāng xiǎojiě, hái yǒu Zhāng xiānsheng nǐmen…
江小姐	我们 中国 分公司 到 日本 这边 学习，我 特意 叫 林 先生 先 不要 告诉 你，就是 为了 给 你 一个 惊喜。 Wǒmen Zhōngguó fēngōngsī dào Rìběn zhèbian xuéxí, wǒ tèyì jiào Lín xiānsheng xiān búyào gàosu nǐ, jiùshi wèile gěi nǐ yíge jīngxǐ.
伊藤	那···真是 太 好 了。 Nà···zhēnshì tài hǎo le.
江小姐	嗯? 我 怎么 看 你 好像 有点 失望 的 样子? Ń? Wǒ zěnme kàn nǐ hǎoxiàng yǒudiǎn shīwàng de yàngzi?
伊藤	没，没有，江 小姐 你 真是 的，过来 都 不 告诉 我，还 联合 林 先生 作弄 我! Méi, méiyou, Jiāng xiǎojiě nǐ zhēnshì de, guòlai dōu bú gàosu wǒ, hái liánhé Lín xiānsheng zuònòng wǒ!
林	趁着 他们 刚 到，在 开始 工作 之前，我 觉得 还是 让 大家 先 游览 放松 一下 比较 好，所以 选择 带 他们 来 岐阜 这里 著名 的 温泉 接风。 Chènzhe tāmen gāng dào, zài kāishǐ gōngzuò zhīqián, wǒ juéde háishi ràng dàjiā xiān

yóulǎn fàngsōng yíxià bǐjiào hǎo, suǒyǐ xuǎnzé dài tāmen lái Qǔfù zhèli zhùmíng de wēnquán jiěfēng.

张澜　林 先生 想得 真是 太 周到 了! 那 我们 就 不客气 了!

Lín xiānsheng xiǎngde zhēnshì tài zhōudào le! Nà wǒmen jiù búkèqi le!

》》 語彙と文法

周六 土曜日　温泉 温泉　发（メールなどで）送る　迟到 遅刻する　邀请 招待する・招く　约会 デート　惊喜 驚き喜ぶ　联合 ぐるになる・連合する　真是的 ほんとうにもう。也是（的）と同じく相手を責めるニュアンスがある　作弄 からかう　趁着 〜のうちに（後ろに 2 文字以上の語句がくる）　放松 リラックスする　选择 選ぶ　著名 有名な・著名な　接风（遠くから来た友人のために）一席もうけて歓迎する。↔送行（sòngxíng）見送る

》》 補充表現　　温泉の用語

浴池 / 足浴	yùchí / zúyù	浴槽 / 足湯	
男界 / 女界	nánjiè / nǚjiè	男湯 / 女湯	
浴衣 / 手巾	yùyī / shǒujīn	ゆかた / 手ぬぐい	
碳酸氢钠泉	tànsuān qīngnàquán	炭酸水素ナトリウム泉	
弱碱性单纯泉	ruòjiǎnxìng dānchúnquán	弱アルカリ性単純泉	
酸性硫磺泉	suānxìng liúhuángquán	酸性硫黄泉	
疲劳恢复	píláo huīfù	疲労回復	
肩酸 / 腰疼	jiānsuān / yāoténg	肩こり / 腰痛	
关节炎 / 怕冷	guānjiéyán / pàlěng	関節炎 / 冷え性	
神经痛 / 皮肤病	shénjīngtòng / pífūbìng	神経痛 / 皮膚病	

豆知識　中国の若者のデート

当然ですが，現代中国の恋人達もデート（约会）をします。ただし，约会という言葉は人と約束をして会うことを指し，ビジネスでも使うことがあります。

中国のウェブサイトを読むと，若い男女がデートで行く場所は，公园 gōngyuán（公園），游乐场 yóulèchǎng（遊園地），电影院 diànyǐngyuàn（映画館），海边 hǎibiān（海），咖啡厅 kāfēitīng（カフェ）など，日本と状況は変わらないと思われます。摩天轮 mótiānlún（観覧車）や过山车 guòshānchē（ジェットコースター）にのり，害羞 hàixiū（シャイ）だったり浪漫 làngmàn（ロマンチック）だったりします。デートで使うお金も男性が払うか，割り勘（各自负担 gèzìfùdān, AA 制 zhì）にするかどうかで議論もありますから，この点も変わりません。

ただ，上海の地下鉄や公園ではキス（吻 wěn, 亲嘴 qīnzuǐ）をしている若い恋人どうしを見かけることがあり，周囲の人もこれに対して別に騒ぐことはありません。この点，愛情を表現する場が日本とはやや異なると感じることもあるかもしれません。

また，人の恋路を邪魔する者を〝电灯泡〟diàndēngpào と言うことがあります。本来は電球の意味ですが，恋人どうしは暗いところで愛を語り合うものなので，暗いところを明るく照らす電球は邪魔者であるという連想から来ています。

恋愛に美しいメタファーを使うのは様々な言語に見られる現象だと思いますが，愛を語る（谈情说爱 tánqíng shuō ài）場所のことを〝花前月下〟huāqián yuèxià と言うこともあります。

夏目漱石に関する伝説や日本アニメ『月がきれい』(2017) から今晚月亮很美 (Jīnwǎn yuèliang hěn měi) が「愛している」の意味で使われることがあります。

1. Dìzhǐ wǒ shāo hòu fā nǐ.

----

2. Zhōuliù kě búyào chídào le.

----

3. Zhè shì yāoqǐng wǒ yuēhuì ma?

----

4. Wǒ tèyì jiào Lín xiānsheng bú yào gàosu nǐ.

----

5. Wǒ zěnme kàn nǐ hǎoxiàng yǒudiǎn shīwàng de yàngzi?

----

6. Zài kāishǐ gōngzuò zhīqián, wǒ juéde ràng dàjiā fàngsōng yíxià bǐjiào hǎo.

----

7. Suǒyǐ wǒ xuǎnzé dài tāmen lái zhùmíng de wēnquán jiēfēng.

覚えておきたい表現

練習 40b 本文を参照して中国語に訳してください。

1. 住所は後でメールで送ります。

2. 土曜日はくれぐれも遅刻しないで。

3. これは私をデートに誘っているのか？

4. 私がわざわざ林さんにあなたへ知らせないように頼んだ。

5. なぜ少しがっかりしているの？

6. 仕事を始める前に，すこしリラックスしてもらうといいと思う。

7. だから，有名な温泉にお連れして歓迎することにした。

《日本語訳》
○伊藤さん，今週の土曜，空いてる？○空いてます。林さん，何ですか？○温泉に行きたい？○温泉⁉○行かないの？○行きます！○わかった。場所は後でメールしておく。土曜日はくれぐれも遅刻しないでよ！○（独り言）林さん……これはデートのお誘い？初めてのデートで温泉に行くなんて，ちょっと意外。（土曜日になり，伊藤が約束の場所に行くと，林のほかに意外だがよく知った顔がいる）○びっくりした？○江さん，それに張さんも……○中国支社で日本に学習にきたの。わざわざ林さんに知らせないようにしてもらったの。サプライズのためにね。○それは……よかったです。○あれ？どうしてちょっとがっかりしてるの？○な，なんでもないです。江さん，ほんとうにもう，来るのにぜんぜん私に言わないなんて，それに林さんもグルになって，私をからかって！○みなさんが到着して，仕事を始める前に，まず観光してリラックスしてもらった方がいいと思ってね。だから，岐阜で有名な温泉にお連れして歓迎することにしたんだ。○林さんはよく気がつくね。じゃ，我々も遠慮せずに！

37 你好，请问（¹　）便吗？我有些问题想请教你一下。你好，请问有什么可（²　）帮助你的吗？是这样的，我想去名古屋中部国（³　）机场，但是我不知道该怎么（⁴　）到那里去，这个车次的流程图以（⁵　）换乘方向我有点没看明白，请问你可以告诉我吗？当然（⁶　）以，刚好我也要到那里去。名古屋铁路的确有很（⁷　）的支线，别说是你们（⁸　）国人，就连日本其他地区的人来到我们这里，也会觉得确实有些复（⁹　）了。对了，你们是上海人吗？对啊，你怎么知道的？其实我之前在中国待过（¹⁰　）段时间，你的（¹¹　）音和我当时的一个同事特别像，所以我推测你（¹²　）许是上海人吗？对的，我就是上海来的，你之前也是待（¹³　）上海吗？看来我们（¹⁴　）真是有缘分呢！的确。那我们边走（¹⁵　）说吧。我们可以到神宫前那里上（¹⁶　），乘坐名古屋铁路直接（¹⁷　）名古屋中部国际机场。那实在是（¹⁸　）好了，一路上不（¹⁹　）有你带路，还能互相聊聊天，一定会是一趟有趣的（²⁰　）程。

38 你好，我想请问一下，长良（¹　）的鹈鹕是不是非常有名啊？对啊！那边就有一个游览的观光指（²　）台，里面的工作（³　）员会给你介绍的。不过我正好也是要（⁴　）那里，要不要一起走啊？真的可以吗？会（⁵　）扰你吗？当然不会！能有一个旅伴我也求之（⁶　）得。对了，你为什么要到岐阜这个地（⁷　）来呀？据我所知，在外国游客（⁸　），岐阜的知名度没这（⁹　）高吧？怎么会呢？我可是一个动漫迷，在看了《你的名字》之后，非常喜欢里面的（¹⁰　）主角宫水三叶，我也想成为像她一样的女生。在了解到她的故（¹¹　）同时也是故事的主要舞（¹²　）就在岐阜以后，就打定（¹³　）意要到这里来一趟了。哦哦，是那部动画电影是吗？没想到在国（¹⁴　）也有人看过呢。那部电影在中国可是非常（¹⁵　）爆哦！真的吗？今（¹⁶　）过得可真充实，你接下来的行程怎么安排呀？我要赶（¹⁷　）机回国了，从升龙道走，到金泽那里回国。原来如此，那可真是（¹⁸　）惜呢，我还说明天你有时间的话，我再带你到岐阜的其他地方逛逛。对啊，可惜我票都已经（¹⁹　）好了，下次如果有机会的话，我会再来的，希望到时候能有机会再（²⁰　）到你吧。希望如此吧，再见！再见！

39 你好，(¹   )扰你非常抱歉，我想问一下，这附近有桃(²   )吗？啊？抱歉，刚才说话有点唐突，虽然好像时间有点晚了，但是我家的(³   )孩子闹着要吃桃子，虽然出来旅游我也(⁴   )他不要这么任性，可是这家伙一直在和我闹脾(⁵   )，我也没有办法了，所以(⁶   )冒昧出来寻找。哦哦，原来如此，可是现在(⁷   )经有点晚了，这边附近的(⁸   )果店应该都关门了吧？看来的确(⁹   )此，唉，这小家伙今晚也不会(¹⁰   )生了。看来买(¹¹   )到的话你真的会非常困扰呢。虽然非常不好意思，但确实如此呢。嗯…我知道有一家(¹²   )较远的水果店，现在应该还在营(¹³   )，但是不知道现(¹⁴   )还有没有桃子卖了。麻烦你把水果店的地址告诉我，我还是(¹⁵   )看看吧。好吧，水果店的(¹⁶   )址是…这不是昨晚的(¹⁷   )姐吗？哦，是你呀，昨天买到桃子了吗？(¹⁸   )你的福，买到了，这孩子吃到桃子以后(¹⁹   )肯听话。还不快过来谢谢姐姐，没有姐姐昨晚你(²⁰   )吃不到桃子！谢谢，姐姐！

40 伊藤，你这周(¹   )有空吗？有的，林先生，怎(²   )了？要去温泉吗？温泉！？(³   )去吗？我去！好的，地址我稍后发你。周六可不要(⁴   )到了！林先生这是邀请我约会吗？第(⁵   )次约会就是去温泉，真是意(⁶   )呢。惊喜吗！江小姐，还有张先生你们…。我们中国(⁷   )公司到日本这边学(⁸   )，我特意叫林先生先(⁹   )要告诉你，就是(¹⁰   )了给你一个惊喜。那…真是(¹¹   )好了。嗯？我怎么看你好像有点(¹²   )望的样子？没，没有，江小姐你真是的，过来都(¹³   )告诉我，还联(¹⁴   )林先生作弄我！趁着他们刚到，在开始(¹⁵   )作之前，我觉得还是让(¹⁶   )家先游览放松一下比较好，所以选择带他(¹⁷   )来岐阜这里著名的温泉接(¹⁸   )。林先生想得真是(¹⁹   )周到了！那我们就(²⁰   )客气了！

41 旅行計画

伊藤　林 先生，你 下个月 有空 吗？
Lín xiānsheng, nǐ xiàgeyuè yǒu kòng ma?

林　怎么 了，有 什么 事情 吗？
Zěnme le, yǒu shénme shìqing ma?

伊藤　林 先生 喜欢 滑雪 吗？下个月 的 假期，我 想 到 北海道 去 旅行，
正在 寻找 一起 去 的 旅伴，不 知道 林 先生 有没有 兴趣 呢？
Lín xiānsheng xǐhuān huáxuě ma? Xiàgeyuè de jiàqī, wǒ xiǎng dào Běihǎidào qù lǚxíng,
zhèngzài xúnzhǎo yìqǐ qù de lǚbàn, bù zhīdào Lín xiānsheng yǒuméiyou xìngqù ne?

林　哦，滑雪 吗？说起来 可能 很 多 人 都 说 从 表面 看不出来，但 其
实 我 非常 擅长 滑雪 哦。以前 读 大学 的 时候，就 经常 和 同学
一起 去 滑雪 来着。
Ó, huáxuě ma? Shuōqǐlai kěnéng hěn duō rén dōu shuō cóng biǎomiàn kànbuchūlai,
dàn qíshí wǒ fēicháng shàncháng huáxuě o. Yǐqián dú dàxué de shíhou, jiù jīngcháng
hé tóngxué yìqǐ qù huáxuě láizhe.

伊藤　真的 吗？那 太 好 了！林 先生，你 要 和 我 一起 去 北海道 吗？
Zhēnde ma? Nà tài hǎo le! Lín xiānsheng, nǐ yào hé wǒ yìqǐ qù Běihǎidào ma?

林　这个…可能 要 稍微 过 两天 才 能 给 你 答复。你 知道 的，最近 市
场 推出 的 新企划 正在 落实 方案，这 两天 就 要 最终 确认 了。等
进度 都 确认完，我 才 能 确定 下个月 什么 时候 可以 休息 呢。
Zhège…kěnéng yào shāowēi guò liǎngtiān cái néng gěi nǐ dáfù. Nǐ zhīdào de, zuìjìn
shìchǎng tuīchū de xīnqǐhuà zhèngzài luòshí fāng'àn, zhè liǎngtiān jiù yào zuìzhōng
quèrèn le. Děng jìndù dōu quèrènwán, wǒ cái néng quèdìng xiàgeyuè shénme shíhou
kěyǐ xiūxi ne.

伊藤　好的 好的，那 我 就 等 林 先生 你 的 消息 了。
Hǎode hǎode, nà wǒ jiù děng Lín xiānsheng nǐ de xiāoxi le.

林　说起来，伊藤 你 怎么 会 突然 想 去 北海道 呢？
Shuōqǐlai, Yīténg nǐ zěnme huì tūrán xiǎng qù Běihǎidào ne?

伊藤　是 这样 的，之前 我 和 江 小姐 聊天 的 时候，她 和 我 提到 她 之
前 来 我们 这边 交流 的 时候，顺便 去 了 一趟 北海道，在 那里 找
到 一个 非常 好的 滑雪场，让 我 也 一定 要 去 一趟 体会 一下，所
以 我 才 这么 想 去 的 啦。
Shì zhèyàng de, zhīqián wǒ hé Jiāng xiǎojiě liáotiān de shíhou, tā hé wǒ tídào tā
zhīqián lái wǒmen zhèbiān jiāoliú de shíhou, shùnbiàn qùle yítàng Běihǎidào, zài nàlǐ
zhǎodào yíge fēicháng hǎode huáxuěchǎng, ràng wǒ yě yídìng yào qù yítàng tǐhuì yíxià,
suǒyǐ wǒ cái zhème xiǎng qù de la.

林　是吗？既然 是 江 小姐 的 推荐，一定 是 非常 不错 的 地方。那 我
尽量 协调 一下 时间，争取 下个月 我们 一起 去 那里 滑雪 吧！
Shìma? Jìrán shì Jiāng xiǎojiě de tuījiàn, yídìng shì fēicháng búcuò de dìfang. Nà wǒ
jǐnliàng xiétiáo yíxià shíjiān, zhēngqǔ xiàgeyuè wǒmen yìqǐ qù nàli huáxuě ba!

伊藤　太 好 了！
Tài hǎo le!

▶▶ 語彙と文法

滑雪 スキー（をする）　假期（個人がとった）休暇。假日は（公的な）休日　说起来 言ってみると　看不出来 見わけられない→と思えない　擅长～ ～が得意だ　读大学 大学で学ぶ　经常 いつも　～来着（回顧）したものだ・したっけ　稍微 すこし・わずか　答复 返答する　企划 企画（する）　落实 確実にする・落ち着く　确认 確認（する）　确定 確定（する）・確かにする　提到～ ～が話題になる・～を話題にする　顺便 ついでに　找到 さがしだす→みつける　体会 体験して理解する　既然 であるからには　尽量 できるだけ　争取～ なんとかして～する

▶▶ 補充表現　　ウィンタースポーツ

冬季运动	dōngjì yùndòng	ウィンタースポーツ
滑雪 / 越野～	huáxuě / yuèyě ～	スキー / クロスカントリースキー
铁台～ / 单板～	tiětái ～ / dānbǎn ～	スキージャンプ / スノーボード
滑冰 / 速度～ / 花样～	huábīng / sùdù ～ / huāyàng ～	スケート / スピードスケート / フィギュアスケート
冰球	bīngqiú	アイスホッケー
冰壶	bīnghú	カーリング
雪车 / 雪橇	xuěchē / xuěqiāo	ボブスレー / リュージュ
滑雪场	huáxuěchǎng	スキー場・ゲレンデ
雪衣	xuěyī	スキーウェア
滑雪杖	huáxuězhàng	スキーのストック
雪板	xuěbǎn	スキー板
滑冰鞋	huábīng xié	スケート靴

豆知識　国際観光

『観光白書』（概要版）によれば，2019 年，世界で外国人旅行者の受け入れの多かった国は，1 位がフランス（8932 万人）で，2 位がスペイン（8351 万人），3 位がアメリカ（7926 万人），4 位が中国（6573 万人），5 位がイタリア（6451 万人）でした。日本は 12 位（3188 万人）です。

観光収入では 1 位がアメリカ（1933 億ドル），2 位がスペイン（797 億ドル），3 位がフランス（638 億ドル），4 位がタイ（605 億ドル），5 位が英国（527 億ドル）です。日本は 7 位（461 億ドル）で，中国は 11 位（358 億ドル）です。

国際観光旅行者数と国際観光支出では中国人が 1 位でした。およそ 1 億 5000 万人が観光をし，2500 億ドルを支出しています。日本人は 2000 万人が国際観光をし，213 億ドルを支出しています。

2020 年は新型コロナウイルスのパンデミックにより，世界の国際観光客は 3 億 9400 万人となり，73％の大幅下落となりました。訪日外国人旅行者数は 2019 年の 3188 万人から 412 万人に減少しています。この 412 万人のうち，中国人旅行者は 107 万人（26％），台湾人旅行者は 69 万人（16.7％），韓国人旅行者は 49 万人（11.9％）です。

1. Xiàgeyuè de jiàqī, wǒ xiǎng dào Běihǎidào qù lǚxíng.

_____

2. Wǒ zhèngzài xúnzhǎo yìqǐ qù de lǚbàn, nǐ yǒuméiyou xìngqù ne?

_____

3. Qíshí wǒ fēicháng shàncháng huáxuě.

_____

4. Yǐqián dú dàxué de shíhou, jiù jīngcháng hé tóngxué yìqǐ qù huáxuě láizhe.

_____

5. Kěnéng yào shāowēi guò liǎngtiān cái néng gěi nǐ dáfù.

_____

6. Jìrán shì tā de tuījiàn, yídìng shì fēicháng búcuò de dìfang.

_____

7. Wǒ jǐnliàng xiétiáo yíxià shíjiān, zhēngqǔ xiàgeyuè wǒmen yìqǐ qù ba!

覚えておきたい表現

_____

_____

_____

_____

練習 41b 〉 本文を参照して中国語に訳してください。

1. 来月の休暇，北海道に旅行に行きたいんです。

---

2. 私は旅行の道連れを探しているところで，あなたは興味ないですか？

---

3. じつは私はスキーが得意だ。

---

4. 以前，大学生の頃は，いつも同級生といっしょにスキーに行っていたものだ。

---

5. 二日ばかり過ぎたら，返事ができるかもしれない。

---

6. 彼女の推薦である以上，きっと非常にいい所だろう。

---

7. できるだけ時間を調整するから，なんとかして来月いっしょ行こう。

《日本語訳》
○林さん，来月，時間がありますか？○どうしたの，何か用？○林さんはスキーが好きですか？来月の休暇，北海道に旅行に行きたいので，いっしょに行く人を探しているんです。林さんが興味あるかなと思って。○あ，スキー？見た目じゃ分からないってよく言われるけど，じつはスキーが得意なんだよ。大学生の頃はいつも同級生といっしょにスキーに行っていたものだよ。○ほんとですか？よかった！林さん，いっしょに北海道に行きたいですか？○えーと，二日ばかり過ぎたら返事ができるかな。例の，近く市場に出す新しい企画が仕上げの段階だろ，この二日で最終的な確認になるんだ。進行が確認できたら，来月のいつ休めるか決まるね。○ええ。じゃあ，連絡を待ちますね。○それはそうと，伊藤さんはどうして突然，北海道に行きたくなったの？○じつは，江さんとしゃべっていた時，こちらで交流した時，ついでに彼女が北海道に行って，とてもすてきなスキー場を見つけたから，行ってみるといいよって話題になったんです。だから，行きたくなったんですよ。○そうなの？江さんの推薦付きなら，きっといい所だね。じゃ，ぼくもできるだけ時間をつくって，なんとかして来月いっしょに滑ろう。○やった！

（早上，林驾车上班遇上了堵车）

林　　今天 到底 发生了 什么 事情，这条 路 怎么 这么 堵。
　　　Jīntiān dàodǐ fāshēngle shénme shìqing, zhètiáo lù zěnme zhème dǔ.

（正巧步行上班的伊藤看到了在车上无奈的林，伊藤敲了敲车窗）

伊藤　林 先生！
　　　Lín xiānsheng!

林　　伊藤，早 啊！
　　　Yīténg, zǎo a!

伊藤　早上 好 啊！林 先生，今天 这里 怎么 这么 堵 啊？
　　　Zǎoshang hǎo a! Lín xiānsheng, jīntiān zhèli zěnme zhème dǔ a?

林　　对 啊，我 也 想 知道，平时 这里 都 非常 通畅 的，我 手机 刚 拿出
　　　来，正在 查…哦，原来 是 前面 发生了 交通 事故。
　　　Duì a, wǒ yě xiǎng zhīdào, píngshí zhèli dōu fēicháng tōngchàng de, wǒ shǒujī gāng
　　　náchūlai, zhèngzài chá…ó, yuánlái shì qiánmian fāshēngle jiāotōng shìgù.

伊藤　啊，那 会 很 麻烦 吗？
　　　A, nà huì hěn máfan ma?

林　　看上去 是 的，从 别人 发 的 信息 来看，是 一 场 比较 严重 的 车
　　　祸，而且 前前 后后 的 车 也 非常 多，堵了 好 几公里 的 路。
　　　Kànshàngqu shì de, cóng biéren fā de xìnxī láikàn, shì yìchǎng bǐjiào yánzhòng de
　　　chēhuò, érqiě qiánqián hòuhòu de chē yě fēicháng duō, dǔle hǎo jǐgōnglǐ de lù.

伊藤　那，林 先生，岂不是 要 迟到 了？
　　　Nà, Lín xiānsheng, qǐbúshì yào chídào le?

林　　唉，确实 如此。只 能 自认 倒霉 了，没 想到 今天 要 赶不上 上班
　　　时间 了。
　　　Āi, quèshí rúcǐ. Zhǐ néng zìrèn dǎoméi le, méi xiǎngdào jīntiān yào gǎnbushàng
　　　shàngbān shíjiān le.

伊藤　林 先生，我 想到 一个 办法。
　　　Lín xiānsheng, wǒ xiǎngdào yíge bànfǎ.

林　　什么？
　　　Shénme?

伊藤　我 知道 前面 一点点 的 地方 那里 有 一个 停车场，你 可以 把 车
　　　停到 那里，然后 走路 回 公司，算 一下 时间 还 可以 不用 迟到。
　　　Wǒ zhīdào qiánmian yìdiǎndiǎn de dìfang nàli yǒu yíge tíngchēchǎng, nǐ kěyǐ bǎ chē
　　　tíngdào nàli, ránhòu zǒulù huí gōngsī, suàn yíxià shíjiān hái kěyǐ búyòng chídào.

林　　那 太 好 了，伊藤，你 可以 上 车 来 给 我 指指 路 吗？待会 我们
　　　一起 走回 公司。
　　　Nà tài hǎo le, Yīténg, nǐ kěyǐ shàng chē lái gěi wǒ zhǐzhi lù ma? Dāihuì wǒmen yìqǐ
　　　zǒuhuí gōngsī.

伊藤　当然 可以！
　　　Dāngrán kěyǐ!

≫ 語彙と文法

到底 つまり・いったい　发生 起こる・発生する　堵 ふさぐ　早啊 早上好 おはよう　通畅 よどみがない・スムーズである　查 調べる　信息 情報　严重 重大な・深刻な　车祸 交通事故　公里 キロメートル　岂不是 ～ではないか？　自认 自認する→だまってこらえる・あきらめる　倒霉 不運だ・運が悪い　赶不上 追いつけない→間に合わない　停车场 駐車場　指路 道順を示す・ナビゲーションする　待会 しばらくして

≫ 補充表現　　自動車用語

卡车 / 轻型汽车	kǎchē / qīngxíngqìchē	トラック ／ 軽自動車
停车场	tíngchēchǎng	駐車場
引擎 / 车把	yǐnqíng / chēbǎ	エンジン ／ ハンドル
油门 / 刹车	yóumén / shāchē	アクセル ／ ブレーキ
驾驶席 / 副座	jiàshǐxí / fùzuò	運転席 ／ 助手席
汽油 / 柴油	qìyóu / cháiyóu	ガソリン ／ 軽油
加油站	jiāyóuzhàn	ガソリンスタンド
车检・验车	chējiǎn・yànchē	車検
汽车保险	qìchēbǎoxiǎn	自動車保険

豆知識　中国の自動車産業

　CAAM（中国汽车工业协会 Zhōngguó qìchē gōngyè xiéhuì）によると，2021 年，中国の自動車販売は 2627 万台（前年比 3.8%増）でした。脱炭素化で注目されている新エネルギー車（NEV）は電気自動車（EV），プラグイン・ハイブリッド車（PHEV），水素・燃料電池車（FCEV）をあわせて 350 万台（前年比 2.6 倍）で，全体の自動車販売に対する割合は 13%に達しました。

　中国には大きな自動車メーカーがいくつかあります。社名を列挙すると以下です。

　　①上汽集団 Shàngqì jítuán　　　②一汽集団 Yīqì jítuán
　　③东风汽车 Dōngfēng qìchē　　　④北汽集団 Běiqì jítuán
　　⑤长安汽车 Cháng'ān qìchē　　　⑥广汽集団 Guǎngqì jítuán
　　⑦华晨集団 Huáchén jítuán　　　⑧长城汽车 Chángchéng qìchē
　　⑨中国重汽 Zhōngguó zhòngqì　　⑩江淮汽车 Jiānghuái qìchē

　2020 年，上汽集団五菱汽车が〝宏光 mini EV〟という電気自動車を発表し，世界の EV 市場でテスラ 3 を抜いて 1 位になっています。宏光 mini EV はモデルにもよりますが，日本円で 65 万円（3.6 万元程度）ほどで購入でき，走行距離は 260km とされています。

　水素・燃料電池車の普及も始まっており，2019 年末までにバスやトラックとして 6200 台の FCEV が販売されているとの指摘があり，水素ステーションは 50 カ所程度設置されているようです。北京市，上海市，広東省などが水素エネルギーの産業育成政策などを行っています。

1. Jīntiān dàodǐ fāshēngle shénme shìqing, zhètiáo lù zěnme zhème dǔ.

- -

2. Yuánlái shì qiánmian fāshēngle jiāotōng shìgù.

- -

3. Kànshàngqu shì yìchǎng bǐjiào yánzhòng de chēhuò.

- -

4. Zhǐ néng zìrèn dǎoméi le.

- -

5. Méi xiǎngdào jīntiān yào gǎnbushàng shàngbān shíjiān le.

- -

6. Nǐ kěyǐ bǎ chē tíngdào nàlǐ, suàn yíxià shíjiān hái kěyǐ búyòng chídào.

- -

7. Nǐ kěyǐ shàng chē lái gěi wǒ zhǐ lù ma?

- -

覚えておきたい表現

- -

- -

- -

- -

練習 **42b** 本文を参照して中国語に訳してください。

1. 今日は一体何が起こったんだろう。この道が何でこんなに渋滞しているんだろう？

---

2. なるほど前で交通事故が起こったんだ。

---

3. わりに大きな事故らしい。

---

4. 運が悪かったと思うしかない。

---

5. 今日出勤時間に間に合わないとは思わなかった。

---

6. そこに車を停められれば，ちょっと時間がかかっても遅刻にはなりません。

---

7. 車に乗って道を教えることができますか？

《日本語訳》
（朝，林は車を運転して出勤し，渋滞に遭う）○今日はいったい何が起こったんだ。この道がこんなに渋滞するなんて。（ちょうど歩いて通勤していた伊藤が車内で困っている林を見つけ，車の窓をノックする）○林さん！○伊藤さん，おはよう！○おはようございます！林さん，今日ここ何でこんなに渋滞しているんです？○そうなんだ。ぼくも知りたいよ。いつもはとてもスムーズなのに，ケータイで調べるか……あ，この先で交通事故が起こったんだ。○え，それは大変ですね？○そうらしい。他の人が出している情報をみると，わりに大きな事故で，しかも前後につづいている車も多くて，何キロも渋滞だって。○じゃあ，林さん，遅刻しちゃうんじゃないですか？○ああ，そうなるね。運が悪かったと思うしかないね。今日出社時間に間に合わないとは思わなかった。○林さん，私に考えがあります。○なに？○この先のちょっとした場所に駐車場があります。そこに車を停めて，歩いて会社にもどれば，ちょっと時間がかかっても遅刻にはならないです。○それはいい。伊藤さん，車に乗って道を教えてくれる？あとでいっしょに会社に戻ろう。○もちろん，いいですよ！

中秋節

林　伊藤，后天 就是 中秋节 了 吧?
Yīténg, hòutiān jiùshi Zhōngqiūjié le ba?

伊藤　对 啊，林 先生，好像 同事们 说了 那天 要 一起 去 聚餐，然后 一起 去 赏月 呢，林 先生 你 要 一起 去 吗?
Duì a, Lín xiānsheng, hǎoxiàng tóngshìmen shuōle nàtiān yào yìqǐ qù jùcān, ránhòu yìqǐ qù shǎngyuè ne, Lín xiānsheng nǐ yào yìqǐ qù ma?

林　我 就 不 去 了，这群 家伙 每次 喝多了 都 会 大吵大闹 的，实在 是 太 麻烦 了。
Wǒ jiù bú qù le, zhèqún jiāhuo měicì hēduōle dōu huì dàchǎodànào de, shízài shì tài máfan le.

伊藤　确实 呢。不过 这 也 非常 有趣 就是 啦。
Quèshí ne. búguò zhè yě fēicháng yǒuqù jiùshi la.

林　来，这个 东西 给 你。
Lái, zhège dōngxi gěi nǐ.

伊藤　诶，这 是 什么 东西，这么 大 一 袋子。
Éi, zhè shì shénme dōngxi, zhème dà yí dàizi.

林　这个 是 中国 分公司 寄过来 的 中秋 礼物，是 月饼 啦，听说 是 甜 的，但 我 最近 不 太 想 吃 甜食，想起 你 似乎 很 喜欢 吃 糕点，你 就 拿回去 吃 吧。
Zhège shì Zhōngguó fēngōngsī jìguòlai de zhōngqiū lǐwù, shì yuèbǐng la, tīngshuō shì tiánde, dàn wǒ zuìjìn bú tài xiǎng chī tiánshí, xiǎngqǐ nǐ sìhū hěn xǐhuān chī gāodiǎn, nǐ jiù náhuíqu chī ba.

伊藤　哦! 是 那个 月饼 是吧! 在 中国 的 时候，确实 是 本来 说 要 尝尝 的，但是 那几天 正好 是 工作 最 忙碌 的 日子，一下子 就 忘了。等 想起来 的 时候，市面上 都 已经 买不到 月饼 了，真是 可惜!
Ó! Shì nàge yuèbǐng shìba! Zài Zhōngguó de shíhou, quèshí shì běnlái shuō yào chángchang de, dànshi nàjǐtiān zhènghǎo shì gōngzuò zuì mánglù de rìzi, yíxiàzi jiù wàngle. Děng xiǎngqǐlai de shíhou, shìmiànshàng dōu yǐjing mǎibudào yuèbǐng le, zhēnshi kěxī!

林　这 不 就 给 你 弥补 遗憾 的 机会 了 吗? 听说 这个 月饼 是 要 和 家里人 一起 吃 的，在 中国 有 "团圆" 的 意思 在 里面，你 回家 记得 和 家里人 分享 一下 啦。
Zhè bú jiù gěi nǐ míbǔ yíhàn de jīhuì le ma? Tīngshuō zhège yuèbǐng shì yào hé jiālǐrén yìqǐ chī de, zài Zhōngguó yǒu "tuányuán" de yìsi zài lǐmian, nǐ huí jiā jìde hé jiālǐrén fēnxiǎng yíxià la.

伊藤　知道 啦! 既然 如此…刚 好，这个 就 给 林 先生 吧。
Zhīdào la! Jìrán rúcǐ…gāng hǎo, zhège jiù gěi Lín xiānsheng ba.

林　这 是…?
Zhè shì…?

伊藤　这 是 我 刚 出去 买 的 饼干，原本 打算 加班 的 时候 吃 的，既然

林 先生 给了 我 吃的，我 也 还 你 吃的 吧。刚好 也 不是 甜味 的。
Zhè shì wǒ gāng chūqu mǎi de bǐnggān, yuánběn dǎsuàn jiābān de shíhou chī de, jìrán Lín xiānsheng gěile wǒ chīde, wǒ yě huán nǐ chīde ba. Gānghǎo yě búshì tiánwèi de.

林　　那 我 就 不 客气 啦。
　　　　Nà wǒ jiù bú kèqi la.

≫ 語彙と文法

后天 あさって　中秋节 中秋節。旧暦 8 月 15 日の伝統的祝日　聚餐 会食する・宴会やパーティをひらく　赏 鑑賞する・愛でる　大吵大闹 大騒ぎする　袋子 袋　月饼 ユエビン。満月のような形をしたお菓子で，いろいろな餡が入っている　甜食 甘い菓子　似乎 のようだ・らしい　糕点 菓子　忙碌 いそがしい・あくせくする　弥补 補う・繕う　遗憾 残念（である）　家里人 家族　分享 分かち合う　饼干 ビスケット　加班 残業・休日出勤（する）　还（huán と発音）返す・お返しをする

≫ 補充表現　　祝日・記念日（一部）

元旦 / 春节	yuándàn / chūnjié	元旦 1/1 / 春節　旧暦の元旦
情人节 / 妇女节	qíngrénjié / fùnǚjié	バレンタインデー 2/14 / 国際婦人デー 3/8
清明节 / 劳动节	qīngmíngjié / láodòngjié	清明節 4/5 前後 / メイデイ 5/1
端午节 / 儿童节	duānwǔjié / értóngjié	端午の節句　旧暦 5/5 / 国際児童デー 6/4
七夕节	qīxìjié	七夕　旧暦 7/7
国庆节	guóqìngjié	建国記念日 10/1
圣诞节	shèngdànjié	クリスマス 12/25
光棍節	guānggùnjié	独身の日 11/11　ネット商戦で話題に

他に青年节（5/4），母亲节（5 月第 2 日曜），父亲节（6 月第 3 日曜），教师节（9/10），建军节（8/1）等

豆知識　嫦娥

旧暦 8 月 15 日は中秋節です。「嫦娥奔月」(Cháng'é bèn yuè) という中国神話では，嫦娥（じょうが）という女性が，夫の后羿（こうげい：hòuyì）の不老不死の薬を飲んで，月に昇って月宮で暮らすことになり，嫦娥の孤独を慰めるために人々が供え物をすることになりました。これが中秋節の由来とされます。

夏目漱石『草枕』にも嫦娥は言及され，月に住む美女としてイメージされてきました。魯迅『故事新編』の「奔月」では弓の名人の羿と，嫦娥の冷え切った夫婦関係が描かれています。

鬼才と言われる中唐の詩人，李賀の「夢天」には月にいるウサギとガマガエルが出てきますが，嫦娥が月に昇った後，ガマガエルに変化したという神話もあります。

現代，嫦娥は月面探査機の名前にもなっています。2013 年，西昌卫星发射中心 (Xīchāng wèixīng fāshè zhōngxīn：四川省) から打ち上げられた〝长征 3B〟(Chángzhēng 3B) ロケットで〝嫦娥 3 号〟が月面の軟着陸に成功し，月面車〝玉兔〟(yùtù) も活動をしました。2019 年の〝嫦娥 4 号〟は月の裏側の着陸にも成功しています。

1. Hòutiān jiùshi Zhōngqiūjié le ba?

2. Tóngshìmen shuōle yào yìqǐ qù jùcān, ránhòu yìqǐ qù shǎng yuè ne.

3. Zhèqún jiāhuo měicì hēduōle dōu huì dàchǎodànào de, shízài tài máfan le.

4. Zhège shì Zhōngguó fēngōngsī jìguòlai de zhōngqiū lǐwù, shì yuèbǐng la.

5. Nàjǐtiān zhènghǎo shì gōngzuò zuì mánglù de rìzi, yíxiàzi jiù wàng le.

6. Zhè bú jiù gěi nǐ míbǔ yíhàn de jīhuì le ma?

7. Jìrán nǐ gěile wǒ chīde, wǒ yě huán nǐ chīde ba.

覚えておきたい表現

練習 **43b** 本文を参照して中国語に訳してください。

1. あさっては中秋節ですね？

---

2. 同僚の人達はいっしょに食事に行って，その後月見をすると言ってました。

---

3. あの人達は毎回たくさん飲んで大騒ぎするから，じつにやっかいだ。

---

4. これは中国支社が送ってきた中秋節のプレゼントで，月餅だよ。

---

5. あの時はちょうど仕事が一番忙しい時で，ずっと忘れていました。

---

6. これは君の心残りを埋め合わせるチャンスじゃないか？

---

7. あなたが私に食べ物をくれた以上，私もあなたに食べるものをお返しします。

《日本語訳》
○伊藤さん，あさっては中秋節だよね？○そうですね。林さん，同僚の人達はいっしょに食事に行って，その後でいっしょにお月見をするって言ってました。林さん，いっしょに行きましょうよ？○ぼくはやめておく。あの人達は毎回飲み過ぎて大騒ぎするし，やっかいだよ。○確かに。でも，面白そうですよね。○まあ，これをあげるよ。○え，これ何ですか。こんな大きな袋。○中国支社が送ってきた中秋節のプレゼントで月餅だよ。甘い物だそうだ。でも，ぼくは最近甘い物をあまり食べたくないんだ。伊藤さんはお菓子が好きみたいだから持って帰れば。○あ，あの月餅ですね！中国にいた時に，食べてみたかったんですよ。でも，あの時はちょうど仕事が一番忙しい時で，ずっと忘れてました。思い出した時にはもう買えなくて，惜しかったです！○これは埋め合わせのチャンスじゃないか？この月餅は家族といっしょに食べるものらしい。中国では〝団円〟の意味があって，家に帰った時に覚えておいて家族といっしょにしっかりわければいい。○分かりました！それなら……これを林さんにあげますよ。○それって……？○私が買ってきたばかりのビスケットです。残業の時に食べるつもりだったけど，林さんが食べ物をくれたのでお返しをします。甘くないものですから，ちょうどいいです。○じゃあ，遠慮なく。

44　趣味

伊藤　难得 清闲 的 休假日，幸好 有 你 陪 我 到 百货商场 逛 街，不然 我 一个人 的话，肯定 会 待在 家里 一天 浪费掉 这一天 的。

Nándé qīngxián de xiūjiàrì, xìnghǎo yǒu nǐ péi wǒ dào bǎihuòshāngchǎng guàng jiē, bùrán wǒ yígerén dehuà, kěndìng huì dāizài jiāli yìtiān làngfèidiào zhèyìtiān de.

吉田　谁 让 我们 从小 就 认识 呢，我 去年 都 结婚 了，你 还是 一个人，我 都 看不过 眼 了。你 就 没有 喜欢 的 人 吗？告诉 我，让 我 帮 你 参详 一下？

Shéi ràng wǒmen cóngxiǎo jiù rènshi ne, wǒ qùnián dōu jiéhūn le, nǐ háishi yígerén, wǒ dōu kànbuguò yǎn le. Nǐ jiù méiyou xǐhuān de rén ma? Gàosu wǒ, ràng wǒ bāng nǐ cānxiáng yíxià?

伊藤　这个…我 先 不 说 这个，今天 我们 好好 逛逛，我 想 买 件 新 衣服，还 有 化妆品 也 快要 用完 了，你 有没有 推荐 的 牌子，之前 用 的 那款 感觉 不是 很 好。

Zhège…wǒ xiān bù shuō zhège, jīntiān wǒmen hǎohao guàngguang, wǒ xiǎng mǎi jiàn xīn yīfu, hái yǒu huàzhuāngpǐn yě kuàiyào yòngwán le, nǐ yǒuméiyou tuījiàn de páizi, zhīqián yòng de nàkuǎn gǎnjué búshì hěn hǎo.

吉田　就 知道 转移 话题。行啦，行啦，我 听 别人 说 商场 三楼 开了 一 家 新 的 化妆品店，里面 的 粉底 非常 棒，我们 快去 看看 吧!

Jiù zhīdào zhuǎnyí huàtí. Xíngla, xíngla, wǒ tīng biéren shuō, shāngchǎng sānlóu kāile yìjiā xīn de huàzhuāngpǐndiàn, lǐmian de fěndǐ fēicháng bàng, wǒmen kuàiqù kànkan ba!

伊藤　好! 快 走!

Hǎo! Kuài zǒu!

（两人上楼的时候，伊藤看到了不远处的林先生）

伊藤　咦，那个…不是 林 先生 吗?

Yí, nèige…búshì Lín xiānsheng ma?

吉田　谁?

Shéi?

伊藤　就是 我 的 上司 啦，平时 非常 严肃 认真 的 一个人。我 刚才 好像 看到 他 是 从 那家 玩具店 里面 走出来 的。

Jiùshì wǒ de shàngsi la, píngshí fēicháng yánsù rènzhēn de yígerén. Wǒ gāngcái hǎoxiàng kàndào tā shi cóng nèijiā wánjùdiàn lǐmian zǒuchūlai de.

吉田　你 是 说 那间 吗? 那间 是 卖 一种 叫 GUNPLA 的 玩具 的 专卖店 耶。不过 你 说 他 是 一个 严肃认真 的 人，怎么 会 买 这种 玩具 呢?

Nǐ shì shuō nèijiān ma? Nèijiān shì mài yìzhǒng jiào GUNPLA de wánju de zhuānmàidiàn ye. búguò nǐshuō tā shì yíge yánsùrènzhēn de rén, zěnme huì mǎi zhèzhǒng wánju ne?

伊藤　对 啊，可 我 真的 看到 他 提着 印有 那家店 商标 的 袋子 走出来 呀。

Duì a, kě wǒ zhēnde kàndào tā tízhe yìnyǒu nàjiādiàn shāngbiāo de dàizi zǒuchūlai ya.

吉田　那 可能 说明，你 这位 上司 有 非常 可爱 的 不为人知 的 一面 呢。
Nà kěnéng shuōmíng, nǐ zhèwèi shàngsi yǒu fēicháng kě'ài de bùwéirénzhī de yímiàn ne.

伊藤　是 这样 吗…
Shì zhèyàng ma…

語彙と文法

难得 得がたい→貴重だ　清闲 のどか・静かな　休假日 休日　百货商场 百貨店・デパート　V 掉（消失を表す）V してしまう　谁让～呢 誰が～させたか（いや誰も）→しょうがない～だ　看不过眼 見過ごせない　参详 調べあわせる　化妆品 化粧品　牌子 ブランド　转移话题 話題を変える　粉底 化粧，ファンデーション　严肃认真 厳粛でまじめ　玩具 おもちゃ　提手に提げる　商标 商標・マーク　上司 上司　不为人知 人に知られない→秘密の

補充表現　玩具など

娃娃 / 布娃娃	wáwa / bùwáwa	人形 / ぬいぐるみ
泰迪熊	tàidíxióng	テディベア
积木 / 粘土	jīmù / niántǔ	積み木 / 粘土
塑料模型	sùliào móxíng	プラモデル
乐高	lègāo	レゴ（ブロック）
拼图	pīntú	ジグソーパズル
象棋 / 围棋	xiàngqí / wéiqí	（中国式）将棋 / 囲碁 動詞は下 xià
麻将 / 扑克牌	májiàng / pūkèpái	マージャン / トランプ 動詞は打 dǎ

豆知識　中国風メイク

　2020 年の統計によると，中国の化粧品市場は約 5200 億元，輸入化粧品の生産国は日本・フランス・韓国です。中国産化粧品もアメリカやイギリスに輸出されています。

　2022 年 4 月，日本の美容雑誌『美的』のウェブページで〝チャイボーグ・メイク〟（中国风妆容 Zhōngguófēng zhuāngróng）が特集されました。チャイボーグとはチャイニーズとサイボーグを併せた造語で，サイボーグのように完璧な美しさをもつ中国女性のことを指すようで，刘亦菲（Liú Yìfēi）や鞠婧祎（Jū Jìngyī）などの女優がお手本のようです。その特長は強くストレートに描いた眉（大平眉 dàpíngméi），赤系のアイメイク（眼影 yǎnyǐng），淡いオレンジ色（蜜桃色 mìtáosè）のチーク（腮红 sāihóng），淡い色の瞳が基本のようですが，これに強めの紅い口紅（口红 kǒuhóng）を加える場合もあるようです。

　中国には古くから〝粉黛〟（fěndài）という言葉があります。唐の詩人，白居易の『長恨歌』には，楊貴妃がはじめて宮廷にあがった様子が「六宮の粉黛，顔色無し」と描写されています。粉は〝おしろい〟のことで，現代ではファンデーションなどを指します。黛は〝まゆずみ〟で，アイブロウなどを指します。つまり〝粉黛〟とは化粧をした美女や化粧品を指します。この言葉に見られるようにメイクは古来重視されていました。唐代は女性のファッションが追求された時代で，当時の詩歌や絵画等から唐代の化粧を復元する試みもあります。

1. Wǒ yígerén dehuà, kěndìng huì dāizài jiāli làngfèidiào zhèyìtiān de.

2. Shéi ràng wǒmen cóngxiǎo jiù rènshi ne, wǒ kànbuguò yǎn le.

3. Huàzhuāngpǐn kuàiyào yòngwán le, nǐ yǒuméiyou tuījiàn de páizi?

4. Jiù zhīdào zhuǎnyí huàtí.

5. Tā shì yíge yánsù rènzhēn de rén, zěnme huì mǎi zhèzhǒng wánjù ne?

6. Tā tízhe yìnyǒu nàjiādiàn shāngbiāo de dàizi zǒuchūlai.

7. Nà kěnéng shuōmíng tā yǒu bùwéirénzhī de yímiàn ne.

覚えておきたい表現

練習 **44b** ▷ 本文を参照して中国語に訳してください。

1. 私一人だったら，きっと家でこの一日を浪費していた。

_____

2. 小さい頃から知り合いじゃないの，見過ごせないよ。

_____

3. 化粧品がもうすぐ切れるけど，あなたはお勧めのブランドはある？

_____

4. 話題を変えたのはわかっている（はぐらかしたね）。

_____

5. 彼は厳粛で真面目な人なのに，どうしてこういうオモチャを買うのかな？

_____

6. 彼があのお店のマークがはいった袋を提げて出てくる。

_____

7. それは彼には人に知られない一面があることを表しているのかもしれない。

_____

《日本語訳》
○久しぶりの休日，デパートに連れ出してくれてよかった。一人だったらきっと一日家でぼーっとしてたよ。○幼なじみでしょ。私は去年結婚したけど，あなたはまだ一人だから見過ごせないよ。好きな人はいないの？教えなさいよ。見定めてあげるから。○えーと……とりあえず，今日はしっかりショッピングしよう。新しい服を買いたいし，化粧品ももうすぐ切れるし，お勧めのブランドはある？前に使ってたの，なんか違うの。○はぐらかしたわね。わかった，わかった。他の人に聞いたけど，デパートの3階に新しい化粧品店が開店して，そこのファンデーションがすごいの。見に行きましょう！○はやく行こう！（二人がデパートに入ると，伊藤は林を見つけた）○え，あれは林さんじゃ……？○誰？○上司だよ。いつもは厳粛で真面目な人なの。私さっき，あのオモチャ屋さんから出てくるところが見えたの。○どのお店？あそこはガンプラを売っている専門店でしょ。でも，真面目な人っていう話なのに，どうしてそんなオモチャを買うのかな？○そう。でも，あのお店のマークがはいった袋を提げて出てきたところを本当に見たの。○じゃあ，あなたの上司には人知れぬ可愛い一面があるってことね。○そうなのかな……

◆ **MCT 41-44** 音声を聞きながらカッコに簡体字（1文字）を書き入れてください。

41 林先生，你（¹　）个月有空吗？怎么了，有什么事情吗？林先生喜（²　）滑雪吗？下个月的假期，我想到北海道去旅行，（³　）在寻找一起去的旅伴，不知道林先生有没有（⁴　）趣呢？哦，滑雪吗？说起来可能很多人都说（⁵　）表面看不出来，但其实我非常擅（⁶　）滑雪。以前读大学的时候，就经常和同学一起去滑雪（⁷　）着。真的吗？那太好了！林先生，你要和我一起去（⁸　）海道吗？这个…可能要稍微过两天（⁹　）能给你答复。你知道的，最近市场推出的新企划正在落实（¹⁰　）案，这两天就要最终确认了。等进度都确（¹¹　）完，我才能确定下个月什么时候可以休息呢。好的好的，那我就等林先生你的消息（¹²　）。说起来，伊藤你怎么会突然想去北海道呢？是这样的，（¹³　）前我和江小姐聊（¹⁴　）的时候，她和我提到她之前来我们这边（¹⁵　）流的时候，顺便去了（¹⁶　）趟北海道，在那里找到一个非常好的滑雪场，让我也一定要去一趟体（¹⁷　）一下，所以我才这么想去的啦。是吗？既然是江小姐的推荐，一定是非常（¹⁸　）错的地方。那我（¹⁹　）量协调一下时间，争取下个月我（²⁰　）一起去那里滑雪吧！太好了！

42 今天到底（¹　）生了什么事情，这条路怎么这么堵。林先生！伊藤，（²　）啊！早上好啊！林先生，今天这里怎么这（³　）堵啊？对啊，我也想知道，（⁴　）时这里都非常通畅的，我手机刚拿出来，正（⁵　）查…哦，原来是前面发生了（⁶　）通事故。啊，那会很麻烦吗？看上去是的，从别（⁷　）发的信息来看，是一场比较严重的（⁸　）祸，而且前前后后的车（⁹　）非常多，堵了好（¹⁰　）公里的路。那林先生，（¹¹　）不是要迟到了？唉，确实如此。只能自（¹²　）倒霉了，没想到今天要赶不（¹³　）上班时间了。林先生，我想到一个（¹⁴　）法。什么？我知道前面一点点的地（¹⁵　）那里有一个停车场，你可以把（¹⁶　）停到那里，然后走路（¹⁷　）公司，算一下时间还可以不（¹⁸　）迟到。那太好了，伊藤，你可以（¹⁹　）车来给我指指路吗？待会我们（²⁰　）起走回公司。当然可以！

43 伊藤，后天就是中秋 (^{1}　　) 了吧？对啊，林先生，好像同事们说了那 (^{2}　　) 要一起去聚餐，然后一起去赏 (^{3}　　) 呢，林先生你要一起去吗？我就 (^{4}　　) 去了，这群家伙每次喝多了都会大吵 (^{5}　　) 闹的，实在是太麻烦了。确实呢。不过这也非常 (^{6}　　) 趣就是啦。来，这个东西给你。诶，这是什么 (^{7}　　) 西，这么大一袋子。这个是中国 (^{8}　　) 公司寄过来的中秋 (^{9}　　) 物，是月饼啦，听说是甜的，但我最近不太想吃甜食，想起你似 (^{10}　　) 很喜欢吃糕点，你就拿回去吃吧。哦！是那个 (^{11}　　) 饼是吧！在中国的时候，确实是 (^{12}　　) 来说要尝尝的，但是那几天正好是 (^{13}　　) 作最忙碌的日子，一下子就忘了。等想起来的时候，(^{14}　　) 面上都已经买不到月饼了，真是可惜！这不就给你弥 (^{15}　　) 遗憾的机会了吗？听说这个月饼是要和家里 (^{16}　　) 一起吃的，在中国有"团圆"的意思在里面，你回家记得和家里人 (^{17}　　) 享一下啦。知道啦！既然如此…刚好，这个就给林先生吧。这是…？这是我刚出去买的饼 (^{18}　　)，原本打算加班的时候吃的，既然林先生给了我吃的，我 (^{19}　　) 还你吃的吧。刚好也不是甜味的。那我就不客 (^{20}　　) 啦。

44 难得清闲的 (^{1}　　) 假日，幸好有你陪我到 (^{2}　　) 货商场逛街，不然我一个人的话，肯定会待在家里一天浪费掉这 (^{3}　　) 天的。谁让我们从 (^{4}　　) 就认识呢，我去年都结婚了，你还是一个人，我都看 (^{5}　　) 过眼了。你就没有喜欢的人吗？告诉我，(^{6}　　) 我帮你参详一下？这个…我先不说这 (^{7}　　)，今天我们好好逛逛，我想买件新衣服，还有 (^{8}　　) 妆品也快要用完了，你有没有推荐的牌 (^{9}　　)，之前用的那款感觉不是很好。就知道转移话题。(^{10}　　) 啦，行啦，我听别人说商场 (^{11}　　) 楼开了一家新的化妆品店，里面的粉底非常棒，我们快 (^{12}　　) 看看吧！好！快走！咦，那个…不是林先生吗？谁？就是我的 (^{13}　　) 司啦，平时非常严肃 (^{14}　　) 真的一个人。我刚才好像看到他是 (^{15}　　) 那家玩具店里面走出来的。你是说那间吗，那间是卖一种 (^{16}　　) GUNPLA 的玩具的 (^{17}　　) 卖店耶。不过你说他是一个严肃认真的人，怎么会买这种玩具呢？对啊，可我真的看到他提着印 (^{18}　　) 那家店商标的袋 (^{19}　　) 走出来呀。那可能说明，你这位上司有非常可爱的不为 (^{20}　　) 知的一面呢。是这样吗…

プレゼント

伊藤	林 先生! 明天 就是 你 的 生日 了 呢。生日 快乐!

Lín xiānsheng! Míngtiān jiùshi nǐ de shēngrì le ne. Shēngrì kuàilè!

林	是 啊, 伊藤 你 居然 知道 我 的 生日, 实在 是 太 感谢 了。最近 的 工作 实在 是 太 忙 了, 我 自己 都 忘记 这件 事 了。

Shì a, Yīténg nǐ jūrán zhīdào wǒ de shēngrì, shízài shì tài gǎnxiè le. Zuìjìn de gōngzuò shízài shì tài máng le, wǒ zìjǐ dōu wàngjì zhèjiàn shì le.

伊藤	那 可 不行 哦, 生日 可是 每个人 每年 都 只 过 一次 的 日子, 要 好好 和 身边 的 人 一起 庆祝 哦!

Nà kě bùxíng o, shēngrì kěshi měigerén měinián dōu zhǐ guò yícì de rìzi, yào hǎohāo hé shēnbian de rén yìqǐ qìngzhù o!

林	你 看, 这 不是 有 你 在 给 我 庆祝 嘛。

Nǐ kàn, zhè búshì yǒu nǐ zài gěi wǒ qìngzhù ma.

伊藤	林 先生, 今年 我 给 你 准备 了 一份 非常 特别 的 生日 礼物 哦。

Lín xiānsheng, jīnnián wǒ gěi nǐ zhǔnbèile yífèn fēicháng tèbié de shēngrì lǐwù o.

林	哦, 到底 是 什么 礼物 呢?

Ó, dàodǐ shì shénme lǐwù ne?

伊藤	让 我 先 卖 一个 关子。林 先生, 礼物 我 已经 包装好 放在 你 的 位置上 了 哦。你 一定 猜不到 我 会 送给 你 的 是 什么 东西。

Ràng wǒ xiān mài yíge guānzi. Lín xiānsheng, lǐwù wǒ yǐjing bāozhuānghǎo fàngzài nǐ de wèizhìshàng le o. Nǐ yídìng cāibudào wǒ huì sònggěi nǐ de shì shénme dōngxi.

林	这么 神秘 吗?

Zhème shénmì ma?

伊藤	而且 应该 是 你 会 喜欢 的 东西 哦。

Érqiě yīnggāi shì nǐ huì xǐhuān de dōngxi o.

林	既是 我 喜欢 的 而又 猜不到 的, 那 会 是 啥 呢? 钢笔 吗? 还是 领带 什么 的?

Jìshì wǒ xǐhuān de éryòu cāibudào de, nà huì shì shá ne? Gāngbǐ ma? Háishi lǐngdài shénme de?

伊藤	不是 那种 普通 的 东西 啦。到时候 你 打开 看 一下 就 知道 了!

búshì nàzhǒng pǔtōng de dōngxi la. Dàoshíhou nǐ dǎkāi kàn yíxià jiù zhīdào le!

(林回到座位上, 拿起包裹住的礼物)

林	这 手感, 这 重量, 难道 是…她 怎么 会 知道 我 喜欢 GUNPLA 的?

Zhè shǒugǎn, zhè zhòngliàng, nándào shì…tā zěnme huì zhīdào wǒ xǐhuān GUNPLA de?

≫ 語彙と文法

生日快乐 誕生日おめでとう　居然（直面して予想外を表す）意外にも　忘记 忘れる　庆祝 祝う　准备 準備する　包装 つつむ　放在 に置く　位置 席・位置　猜不到 当てられない　送给 に贈る　神秘 神秘的・ふしぎ　啥 なに・どんな≒什么　钢笔 万年筆　领带 ネクタイ　打开 開ける　手感 手触り　难道 まさか～ではあるまい（か）

≫ 補充表現　　プレゼント用語

鲜花 / 玫瑰花	xiānhuā / méiguīhuā	花 / バラ
钥匙夹 / 名片夹	yàoshijiā / míngpiànjiá	キーケース / 名刺ケース
项链 / 手链	xiàngliàn / shǒuliàn	ネックレス / ブレスレット
化妆镜 / 梳子	huàzhuāngjìng / shūzi	コンパクトミラー / 櫛
马克杯 / 情侣杯	mǎkèbēi / qínglǚbēi	マグカップ / ペアカップ
手表 / 围巾	shǒubiǎo / wéijīn	時計 / マフラー
葡萄酒 / 香槟酒	pútáojiǔ / xiāngbīnjiǔ	ワイン / シャンパン
戒指 / 钻石	jièzhǐ / zuànshí	指輪 / ダイアモンド
留言卡	liúyánkǎ	メッセージカード

豆知識　雑談力

　セールスやサービスの研修で習うことですが，日本では客先でしてはいけないとされる話題があります。とくに政治・宗教・スポーツチーム等の話題は意見が分かれるので触れない方が無難とされます。初対面の人と話す時に困らない話題としては「木戸に立ちかけし衣食住」という言葉もあります。前の部分は気候・道楽・ニュース・旅・知人・家庭・健康・仕事の頭文字で，これに衣食住を加えた話題ならば話題に困ることはないという会話のコツです。

　中国語の〝聊天〟は「世間話をする」という意味です。聊天室（～ shì）と言えば，ネットのチャット・ルームを指します。当然ですが，中国にも話題に困る人はいるようで，天气 tiānqì，新闻 xīnwén，生活中的趣事 shēnghuózhōng de qùshì，身体情况 shēntǐ qíngkuàng，学业 xuéyè や工作 gōngzuò などを話題にするようにとのアドバイスも散見されます。この点はそれほど日中で変わらないようです。

　もちろん，相手との関係によって話題の深さも変わっていきます。

1. Míngtiān jiùshi nǐ de shēngrì le ne. Shēngrì kuàilè!

---

2. Nǐ jūrán zhīdào wǒ de shēngrì, shízài shì tài gǎnxiè le.

---

3. Shēngrì shì měigerén měinián dōu zhǐ guò yícì de rìzi.

---

4. Nǐ yào hǎohao hé shēnbian de rén yìqǐ qìngzhù o!

---

5. Lǐwù wǒ yǐjing bāozhuānghǎo fàngzài nǐ de wèizhìshàng le.

---

6. Nǐ yídìng cāibudào wǒ huì sònggěi nǐ de shì shénme dōngxi.

---

7. Dào shíhou nǐ dǎkāi kàn yíxià jiù zhīdào le!

覚えておきたい表現

練習 **45b** 本文を参照して中国語に訳してください。

1. 明日は誕生日でしょ。お誕生日おめでとうございます。

2. ぼくの誕生日を知っていたんだ。本当にありがとう。

3. 誕生日は誰もが毎年一回だけ過ごす日です。

4. 身近な人といっしょにしっかりお祝いしなくちゃ！

5. プレゼントはもう包んであなたの席に置いてあります。

6. あなたはきっと私が贈ったものが何だか当てられないでしょう。

7. 開けてみた時に分かります。

《日本語訳》
○林さん！明日は誕生日でしょ。お誕生日おめでとうございます！○そうだけど，伊藤さん，ぼくの誕生日を知っていたんだ。本当にありがとう。最近している仕事がほんとに忙しくて，自分でも忘れてたよ。○それはいけませんね。誕生日は誰でも毎年一回だけ過ごす日なんですよ。身近な人といっしょにお祝いしなくちゃ！○それなら，君が祝ってくれてるじゃないか。○林さん，今年は特別なプレゼントを準備してあるんですよ。○え，いったいどんなプレゼントなのかな？○ちょっとじらしますよ。林さん，プレゼントはもう包んで席に置いてあります。きっと何を贈ったか分からないだろうな。○そんなに秘密なの？○しかも，好きなもののはずですよ。○ぼくが好きなもので当てられないものって，何だろう。万年筆か？それとも，ネクタイか何か？○そんな普通のものじゃありません。開けてみたら分かります！○この手触り，この重さ，まさか……どうしてぼくがガンプラを好きだと知っているんだ？

風邪

| 林 | 伊藤，你 怎么 了，看上去 似乎 没 什么 精神 的 样子？ |

Yīténg, nǐ zěnme le, kànshàngqu sìhū méi shénme jīngshen de yàngzi?

| 伊藤 | 是的，林 先生。从 今天 早上 开始，我 就 有点 头晕，可能 发烧 了。 |

Shìde, Lín xiānsheng. Cóng jīntiān zǎoshang kāishǐ, wǒ jiù yǒudiǎn tóuyūn, kěnéng fāshāo le.

| 林 | 我 看看，好像 额头 是 有点 发热 的 样子，我 记得 公司 有 体温计，我 去 给 你 找找，你 量 一下 是不是 发烧 了。 |

Wǒ kànkan, hǎoxiàng étóu shì yǒudiǎn fārè de yàngzi, wǒ jìde gōngsī yǒu tǐwēnjì, wǒ qù gěi nǐ zhǎozhao, nǐ liáng yíxià shìbúshì fāshāo le.

| 伊藤 | 好的，谢谢 你 了，林 先生。 |

Hǎode, xièxie nǐ le, Lín xiānsheng.

(林找到了体温计，拿给了伊藤)

| 林 | 怎么样？已经 过了 十分钟 了，可以 看看 体温计 的 结果 了。 |

Zěnmeyàng? Yǐjīng guòle shífēnzhōng le, kěyǐ kànkan tǐwēnjì de jiéguǒ le.

| 伊藤 | 好的，我 看看…嗯，37.5 度。看上去 应该 是 发烧 了 吧？ |

Hǎode, wǒ kànkan…ń, 37.5 dù. Kànshàngqu yīnggāi shì fāshāo le ba?

| 林 | 伊藤，你 是不是 发烧烧 迷糊 了，正常体温 在 36 度 左右，你 这样 已经 烧得 很 严重 了。别 说话 了，我 现在 就 带 你 去 医院。 |

Yīténg, nǐ shìbúshì fāshāoshao míhu le, zhèngchángtǐwēn zài 36 dù zuǒyòu, nǐ zhèyàng yǐjīng shāode hěn yánzhòng le. Bié shuō huà le, wǒ xiànzài jiù dài nǐ qù yīyuàn.

| 伊藤 | 可是 工作 的 事情 还 没有… |

Kěshì gōngzuò de shìqing hái méiyou…

| 林 | 不用 管 工作 了，我 会 打 电话 让 别人 接手 一下 你 的 工作，目前 对 你 来说，最 重要的 就是 先 去 看 病，不然 这样 持续下去，可能 会 加重 病情 的。 |

Búyòng guǎn gōngzuò le, wǒ huì dǎ diànhuà ràng biérén jiēshōu yíxià nǐ de gōngzuò, mùqián duì nǐ láishuō, zuì zhòngyàode jiùshi xiān qù kàn bìng, bùrán zhèyàng chíxùxiàqu, kěnéng huì jiāzhòng bìngqíng de.

| 伊藤 | 好吧…不过 林 先生，如果 你 要 送 我 到 医院 去 的话，麻烦 你 先 戴上 口罩，好 吗？我 害怕 我 会 把 病菌 传染 给 你。 |

Hǎoba…búguò Lín xiānsheng, rúguǒ nǐ yào sòng wǒ dào yīyuàn qù dehuà, máfan nǐ xiān dàishàng kǒuzhào, hǎo ma? Wǒ hàipà wǒ huì bǎ bìngjūn chuánrǎn gěi nǐ.

| 林 | 好的，放心。我 桌子上 就 有 口罩，我 给 你 也 拿 一个。虽然 闷 了 一点，但是 起码 不 会 在 医院 被 其他 病毒 入侵 了。 |

Hǎode, fàngxīn. Wǒ zhuōzishàng jiù yǒu kǒuzhào, wǒ gěi nǐ yě ná yíge. Suīrán mēnle yìdiǎn, dànshì qǐmǎ bú huì zài yīyuàn bèi qítā bìngdú rùqīn le

| 伊藤 | 好的，那 就 拜托 你 了，林 先生。 |

Hǎode, nà jiù bàituō nǐ le, Lín xiānsheng.

語彙と文法

精神（神は軽声）元気　头晕 頭がくらくらする　发烧 熱がでる　额头 額　量（第二声で）計る　迷糊 ぼんやりする　左右 〜くらい　严重 重い　管 かかわる・かまう　接手（仕事を）引き継ぐ　看病 医者に診せる　持续下去 持続する・続く　加重 重くする・深くなる　戴上（時計やマスクやアクセサリーなどを身に）つける　口罩 マスク　害怕 おそれる　传染 伝染する・うつる　闷 むっとする・息苦しい　起码 最低限度・ぎりぎり・かろうじて　病毒 ウイルス　拜托你了（任せる時に）お願いします

補充表現　病院関係の用語

救护车 / 挂号	jiùhùchē / guàhào	救急車 / 受付
内科 / 外科	nèikē / wàikē	内科 / 外科
流感 / 肺炎	liúgǎn / fèiyán	インフルエンザ / 肺炎
中毒 / 过敏	zhòngdú / guòmǐn	中毒 / アレルギー
头疼 / 肚子疼	tóuténg / dùziténg	頭痛 / 腹痛
头晕 / 发冷	tóuyūn / fālěng	目まい / 寒気
咳嗽 / 流鼻涕	késòu / liú bítì	咳 / 鼻水
骨折 / 伤	gǔzhé / shāng	骨折 / 傷
打针 / 输液	dǎzhēn / shūyè	注射 / 点滴
开药 / 医疗保险	kāiyào / yīliáo bǎoxiǎn	処方する / 医療保険

豆知識　中国の科学技術

　邓小平（Dèng Xiǎopíng 1904 ～ 97）の改革開放以来，中国は科学技術を第一の生産力として位置づけています。胡锦涛（Hú Jǐntāo）時代（2003 ～ 13）には〝创新〟（chuàngxīn：イノベーション）が強調されました。2017 年の研究開発資金は 1 兆 7600 億元（29 兆円）ほどでした（米国の半分，日本の 1.5 倍）。ハイテクの産業を導入することも盛んで，2015 年，习近平（Xí Jìnpíng 2013 ～）政権では中国製造 2025 という政策が打ち出されています（林秀幸，2020）。

　これまでの成果として宇宙開発では 2003 年に〝神舟 5 号〟（Shénzhōu）が有人宇宙飛行に成功し，2021 年には宇宙ステーション〝天宫〟（Tiāngōng）に飛行士が滞在しています。2016 年には世界初の量子暗号衛星〝墨子〟（Mòzǐ）が打ち上げられました。医学では，抗マラリア薬のアルテミシニン（青蒿素：Qīnghāosù）を発見した屠呦呦（Tú Yōuyōu）が 2015 年ノーベル賞を受賞しました。スーパー・コンピュータでは 2016 年に〝神威・太湖之光〟（Shénwēi・tàihú zhī guāng）が計算速度で世界ランキング 1 位となりました。AI の開発も盛んで，2017 年に国務院が「次世代 AI 発展計画」を発表し，2021 年に発表された〝悟道 2.0〟（Wùdào）は「世界最大のニューラルネットワーク」とされています。これをもとに作られた华智冰（Huá Zhìbīng）というヴァーチャル学生が清華大学に入学し，彼女が作った歌や絵なども公開されています（WIRED，2022-43）。

　科学論文の数は 2017 年の時点でおよそ 34 万本，アメリカと互角，日本の 4 倍余でした。その後，2021 年には質で世界 1 位となりました。研究者数は 210 万人で世界一です（日経新聞，2021/8/11）。特許出願件数は 2018 年の時点で，154 万件で世界 1 位です。中国の科学技術情報を知るにはウェブサイト Science Portal China が便利です。

1. Nǐ zěnme le, kànshàngqu sìhū méi shénme jīngshen de yàngzi?

----

2. Cóng jīntiān zǎoshang kāishǐ, wǒ jiù yǒudiǎn tóuyūn, kěnéng fāshāo le.

----

3. Wǒ jìde gōngsī yǒu tǐwēnjì, wǒ qù gěi nǐ zhǎozhao.

----

4. Búyòng guǎn gōngzuò le, wǒ huì ràng biérén jiēshǒu nǐ de gōngzuò.

----

5. Bùrán zhèyàng chíxùxiàqù, kěnéng huì jiāzhòng bìngqíng de.

----

6. Máfan nǐ xiān dàishàng kǒuzhào, hǎo ma?

----

7. Wǒ hàipà wǒ huì bǎ bìngjùn chuánrǎn gěi nǐ.

覚えておきたい表現

練習 **46b** 本文を参照して中国語に訳してください。

1. どうしたのですか，あなたは何だか元気がないみたいですね。

_____

2. 今朝から始まって，すこしめまいがして，熱があるかもしれません。

_____

3. 会社に体温計があったはずだから，ちょっと探しにいく。

_____

4. 仕事は気にしなくていい，私がほかの人に君の仕事を引き継がせる。

_____

5. さもないと，そんな状態が続いたら，病状が重くなるかもしれない。

_____

6. まずあなたがマスクをつけてもらっていいですか？

_____

7. ウイルスを（あなたに）うつしてしまうことが怖いです。

_____

《日本語訳》
○伊藤さん，どうしたの。何だか元気がないみたいだね？○そうなんです，林さん。今朝から
ちょっと頭がくらくらして，熱があるかもしれないです。○なんだか額にすこし発熱している
ような感じがある。会社に体温計があったはずだから，探してくる。熱があるかどうか計って
みよう。○分かりました。ありがとう。林さん。（林は体温計を探して伊藤に渡す）○どう？ 10
分すぎたよ。体温計をみるといい。○ええ，あー，37.5 度ですね。熱があるんでしょうか？○
伊藤さん，熱でぽっとしているぞ。正常な体温は 36 度くらいだから，熱が高い。もう話をする
な。医者に連れて行く。○でも，仕事がまだ……○仕事は気にしなくていい。電話して引き継
がせる。今の君の場合，医者に診せるのが一番重要だ。そんな状態が続いたら，病気が重くな
るかもしれない。○分かりました。でも，林さん，医者に連れて行ってくれるなら，マスクを
つけてくれませんか。ウイルスが伝染するといけないので。○わかった。安心しろ。机にマス
クがあるから，君に一つもってくる。ちょっと息苦しいだろうけど，最低限これで病院でほか
のウイルスが入ることはない。○はい，お願いします。林さん。

猫と犬

（林在街上看到抱着一只猫的伊藤）

林 伊藤，这 是 你 的 猫 吗? 之前 没有 听说过 你 养 宠物 呀。
Yīténg, zhè shi nǐ de māo ma? Zhīqián méiyou tīngshuōguo nǐ yǎng chōngwù ya.

伊藤 是 林 先生 吗? 真 巧。这 是 我 朋友 养 的 猫，因为 她 最近 有点 事 要 出差 两周，所以 拜托 我 帮忙 照顾 一下 她 家 的 小猫 啦。
Shì Lín xiānsheng ma? Zhēn qiǎo. Zhè shi wǒ péngyou yǎng de māo, yīnwèi tā zuìjìn yǒudiǎn shì yào chūchāi liǎngzhōu, suǒyǐ bàituō wǒ bāngmáng zhàogù yíxià tā jiā de xiǎomāo la.

林 原来 是 这样 啊。那 你 也 是 很 会 照顾 小动物 的 呀，你 朋友 能 放心 把 小猫 托付 给 你，说明 非常 相信 你 的 能力 呢。
Yuánlái shì zhèyàng a. Nà nǐ yě shì hěn huì zhàogù xiǎodòngwù de ya, nǐ péngyou néng fàngxīn bǎ xiǎomāo tuōfù gěi nǐ, shuōmíng fēicháng xiāngxìn nǐ de nénglì ne.

伊藤 也许 是 这样 吧。因为 在 之前 也 试过 帮 她 照顾 小猫，所以 她 已经 习惯了 有 需要 就 找 我 帮忙 了。这么 说起来，林 先生 喜欢 小动物 吗?
Yěxǔ shì zhèyàng ba. Yīnwèi zài zhīqián yě shìguo bāng tā zhàogù xiǎomāo, suǒyǐ tā yǐjing xíguànle yǒu xūyào jiù zhǎo wǒ bāngmáng le. Zhème shuōqǐlai, Lín xiānsheng xǐhuān xiǎodòngwù ma?

林 小动物 我 倒是 不 讨厌，不过 因为 工作 比较 忙碌 的 关系，我 觉得 我 应该 没有 空闲 去 照顾 一只 小动物 啦。
Xiǎodòngwù wǒ dàoshi bù tǎoyàn, búguò yīnwèi gōngzuò bǐjiào mánglù de guānxi, wǒ juéde wǒ yīnggāi méiyou kòngxián qù zhàogù yìzhǐ xiǎodòngwù la.

伊藤 那 林 先生 你，是 狗派 呢? 还是 猫派 呢?
Nà Lín xiānsheng nǐ, shì gǒupài ne? Háishi māopài ne?

林 哈哈哈，在 这么 可爱 的 小猫 面前，我 还 真 不 好说 呢。
Hāhāhā, zài zhème kě'ài de xiǎomāo miànqián, wǒ hái zhēn bù hǎoshuō ne.

伊藤 这么 说来，林 先生 你 是 狗派 吗?
Zhème shuōlai, Lín xiānsheng nǐ shì gǒupài ma?

林 嗯…是的。因为 感觉 狗 会 比较 容易 训练，而且 比较 听话。猫 的 话，感觉 太 我行我素 了，完全 没办法 交流 的 样子。
Ń…shìde. Yīnwèi gǎnjué gǒu huì bǐjiào róngyì xùnliàn, érqiě bǐjiào tīnghuà. Māo dehuà, gǎnjué tài wǒxíngwǒsù le, wánquán méibànfǎ jiāoliú de yàngzi.

伊藤 林 先生，连 小动物 也 想要 进行 交流 吗?
Lín xiānsheng, lián xiǎodòngwù yě xiǎngyào jìnxíng jiāoliú ma?

林 那 倒 不是，只是 无法 交流 的 话，有 时候 会 觉得 无可奈何 而已。
Nà dào búshì, zhǐshì wúfǎ jiāoliú dehuà, yǒu shíhou huì juéde wúkěnàihé éryǐ

伊藤 林 先生 真是 认真 呢，那 我 先 把 小猫 带回 家 去 啦，拜拜!
Lín xiānsheng zhēnshì rènzhēn ne, nà wǒ xiān bǎ xiǎomāo dàihuí jiā qu la, bàibai!

林 再见。
Zàijiàn.

≫ 語彙と文法

养 飼う　宠物 ペット　拜托 お願いする　照顾 世話をする　放心 安心する　托付 託す　相信
信じる　习惯 慣れる　空闲 空き・ひま　好说 言いやすい　训练 訓練（する）　听话 話を聞く
→言うことを聞く・従う　我行我素 我が道を行く　连～也… ～さえ…する　无法 方法がない
无可奈何 どうしようもない　拜拜 バイバイ

≫ 補充表現　　ペット用語

柴犬 / 博美	cháiquǎn / bóměi	シバイヌ / ポメラニアン
比格犬 / 哈士奇	bǐgéquǎn / hàshiqí	ビーグル犬 / ハスキー犬
金毛	jīnmáo	ゴールデンリトリバー
苏格兰折耳猫	sūgélán zhéěrmāo	スコティッシュフォールド
美国短毛猫	měiguó duǎnmáomāo	アメリカンショートヘア
兔子 / 松鼠 / 仓鼠	tùzǐ / sōngshǔ / cāngshǔ	ウサギ / リス / ハムスター
鹦哥 / 热带鱼	yīnggē / rèdàiyú	インコ / 熱帯魚
散步 / 饲养者	sànbù / sìyǎngzhě	散歩 / 飼い主
宠物食品	chǒngwù shípǐn	ペットフード

豆知識　中国のペット事情

　2021年，中国のペット産業はおよそ 3000 億元規模に達し，全国の飼主はおよそ1億 8900
万人，都市部で飼われている犬や猫は1億 1000 万匹と報道されています。毛沢東時代はペット
を飼うことはブルジョア的習慣だとされていましたが，近年，ペットを飼う人は増加傾向にあり，
統計上 2010 年から 2021 年までにペットは3倍に増加しました。主なペットは犬と猫で，
2020 年までは犬の飼育数の方が多かったのですが，2021 年より猫の方が多くなりました。犬
の場合，住宅事情から都市部ではチワワやトイプードル等，室内犬が好まれるようです。ペッ
トの生体販売はブリーダーなどから手に入れる場合もありますが，ネットによる販売も多いよ
うです。飼い主は子供が成長した夫婦等が主流になっていますが，いわゆる〝癒やし〟(治愈心
灵 zhìyù xīnlíng) を求めて，若い世代にもペットの飼育は広まっているようです。2020 年，全
人代常務委員会がコロナウイルスのパンデミックをうけて，野生動物の食用を禁止しましたが，
この時，犬は「家畜からパートナーへと変わった」とされ，食用動物から除外されています。
　ペットに関する産業はペットフード（宠物食品 Chǒngwù shípǐn）を中心に，玩具・自動トイ
レなど，関連企業 170 万社と言われ，しつけ学校の盛況ぶりも報道されています。
　最近は〝铲屎官〟(chǎnshǐguān) という言葉が使われることがあります。これはネットから出
た言葉で，元来は〝フンをスコップで始末する係〟を意味し，ペットを溺愛する飼い主が自嘲的
に自分のことを指す場合に用いるようです。ほほえましい言葉ですが，使い方がやや限定的と
言えるでしょう。通常，飼い主は〝饲养者〟(sìyǎngzhě) 等と言うようです。
　中国でも古くから犬や猫が飼われていて，孔子も「敝蓋（車の覆い）を棄てず。狗を埋めるが
為なり」(『礼記』檀弓) と言い，北宋の詩人，梅尭臣（1002 ～ 60）も愛猫との別れを詠んだ「祭
猫」という詩を書いており，老舎にも「猫」というエッセイがあります。

1. Zhīqián méiyou tīngshuōguo nǐ yǎng chǒngwù ya.

_____

2. Yīnwèi tā yào chūchāi liǎngzhōu, suǒyǐ bàituō wǒ zhàogù yíxià xiǎomāo la.

_____

3. Wǒ juéde wǒ yīnggāi méiyou kòngxián zhàogù yìzhǐ xiǎodòngwù la.

_____

4. Zài zhème kě'ài de xiǎomāo miànqián, wǒ hái zhēn bù hǎoshuō ne.

_____

5. Māo de huà, wǒ gǎnjué tài wǒxíngwǒsù le.

_____

6. Nǐ lián xiǎodòngwù yě xiǎngyào jìnxíng jiāoliú ma?

_____

7. Wúfǎ jiāoliú dehuà, yǒu shíhou huì juéde wúkěnàihé éryǐ.

_____

覚えておきたい表現

_____

_____

_____

_____

練習 **47b** 本文を参照して中国語に訳してください。

1. 君がペットを飼っていたことを以前に聞いていなかった。

2. 彼女が2週間出張するから，小猫の世話をすこしするように私に頼んだのです。

3. 私は小動物の世話する暇がないと思う。

4. こんなに可愛い小猫の前では，やっぱり言いにくいね。

5. 猫の場合，我が道を行くって感じが私にはする。

6. あなたは小さな動物とさえ交流するつもりなんですか？

7. 交流する方法がないなら，時々どうしようもないなって思う時もあるだけです。

《日本語訳》
（林は街で猫を抱いた伊藤をみかける）○伊藤さん，これは君の猫なの？ペットを飼っていたなんて知らなかった。○林さん？偶然ですね。私の友達が飼っている猫なんですよ。最近彼女が仕事で2週間出張するから，小猫の世話をするように頼まれたんです。○そうなの。じゃあ，君も動物の世話ができるんだ。友達も小猫を預けて安心できるんだから，君の能力を信じてるんだね。○そうかもしれませんね。前に彼女に小猫の世話をさせてもらったので，もう必要になると私に頼むのに慣れているんですよ。そう言うってことは，林さんも小動物が好きなんですか？○小動物はぼくも嫌いじゃない。でも，仕事が忙しいから世話する暇がないと思う。○じゃあ，林さんは犬派ですか，それとも猫派ですか？○ハハハ，こんなに可愛い小猫の前じゃ，やっぱり言いにくいね。○そう言うってことは，林さんは犬派なんですか？○うーん，そうだね。犬はしつけしやすいし，言うことも聞く。猫の場合，我が道を行っていて，まったく交流できないような気がする。○林さんは動物とも交流するつもりなんですか？○そうじゃなくて，交流する方法がないなら，時々どうしようもないなって思う時もあるだけだよ。○林さんは本当にまじめですね。じゃあ，私は猫ちゃんを家に連れてかえります。バイバイ！○また。

伊藤　到底 哪个 好 呢，是 这个，还是…
Dàodǐ nǎge hǎo ne, shì zhèige, háishi…

林　怎么 了，伊藤，从 刚才 开始 就 看到 你 一直 坐 在 这里 发呆，一脸 犹豫不决 的 样子。
Zěnme le, Yīténg, cóng gāngcái kāishǐ jiù kàndào nǐ yìzhí zuò zài zhèlǐ fādāi, yì liǎn yóuyùbùjué de yàngzi.

伊藤　是 这样 的，林 先生，我 正在 想，待会 午饭 到底 吃 什么 好 呢。
Shì zhèyàng de, Lín xiānsheng, wǒ zhèngzài xiǎng, dāihuì wǔfàn dàodǐ chī shénme hǎo ne.

林　你 平时 不 都 是 和 同事 一起 到 楼下 的 饭店 去 吃 的 吗?
Nǐ píngshí bù dōu shì hé tóngshì yìqǐ dào lóuxià de fàndiàn qù chī de ma?

伊藤　对 啊，可是 今天 她 不是 请假了 嘛。我 一个人 又 不 想 去 平日 去 的 店里 吃饭，所以 在 想 附近 有没有 什么 其他 可以 去 吃 午饭 的 店。
Duì a, kěshì jīntiān tā búshì qǐngjiàle ma. Wǒ yígerén yòu bù xiǎng qù píngrì qù de diànlǐ chīfàn, suǒyǐ zài xiǎng fùjìn yǒuméiyou shénme qítā kěyǐ qù chī wǔfàn de diàn.

林　我 记得 我们 在 中国 的 时候，也 经常 被 这个 问题 困扰 呢。
Wǒ jìde wǒmen zài Zhōngguó de shíhou, yě jīngcháng bèi zhège wèntí kùnrǎo ne.

伊藤　是 啊，可是 江 小姐 不是 给 我们 推荐了 一个 点餐 的 APP 吗? 在 那 APP 上，附近 有 什么 好吃 的 店铺 都 能 看到，而且 还 能 让 外卖员 送到 公司 和 酒店，实在 是 太 方便 了。
Shì a, kěshì Jiāng xiǎojiě búshì gěi wǒmen tuījiànle yíge diǎncān de APP ma? Zài nà APP shàng, fùjìn yǒu shénme hàochī de diànpù dōu néng kàndào, érqiě hái néng ràng wàimàiyuán sòngdào gōngsī hé jiǔdiàn, shízài shì tài fāngbiàn le.

林　对 啊，不得不 说 这个 APP 太 有用 了，要是 在 我们 这里 也 有 这 种 软件 就 好 了。诶…你 这么 说起来…
Duì a, bùdébù shuō zhège APP tài yǒuyòng le, yàoshi zài wǒmen zhèlǐ yě yǒu zhè zhǒng ruǎnjiàn jiù hǎo le. Éi…nǐ zhème shuōqǐlai…

伊藤　怎么 了，林 先生。
Zěnme le, Lín xiānsheng.

林　我 突然 有 灵感，要是 我们 把 这种 软件 应用 到 服装 行业，是不 是 也 可以? 似乎 是 个 可以 深入 思考 一下 的 想法 呢!
Wǒ tūrán yǒu línggǎn, yàoshi wǒmen bǎ zhèzhǒng ruǎnjiàn yìngyòng dào fúzhuāng hángyè, shìbushì yě kěyǐ? Sìhū shì ge kěyǐ shēnrù sīkǎo yíxià de xiǎngfǎ ne!

伊藤　林 先生! 现在 可是 快 到 饭点 了，就 不能 先 吃饱 肚子，再 思考 工作上 的 事情 吗!
Lín xiānsheng! Xiànzài kěshì kuài dào fàndiǎn le, jiù bùnéng xiān chībǎo dùzi, zài sīkǎo gōngzuòshàng de shìqing ma!

林　哦，对。抱歉，是 我 一时间 失神 了，我 听说 在 对面 大楼里 有 一家 新 开 的 炸鸡店 味道 还 不错，中午 要不 我们 一起 去 吃 吧?

Ó, duì. Bàoqiàn, shì wǒ yìshíjiān shīshén le, wǒ tīngshuō zài duìmian dàlóuli yǒu yìjiā xīn kāi de zhájīdiàn wèidao hái búcuò, zhōngwǔ yàobù wǒmen yìqǐ qù chī ba?

伊藤 好! 那 我们 走 吧!

Hǎo! Nà wǒmen zǒu ba!

▶ 語彙と文法

发呆 ぼんやりする　犹豫 迷う　请假 休暇を取る　困扰 悩む　推荐 勧める　点餐 料理を注文する　外卖员 宅配員　不得不〜 〜せざるをえない　要是 もしも　灵感 霊感・インスピレーション・閃き　应用 応用する　饭点 ご飯の時間。〜点は〜の時間の意　吃饱 満腹になる　失神 自失する　大楼 ビル　炸鸡 唐揚げ　味道 味

▶ 補充表現　出前・宅配など

骑手	qíshǒu	配達員
配送费	pèisòngfèi	配送料
预约订餐	yùyuē dìngcān	料理を予約する
准时送达	zhǔnshí sòngdá	時間どおりに届く
礼包	lǐbāo	ギフト（券）
团体优惠	tuántǐ yōuhuì	団体割引
热门榜单	rèmén bǎngdān	人気ランキング
地方菜	dìfāngcài	郷土料理

豆知識　中国の外食宅配サービス

　日本国内では出前館やウーバーイーツ（アメリカ 2014 年，日本法人 2016 年）という食品宅配サービスがありますが，中国における同様のサービスとしては〝饿了么〟（Èle me：お腹がすきましたか）というアプリがあり，外食の配達を頼むことができます。

　上海交通大学の大学院生だった張旭豪氏が 2008 年に会社を設立し，その後，上海・北京・杭州などに支店を展開し，2018 年にアリババ傘下の企業になり，一部でドローン配送を開始し，介護事業にも参入しています。

　同様の企業にテンセント傘下の〝美团点评〟（Měituán diǎnpíng）があります。

　饿了么の配達員が使うアプリは蜂鸟即配（Fēngniǎo jípèi）という名称です。2022 年 6 月にこのウェブページを参照したところ，日平均配達数 450 万件，協力店舗 350 万軒，配達員数 300 万で，中国国内 2000 の都市をカバーしていることが分かりました。2016 年から准时达（zhǔnshídá：時間通りに届く）システムが作り上げられ，平均配達時間は 29 分ほどとされています。AI による配達最適化も 2017 年から行われており，このシステムを〝方舟智能调度系统〟（Fāngzhōu zhìnéng diàodù xìtǒng）と言うようです。

練習 **48a** 〉 本文を参照してピンインから簡体字にしてください。

1. Nǐ yìzhí zuò zài zhèli fādāi, yì liǎn yóuyùbùjué de yàngzi.

2. Wǒ zhèngzài xiǎng dāihuì wǔfàn dàodǐ chī shénme hǎo ne.

3. Wǒ yígerén bù xiǎng qù píngrì qù de diànli chīfàn.

4. Wǒmen zài Zhōngguó de shíhou, yě jīngcháng bèi zhège wèntí kùnrǎo ne.

5. Nà zhǒng ruǎnjiàn ràng wàimàiyuán sòngdào gōngsī, shízài tài fāngbiàn le.

6. Sìhū shì ge kěyǐ shēnrù sīkǎo yíxià de xiǎngfǎ ne.

7. Kuài dào fàndiǎn le, jiù bù néng xiān chībǎo dùzi, zài sīkǎo ma?

覚えておきたい表現

練習 48b 〉本文を参照して中国語に訳してください。

1. 君はずっとそこに座ってぼんやりして，何か迷っているような顔をしている。

2. もうすぐで昼ご飯なので何を食べたらいいかと考えているところです。

3. 一人でいつも行っているお店に行って食べたくない。

4.（私達が）中国にいた時，いつもその問題に困らされた。

5. あのソフトは配達員に会社まで届けさせてくれて，本当に便利でした。

6. すこし深く考えてみるべきアイデアのようだ。

7. もうすぐ昼ご飯の時間ですから，まずお腹を満たしてから考えられませんか？

《日本語訳》

○どれがいいかな，これか，それとも……○どうしたの。伊藤さん，さっきからずっとそこでぼんやりして，何か迷っているような顔をして。○じつはですね，林さん，もうすぐで昼ご飯ですけど何を食べたらいいかと考えているところなんですよ。○いつもは同僚といっしょに下の階のレストランに食べに行くんじゃないの？○そうです。でも，今日は彼女が休暇をとっているじゃないですか。一人でいつも行っているお店に食べに行きたくないんですよ。だから，近くに昼ご飯を食べに行ける店が他にないかなと考えているんです。○中国にいた時，いつもそれで困ったね。○そうですね。でも，江さんが注文アプリをお勧めしてくれませんでしたか？アプリで付近にどんな美味しいお店があるか見られて，しかも出前で会社やホテルに届けてくれて，ほんとうに便利でした。○そうだね。あのアプリは便利だと言わざるを得ないな。ここにもあのソフトがあったらいいのに。あ。ということは……○どうしたんですか，林さん。○突然，閃いたんだ。あのソフトをアパレル業界に応用してもいいんじゃないか？すこし深く考えてみるべきアイデアだよ！○林さん！でも，もうすぐ食事の時間になりますから，まずお腹を満たしてから仕事のことを考えられませんか！○あ，そうだね。ごめん。ちょっと考え事をしていた。向かいのビルに味のいい新しい唐揚げ屋さんができたから，昼にいっしょに食べに行かない？○いいですね。行きましょう。

スポーツ

林
伊藤，你 现在 有 时间 吗？我 有些 问题 想要 请教 一下。
Yīténg, nǐ xiànzài yǒu shíjiān ma? Wǒ yǒuxiē wèntí xiǎngyào qǐngjiào yíxià.

伊藤
当然，有 什么 可以 帮助 你 的 吗？
Dāngrán, yǒu shénme kěyǐ bāngzhù nǐ de ma?

林
是 这样 的，最近 我 发现 身体 好像 有点 容易 疲惫，感觉 是 最近
一直 缺乏 运动 导致 的，所以 想 抽 时间 去 运动 一下，但是 又 不
知道 哪样 运动 适合 自己。
Shì zhèyàng de, zuìjìn wǒ fāxiàn shēntǐ hǎoxiàng yǒudiǎn róngyì píbèi, gǎnjué shì zuìjìn yìzhí quēfá yùndòng dǎozhì de, suǒyǐ xiǎng chōu shíjiān qù yùndòng yíxià, dànshi yòu bù zhīdào nǎyàng yùndòng shìhé zìjǐ.

伊藤
这样 的话，林 先生 你 会 游泳 吗？比较 轻松 而且 又 能 锻炼 全身，
非常 适合 你 呢？
Zhèyàng dehuà, Lín xiānsheng nǐ huì yóuyǒng ma? Bǐjiào qīngsōng érqiě yòu néng duànliàn quánshēn, fēicháng shìhé nǐ ne?

林
游泳 我 倒是 会，不过 公司 和 我 住 的 地方 都 离 游泳场 很 远 呢，
每天 要 跑 到 那么 远 的 地方 去，实在 有些 不 方便 呢。
Yóuyǒng wǒ dàoshi huì, búguò gōngsī hé wǒ zhù de dìfang dōu lí yóuyǒngchǎng hěn yuǎn ne, měitiān yào pǎo dào nàme yuǎn de dìfang qù, shízài yǒuxiē bù fāngbiàn ne.

伊藤
那 篮球 或者 足球 呢？我 记得 公司 附近 就 有 公用 的 篮球场 和
足球场，林 先生 每天 下班 以后 过去 还是 非常 方便 的。
Nà lánqiú huòzhě zúqiú ne? Wǒ jìde gōngsī fùjìn jiù yǒu gōngyòng de lánqiúchǎng hé zúqiúchǎng, Lín xiānsheng měitiān xiàbān yǐhòu guòqu háishi fēicháng fāngbiàn de.

林
确实 如此，但是 篮球 和 足球 都 是 团队 运动，我 没有 认识 的 朋
友 能 对上 时间 一起 去 的，一个人 也 很 难 加入 到 别人 固定 的
队伍 里面 去 啦。
Quèshí rúcǐ, dànshi lánqiú hé zúqiú dōu shì tuánduì yùndòng, wǒ méiyou rènshi de péngyou néng duìshàng shíjiān yìqǐ qù de, yígèrén yě hěn nán jiārù dào biéren gùdìng de duìwǔ lǐmiàn qù la.

伊藤
那…慢跑 呢？这个 只要 每天 下班 以后 换好 衣服，然后 到 附近
的 公园里 去 跑跑步 就 好 了。
Nà…mànpǎo ne? Zhège zhǐyào měitiān xiàbān yǐhòu huànhǎo yīfu, ránhòu dào fùjìn de gōngyuánli qù pǎopaobù jiù hǎo le.

林
这个 不错，跑步 感觉 运动量 不是 很 大 的 样子，还 有 其他 提议
吗？
Zhège búcuò, pǎobù gǎnjué yùndòngliàng búshì hěn dà de yàngzi, hái yǒu qítā tíyì ma?

伊藤
嗯，林 先生 喜欢 跳绳 吗？我 听 人 说，跳绳 也 是 非常 有效 的
运动 方式。能 快 能 慢，全 看 你 自己 的 需求 了。
Ń, Lín xiānsheng xǐhuān tiàoshéng ma? Wǒ tīng rén shuō, tiàoshéng yě shì fēicháng yǒuxiào de yùndòng fāngshì. Néng kuài néng màn, quán kàn nǐ zìjǐ de xūqiú le.

林	好，实在 太 感谢 你 了，给 我 提供了 这么 多 建议。	
	Hǎo, shízài tài gǎnxiè nǐ le, gěi wǒ tígōngle zhème duō jiànyì.	
伊藤	没有 的 事，下次 有 机会 一起 去 跑步 吧!	
	Méiyou de shì, xiàcì yōu jīhuì yìqǐ qù pǎobù ba!	
林	好的!	
	Hǎode!	

語彙と文法

疲惫 疲れる　缺乏 欠けている・足りない　运动 運動・スポーツ　导致（結果を）引き起こす
抽时间 時間をつくる　游泳 泳ぐ　轻松 気楽である・容易である　锻炼 トレーニングする　篮
球 バスケットボール　足球 サッカー・フットボール　下班 退社する　团队 団体　对上（時間
や空間などを）合わせる　队伍 チーム　跑步 ランニング（する）　提议 提議する・意見を出す
跳绳 縄跳び（をする）

補充表現　スポーツなど

打 棒球 / 踢 足球	dǎ bàngqiú / tī zúqiú	野球をする / サッカーをする
篮球 / 排球	lánqiú / páiqiú	バスケットボール / バレーボール
网球 / 乒乓球	wǎngqiú / pīngpāngqiú	テニス / 卓球
羽毛球 / 橄榄球	yǔmáoqiú / gǎnlǎnqiú	バドミントン / ラグビー
高尔夫球 / 体操	gāo'ěrfūqiú / tǐcāo	ゴルフ / 体操
练 柔道 / 拳击	liàn róudào / quánjí	柔道をする / ボクシング
少林拳	shàolínquán	少林寺拳法

豆知識　中国のスポーツ

　国家体育総局の統計によれば，2021 年，中国全土の陸上競技トラックは 18.92 万カ所（約 10
億㎡）です。このうち 400 メートル周回トラックは 3.78 万カ所，全体の約 20% を占めます。
水泳プールは 3.25 万カ所（0.74 億㎡），屋内プールが 1.8 万カ所で 55% を占めます。
　球技では最も多いのがバスケットボールのコートです（105.36 万面，6.22 億㎡）。このうち
屋外 96.02 万面，屋内 2.74 万面，3 人制屋外バスケットコートが 6.6 万面です（バスケットボー
ルは学園ドラマやアニメでは定番のスポーツですね）。サッカー場は 12.65 万面（3.45 億㎡）で
すが，11 人制のサッカー場は 23% ほど，7 人制・5 人制のサッカー場が 76% を占め，ビーチ・
サッカー場もあるようです。バレーボールのコートは 9.68 万面（0.31 億㎡）で屋外が 96%，卓
球場は 88.48 万カ所（0.54 億㎡）で屋外が 88.5%，バドミントン場は 22.59 万カ所（0.77 億㎡）
で屋外が 85.5% を占めます。
　ウィンタースポーツができる施設は 2261 カ所（0.77 億㎡）で，スケートリンクが 1450 カ所，
スキー場が 811 カ所です。
　e スポーツ（电竞 diànjìng）の人口も 4 億人を超え，プロ・プレーヤーはおよそ 10 万人と報
道されています（腾讯网，2021/11/14）。

1. Zuìjìn wǒ fāxiàn shēntǐ hǎoxiàng yǒudiǎn róngyì píbèi.

2. Wǒ gǎnjué shì zuìjìn yìzhí quēfá yùndòng dǎozhì de.

3. Gōngsī hé wǒ zhù de dìfang dōu lí yóuyǒngchǎng hěn yuǎn.

4. Měitiān yào pǎodào nàme yuǎn de dìfang qù, shízài yǒuxiē bù fāngbiàn.

5. Wǒ méiyou rènshi de péngyou néng duìshàng shíjiān yìqǐ qù de.

6. Wǒ hěn nán jiārù dào biérén gùdìng de duìwǔ lǐmiàn qù.

7. Shízài tài gǎnxiè nǐ le, gěi wǒ tígōngle zhème duō jiànyì.

覚えておきたい表現

練習 **49b** 本文を参照して中国語に訳してください。

1. 最近，身体がすこし疲れやすいようだ。

2. 最近ずっと運動が不足でこうなったと感じている。

3. 会社もぼくの住んでいる所もどちらも遊泳場から遠い。

4. 毎日あんなに遠い所まで走って行くのは，ちょっと不便だ。

5. 時間を合わせていっしょに行く顔見知りの友達がいない。

6. 他の人で固定しているチームの中に入っていくのは難しい。

7. そんなにたくさん意見を言ってくれて，本当にありがとう。

《日本語訳》
○伊藤さん，いま，時間がある？ちょっと教えてほしいことがあるんだ。○もちろん，何かお手伝いできることがありますか？○じつは，最近，ちょっと身体が疲れやすくて，ずっと運動不足だからこうなったと思って，運動する時間を作らないといけないと考えているんだ。でも，どんなスポーツが自分に合っているか分からないんだ。○それなら，林さんは泳ぐんですか？軽めの運動で全身をトレーニングできるから，合っているんじゃないですか？○泳ぎはまあまあできるけど，会社もぼくの住んでいる所もスイミング・プールから遠いんだよ。毎日あんなに遠い所まで走って行くのはちょっと不便だな。○じゃ，バスケットボールかサッカーは？会社の近くに公共のバスケットボール・コートとサッカー場があるから，毎日会社帰りに行くのに便利ですよ。○確かに。でも，バスケットボールもサッカーも団体スポーツだろ，時間を合わせていっしょに行く顔見知りの友達もいないし，他の人でもうできあがっているチームの中に一人で入っていくのも難しい。○じゃあ，ジョギングは？毎日仕事帰りに着替えて，近くの公園に走りに行くだけでいいですよ。○それはいいね。ジョギングは運動もきつくないみたいだし，ほかにアイデアはある？○うーん，縄跳びは好きですか？縄跳びもとても有効な運動みたいですよ。必要に応じて速くも遅くもできて自分のしたいだけできます。○こんなにたくさん意見を出してくれて，本当にありがとう。○どういたしまして。次はいっしょにランニングに行きましょう。○いいね！

50 恋爱

张澜 　小江，你 最近 有 和 日本 分公司 的 伊藤 小姐 联系 吗?
Xiǎo Jiāng, nǐ zuìjìn yǒu hé Rìběn fēngōngsī de Yīténg xiǎojiě liánxì ma?

江小姐 　有 啊，我 和 伊藤 每天 都 会 在 LINE 上面 聊天 的，怎么 了。
Yǒu a, wǒ hé Yīténg měitiān dōu huì zài LINE shàngmian liáotiān de, zěnme le.

张澜 　是 这样 的，去年 伊藤 小姐 不是 和 林 先生 一起 到 我们 这边 出差 了 好 长 一段 时间 嘛，那段 时间 是 你 负责 招待 他们 的 吧?
Shì zhèyàng de, qùnián Yīténg xiǎojiě búshì hé Lín xiānsheng yìqǐ dào wǒmen zhèbian chūchāile hǎo cháng yíduàn shíjiān ma, nàduàn shíjiān shì nǐ fùzé zhāodài tāmen de ba?

江小姐 　对 啊，我 就是 那时候 认识 的 他们，现在 回想起来，真是 一段 值得 怀念 的 日子 呢。
Duì a, wǒ jiùshì nàshíhou rènshi de tāmen, xiànzài huíxiǎngqǐlai, zhēnshì yíduàn zhíde huáiniàn de rìzi ne.

张澜 　刚才 我 和 日本 的 同事 闲聊 了 一下，他们 说，自从 他们俩 从 中国 回去 以后，就 感觉 有点 不 太 对劲 了。
Gāngcái wǒ hé Rìběn de tóngshì xiánliáole yíxià, tāmen shuō, zìcóng tāmenliǎ cóng Zhōngguó huíqu yǐhòu, jiù gǎnjué yǒudiǎn bú tài duìjìn le.

江小姐 　不 太 对劲? 是 怎么 一回事 呢?
Bú tài duìjìn? Shì zěnme yìhuíshì ne?

张澜 　听 那边 的 同事 说，就是 "有 一种 恋爱 的 气息"。
Tīng nàbian de tóngshì shuō, jiùshì "yǒu yìzhǒng liàn'ài de qìxī".

江小姐 　恋爱 !? 伊藤 和 林先生 吗?
Liàn'ài!? Yīténg hé Lín xiānsheng ma?

张澜 　怎么，你 好像 非常 意外 的 样子?
Zěnme, nǐ hǎoxiàng fēicháng yìwài de yàngzi?

江小姐 　确实 有点 意外，但 仔细 一想，却 似乎 又 在 情理之中 的 样子。虽然 当时 我 和 他们 两个 交往 都 非常 密切，却 没有 往 这方面 去 想，如今 带着 这个 想法 回忆 一下 当时 他们 的 行为，似乎 也 早就 有点 苗头 了!
Quèshí yǒudiǎn yìwài, dàn zǐxì yìxiǎng, què sìhū yòu zài qínglǐzhīzhōng de yàngzi. Suīrán dāngshí wǒ hé tāmen liǎngge jiāowǎng dōu fēicháng mìqiè, què méiyou wǎng zhèfāngmiàn qù xiǎng, rújīn dàizhe zhège xiǎngfǎ huíyì yíxià dāngshí tāmen de xíngwéi, sìhū yě zǎojiù yǒudiǎn miáotou le!

张澜 　你 看 是 吧，我们 之前 到 日本 去 的 那次，我 也 有 这种 感觉!
Nǐ kàn shì ba, wǒmen zhīqián dào Rìběn qù de nàcì, wǒ yě yǒu zhèzhǒng gǎnjué!

江小姐 　不行，我 要 马上 问问 伊藤，到底 是 什么 情况 才 行。
Bùxíng, wǒ yào mǎshàng wènwen Yīténg, dàodǐ shì shénme qíngkuàng cái xíng.

张澜 　别 啊! 你 可 不要 惊动 了 他们! 让 他们 顺其自然 地 发展 吧。我们 在 旁边 看着 就 好 了，没事 我 也 会 找 日本 分公司 的 同事 聊聊 这事 的。

Bié a! Nǐ kě búyào jīngdòngle tāmen! Ràng tāmen shùnqízìrán de fāzhǎn ba. Wǒmen zài pángbiān kànzhe jiù hǎo le, méishì wǒ yě huì zhǎo Rìběn fēngōngsī de tóngshì liáoliao zhèshì de.

江小姐 没 想到 张 总 你 对 这种 事情 也 这么 上心 啊。

Méi xiǎngdào Zhāng zǒng nǐ duì zhèzhǒng shìqing yě zhème shàngxīn a.

张澜 哈哈哈，毕竟 当时 林 和 伊藤 他们 两个 给 我们 提供了 很 大 的 帮助 嘛!

Hāhāhā, bìjìng dāngshí Lín hé Yīténg tāmen liǎngge gěi wǒmen tígōngle hěn dà de bāngzhù ma!

》》 語彙と文法 《

嘛（当然なことを確認して）〜だ　回想起来（過去のことを）思い起こす　怀念 なつかしく思う　自从〜以后 〜からあと　对劲 仲が良い・気が合う　怎么一回事 どうしたことだ　气息 息→雰囲気　却 かえって・まさか　情理 道理・情理　交往 やりとりする　密切 密接する　如今 いま　行为 行為　苗头 芽→兆し　不行 いけないの意味だが〝がまんできない〟の意味もあり　别啊 禁止・いけない　惊动 驚き動かす　顺其自然 成りゆきにまかせる　没事 かまわない　〜总 〜長・〜チーフ　上心 気をつける・心がける

》》 補充表現 《　　恋愛の用語

谈 恋爱	tán liàn'ài	恋をする
认识 / 交往	rènshi / jiāowǎng	知り合う / 付き合う
分手 / 恢复旧好	fēnshǒu / huīfùjiùhǎo	別れる / よりを戻す
情人 / 情侣	qíngrén / qínglǚ	恋人 / カップル
情爱 / 爱心	qíng'ài / àixīn	愛情 / 思いやり
寂寞 / 异地恋	jìmò / yìdìliàn	寂しい / 遠距離恋愛
单恋 / 相亲	dānliàn / xiāngqīn	片想い / お見合い

豆知識　中国人の恋愛観と結婚観

　調査から，現代中国人女性は恋愛を結婚と結びつけて考える傾向が日本人女性より強く，結婚できそうな特定の相手との関係を重視すると指摘されています。したがって，遠距離恋愛も長く続くと考え，浮気心（花心 huāxīn）や二股をかける（劈腿 pītuǐ）ことを許容しない傾向が強いと指摘されています（近藤，2008・府中，2018）。

　現代中国の女性は就労率が高く，日本や韓国のように子育て世代で低くなりませんが，50歳代以上では日本女性よりも低くなります。この原因は高齢者で働くことによいイメージがないからで，高齢になれば孫の面倒をみてのんびり暮らすという理想像があります。

　結婚後の生活は共働きで家事を分担することが前提なので，恋愛でも相手に自立していることを求め，女性から見て年下の男性は恋愛対象として好まれない傾向があります。中国は広いので各地で慣習が異なり，親戚付き合い等で夫婦の負担が大きくなることがあるため，出身地などの同質性を重視する傾向もあります。

　お見合いは必ずしも忌避されず，親が慎重に調べた相手となら結婚する可能性も上がると考える傾向もありますが，とくに若いほど拒否権は子供にあります。

　恋人どうしが共に過ごすイベントとしては，誕生日とバレンタインデーが重視され，クリスマスはあまり重視されないようです。

1. Nàduàn shíjiān shì nǐ fùzé zhāodài tāmen de ba?

2. Xiànzài huíxiǎngqǐlai, zhēnshì yíduàn zhíde huáiniàn de rìzi ne.

3. Zìcóng tāmenliǎ huíqu yǐhòu, jiù gǎnjué yǒudiǎn bú tài duìjìn le.

4. Zǐxì yìxiǎng, què yòu zài qínglǐ zhīzhōng de yàngzi.

5. Wǒ méiyou wǎng zhè fāngmiàn qù xiǎng.

6. Ràng tāmen shùnqízìrán de fāzhǎn ba.

7. Méi xiǎngdào nǐ duì zhèzhǒng shìqing yě zhème shàngxīn a.

覚えておきたい表現

練習 **50b** ▷ 本文を参照して中国語に訳してください。

1. あの時は君が彼らの世話をする責任を負っていたはずだね？

- -

2. いま思い出すと，本当に懐かしい日々ですね。

- -

3. 彼ら二人が帰ってから，すこし仲がよくないように感じる。

- -

4. よく考えれば，そういう節があります。

- -

5. 私はその方面から考えていませんでした。

- -

6. 彼らを成り行きにまかせて発展させよう。

- -

7. あなたがこういうことにもそんなに気を使うとは思いませんでした。

- -

《日本語訳》
○江さん，最近，日本支社の伊藤さんと連絡があるかい？○ありますよ。私は伊藤さんと毎日LINE でおしゃべりしていますが，それが何か？○じつは去年，伊藤さんと林さんが長い時間出張に来ていただろう？あの時は君が彼らの世話役だったよね？○そうです。彼らと出会った頃はいま思い出しても懐かしい日々です。○日本の同僚とちょっと話をしたが，彼らによると中国から帰ってから二人はぎこちない感じだそうだ。○ぎこちないって，どういうことですか？○あちらの同僚が言うには〝恋愛のような雰囲気〟のようだ。○恋愛！伊藤さんと林さんが？○どうして？意外かな？○確かにすこし意外ですが，よく考えればそういう節もあるような。当時，二人との付き合いは親密でしたが，そういう風に考えたことはなくて，そういう眼で当時の二人の行動を思い出すと，すこし兆しがあったようです！○そう思うかい，日本に行った時，私もそう思った！○もうがまんできない。伊藤さんにどうなっているか聞けばいいんですよ。○それはいけない！そっとしておこう！成り行きに任せなさい。私達はそばで見ているのがいい。日本支社の同僚としゃべるのは構わないがね。○張チーフがこういうことにも気を使うとは思いませんでした。○ハハハ，あの時，林さんと伊藤さんの二人にはいろいろ助けてもらったからね！

◆ **MCT 45-50**　音声を聞きながらカッコに簡体字（1文字）を書き入れてください。

45　林先生! 明（¹　）就是你的生日了呢。（²　）日快乐! 是啊, 伊藤你居然知道我的生日, 实在是（³　）感谢了。最近的（⁴　）作实在是太忙了, 我自（⁵　）都忘记这件事了。那可不行哦, 生日可是每个人每年都（⁶　）过一次的日子, 要好好和身（⁷　）的人一起庆祝哦! 你看, 这不是有你在给我（⁸　）祝嘛! 林先生, （⁹　）年我给你准备了一份非常特别的生日（¹⁰　）物哦。哦, 到底是什么礼物呢? 让我先卖一个（¹¹　）子。林先生, 礼物我已经（¹²　）装好放在你的位置上了哦。你一定猜（¹³　）到我会送给你的是什么（¹⁴　）西。这么神秘吗? 而（¹⁵　）应该是你会喜欢的东西哦。既是我喜欢的而（¹⁶　）猜不到的, 那会是啥呢? 钢笔吗? 还是领带什（¹⁷　）的? 不是那种普通的东西啦。到时候你打（¹⁸　）看一下就知道了! 这（¹⁹　）感, 这重量, 难道是…她怎（²⁰　）会知道我喜欢 GUNPLA 的?

46　伊藤, 你怎么了, 看上去似乎没什么精神的样子? 是的, 林先生。从今天（¹　）上开始, 我就有点（²　）晕, 可能发烧了。我看看, 好像额头是有点（³　）热的样子, 我记得公司有体温（⁴　）, 我去给你找找, 你量一下是不是发烧了。好的, 谢谢你了, 林先生。怎么样? 已经过了（⁵　）分钟了, 可以看看体温计的结果了。（⁶　）的, 我看看…。嗯, 3（⁷　）.5 度。看上去应该是发烧了吧? 伊藤, 你是不是（⁸　）烧烧迷糊了, 正常体温在 36 度（⁹　）右, 你这样已经烧得很严重了。别说话了, 我现在就带你去医院。可是（¹⁰　）作的事情还没有…不（¹¹　）管工作了, 我会打电话让别人接（¹²　）一下你的工作, 目前对你来说, 最重要的就是（¹³　）去看病, 不然这样持续（¹⁴　）去, 可能会加重病情的。好吧…不过林先生, 如果你要送我到医院去的话, 麻烦你先戴上（¹⁵　）罩, 好吗? 我害怕我会把病菌传染给你。好的, 放（¹⁶　）。我桌子上就有口罩, 我给你也拿一个。虽然闷（¹⁷　）一点, 但是（¹⁸　）码不会在医院被其他病毒（¹⁹　）侵了。好的, 那就拜（²⁰　）你了, 林先生。

47 伊藤，这是你的猫吗？之前没有（¹　）说过你养宠物呀。是林先生吗？真（²　）。这是我朋友养的猫，因为她最近有点事要出差两周，所（³　）拜托我帮忙照顾一下她家的（⁴　）猫啦。原来是这样啊。那你也是很会照顾小动物的呀，你朋（⁵　）能放心把小猫托（⁶　）给你，说明非常相信你的能（⁷　）呢。也许是这样吧。因为在之前（⁸　）试过帮她照顾小猫，所以她已经（⁹　）惯了有需要就找我帮忙了。这么说起来，林先生喜欢（¹⁰　）动物吗？小动物我倒是不讨厌，不过因为工作比较忙碌的（¹¹　）系，我觉得我应该没有空闲去照顾一（¹²　）小动物啦。那林先生你，是狗派？还是猫派？哈哈哈，在这么（¹³　）爱的小猫面前，我还真不好说呢。这（¹⁴　）说来，林先生你是狗派吗？嗯…是的。因为感觉狗会比较容易（¹⁵　）练，而且比较听话。猫的话，感觉太我（¹⁶　）我素了，完全没办法交流的样子。林先生，连小动物（¹⁷　）想要进行交流吗？那倒不是，只是（¹⁸　）法交流的话，有时候会觉得无可奈何（¹⁹　）已。林先生真是（²⁰　）真呢，那我先把小猫带回家去啦，拜拜！再见。

48 到底哪个好呢，是这个，还是…。怎么了，伊藤，从刚（¹　）开始就看到你一直坐在这里发呆，一脸犹豫（²　）决的样子。是这样的，林先生，我正在想，待会（³　）饭到底吃什么好呢。你平时不都是和（⁴　）事一起到楼下的饭店去吃的吗？对啊，可是今天她（⁵　）是请假了嘛。我一个人又不想去（⁶　）日去的店里吃饭，所以在想附近有没有什么其（⁷　）可以去吃午饭的店。我记得我们在中国的时候，也经常被这个（⁸　）题困扰呢。是啊，可是江小姐不是给我们推荐了一个点餐的APP吗？在那APP上，附近有什么好（⁹　）的店铺都能看到，而且还能让（¹⁰　）卖员送到公司和酒店，实在是太（¹¹　）便了。对啊，不得不说这个APP太有（¹²　）了，要是在我们这里也有这种软件就好了。诶…你这么说起来…。怎么了，林先生。我突然有（¹³　）感，要是我们把这种软件应用到服装（¹⁴　）业，是不是也可以？似乎是个可以深（¹⁵　）思考一下的想法！林先生！现在可是快到饭点了，就不能（¹⁶　）吃饱肚子，再思考（¹⁷　）作上的事情吗！哦，对。抱歉，是我一时间（¹⁸　）神了，我听说在对面大楼里有一家新（¹⁹　）的炸鸡店味道还不错，中午要不我们（²⁰　）起去吃吧？好！那我们走吧！

49 伊藤，你现（¹　）有时间吗？我有些问题想要请教一下。当然，有什么可以帮助你的吗？是这样的，最近我（²　）现身体好像有点容易疲惫，感觉是最近一直缺（³　）运动导致的，所以想抽时间去运（⁴　）一下，但是又不知道哪样运动适（⁵　）自己。这样的话，林先生你会游泳吗？比较轻松而（⁶　）又能锻炼全身，非常适合你呢？游泳我倒是会，不过公司和我住的地（⁷　）都离游泳场很远呢，每天要跑到那（⁸　）远的地方去，实在有些不（⁹　）便呢。那篮球或者足球呢？我记得公司附近就有（¹⁰　）用的篮球场和足球场，林先生每天（¹¹　）班以后过去还是非常方便的。确实如此，但是篮球和足球都是团（¹²　）运动，我没有认识的朋友能对（¹³　）时间一起去的，一个人也很难（¹⁴　）入到别人固定的队伍里面去啦。那⋯慢跑呢？这个（¹⁵　）要每天下班以后换好衣服，然后到附近的公园里去跑跑步就好了。这个不错，跑步感觉运动量不是很（¹⁶　）的样子，还有其他提（¹⁷　）吗？嗯，林先生喜欢跳绳吗？我听人说，跳绳也是非常有效的运动（¹⁸　）式。能快能慢，全看你自己的需求了。好，实在太感谢你了，给我提供了这么（¹⁹　）建议。没有的事，（²⁰　）次有机会一起去跑步吧！好的！

50 小江，你最近有和日本分（¹　）司的伊藤小姐联系吗？有啊，我和伊藤每天都会在 LINE 上面聊（²　）的，怎么了。是这样的，去年伊藤小姐不是和林先生（³　）起到我们这边出差了好（⁴　）一段时间嘛，那段时间是你（⁵　）责招待他们的吧？对啊，我就是那时候（⁶　）识的他们，现在回想起来，真是一段值得怀念的（⁷　）子呢。刚才我和日本的（⁸　）事闲聊了一下，他们说，（⁹　）从他们俩从中国回去以后，就感觉有点不太（¹⁰　）劲了。不太对劲？是怎么（¹¹　）回事呢？听那边的同事说，就是"有一种恋爱的（¹²　）息"。恋爱！？伊藤和林先生吗？怎么，你好像非常意（¹³　）的样子？确实有点意外，但（¹⁴　）细一想，却似乎又在情理之（¹⁵　）的样子。虽然当时我和他们两个交往都非常密（¹⁶　），却没有往这方面去想，如今带着这个想法回忆一下当时他们的行为，似乎早就有点苗（¹⁷　）了！你看是吧，我们之前到日本去的那次，我（¹⁸　）有这种感觉！不行，我要马上问问伊藤，到底是什么情况才行。别啊！你可不要惊动了他们！让他们顺其（¹⁹　）然地发展吧。我们在旁边看着就好了，没事我也会找日本分公司的同事聊聊这事。没想到张总你对这种事情也这么（²⁰　）心啊。哈哈哈，毕竟当时小林和伊藤他们两个给我们提供了很大的帮助嘛！

主要簡体字検字表　①～④は声調，⑤は軽声

A 【a】①阿 ⑤啊 【ai】①哀 挨 ②挨 癌 ③矮 蔼 ④爱 艾 【an】①安 氨 ④案 按 暗 岸 【ao】①凹 熬 ②熬 ③袄 ④奥 澳 傲

B 【ba】①八 扒 巴 ②拔 ③把 ④爸 ⑤吧 【bai】②白 ③百 摆 ④败 拜 【ban】①班 搬 般 ③板 版 ④办 半 拌 【bang】①帮 ③绑 ④棒 【bao】①包 ②薄 ③饱 ④报 抱 暴 爆 【bei】①杯 悲 背 ③北 ④被 备 备 倍 【ben】③本 ④奔 笨 【beng】②甭 ④蹦 【bi】①逼 ②鼻 ③笔 比 彼 ④必 币 毕 闭 避 臂 【bian】①边 编 ③贬 ④变 便 辨 【biao】①标 ③表 【bie】②别 【bin】①宾 滨 濒 【bing】①冰 兵 ③饼 ④并 病 【bo】①波 拨 玻 播 ②伯 泊 博 薄 ③簸 【bu】③补 ④不 布 部 步

C 【ca】①擦 【cai】①猜 ②才 材 财 裁 ③采 彩 踩 ④菜 蔡 【can】①参 餐 ②残 蚕 惭 ③惨 ④灿 【cang】①仓 苍 ②藏 【cao】①操 ③草 【ce】④厕 册 测 侧 策 【ceng】②层 曾 ④蹭 【cha】①叉 差 插 ②茶 查 察 ④差 岔 【chai】①拆 差 ②柴 【chan】①搀 ②馋 缠 ③产 ④颤 【chang】②长 场 肠 尝 常 ③厂 场 ④唱 倡 畅 【chao】①抄 钞 超 ②朝 嘲 潮 ③吵 炒 【che】①车 ③扯 ④彻 【chen】②尘 沉 晨 ④衬 趁 【cheng】①称 撑 ②成 诚 城 称 承 乘 惩 ③尺 齿 ④斥 赤 翅 【chong】①冲 充 ②虫 重 ③宠 ④冲 【chou】①抽 ②仇 稠 酬 踌 ③丑 ④臭 【chu】①出 初 ②除 厨 ③处 础 ④处 触 【chuan】①川 穿 ②传 船 ④串 【chuang】①窗 ②床 ③闯 ④创 【chui】①吹 ②垂 【chun】①春 ②纯 唇 【ci】②词 辞 雌 慈 磁 ③此 ④次 刺 【cong】①葱 聪 ②从 【cu】①粗 ④醋 促 【cui】①崔 催 摧 ④脆 翠 【cun】①村 ②存 ④寸 【cuo】①搓 撮 ④错 措 挫

D 【da】①搭 答 ②答 达 ③打 ④大 【dai】①待 呆 ④代 袋 带 戴 【dan】①单 担 耽 ③胆 ④但 蛋 诞 淡 【dang】①当 ③党 ④当 档 荡 【dao】①刀 ③导 岛 倒 ④到 倒 盗 道 稻 【de】②德 得 ⑤的 地 得 【dei】③得 【deng】①灯 登 ③等 【di】①低 滴 ②笛 敌 ③底 抵 ④地 弟 第 帝 递 【dian】①颠 ③点 典 ④电 店 【diao】④掉 吊 调 【die】①爹 跌 ②碟 谍 蝶 迭 叠 【ding】①丁 钉 ③顶 ④定 钉 【diu】①丢 【dong】①东 冬 ③懂 董 ④动 洞 冻 【dou】①都 兜 ③斗 ④豆 逗 【du】①都 督 ②毒 独 读 ③堵 ④肚 度 【duan】①端 ③短 ④段 断 【dui】①堆 ④队 对 【dun】①吨 蹲 ④顿 盾 遁 【duo】①多 ②夺 ③躲 朵 ④跺

E 【e】②俄 鹅 ④恶 ④恶 饿 【en】①恩 【er】②儿 而 ③耳 ④二

F 【fa】①发 ②罚 ③法 ④发 【fan】①番 翻 ②凡 烦 繁 ③反 返 ④饭 范 贩 犯 泛 【fang】①方 坊 芳 ②房 防 妨 ③仿 访 纺 ④放 【fei】①飞 非 ②肥 ④费 肺 【fen】①分 芬 氛 ②坟 ③粉 ④奋 愤 粪 【feng】①风 丰 疯 封 蜂 ②缝 ④奉 缝 【fo】②佛 【fou】③否 【fu】①夫 敷 ②扶 浮 伏 服 幅 符 ④付 富 负 妇 复 副 父

G 【gai】①该 ③改 ④盖 【gan】①干 肝 甘 ③赶 敢 感 杆 ④干 【gang】①刚 钢 冈 ③港 岗 【gao】①高 糕 ③搞 稿 ④告 【ge】①哥 歌 割 胳 ②革 隔 搁 ④个 各 【gei】③给 【gen】①跟 根 【geng】①更 羹 ③梗 ④更 【gong】①工 功 攻 公 宫 ④共 供 【gou】①沟 钩 ③狗 ④构 购 够 【gu】①姑 估 菇 孤 ③古 谷 股 骨 鼓 ④故 固 顾 雇 【gua】①瓜 刮 ③寡 ④挂 【guai】①乖 ③拐 ④怪 【guan】①关 观 官 ③馆 管 ④贯 惯 冠 灌 【guang】①光 ③广 ④逛 【gui】①归 龟 规 ③鬼 轨 诡 ④贵 【gun】③滚 ④棍 【guo】①锅 ②国 ③果 裹 ④过

H 【hai】②还 孩 ③海 ④害 【han】②含 寒 ③喊 ④汉 汗 【hang】②行 航 【hao】②毫 豪 ③好 ④号 好 耗 浩 【he】①喝 ②和 合 盒 何 河 ④核 【hei】①黑 【hen】③很 ④恨 【heng】①恒 衡 横 ④横 【hong】①轰 ②红 虹 洪 【hou】②猴 ④后 厚 候 【hu】①呼 忽 ②湖 糊 狐 ③虎 ④户 护 互 【hua】①花 ②华 划 滑 ④化 画 话 【huai】②怀 ④坏 【huan】①欢 ②还 环 ③缓 ④换 幻 患 【huang】①荒 慌 ②黄 皇 ③恍 【hui】①灰 恢 挥 辉 ②回 ③毁 ④会 汇 绘 惠 慧 【hun】①昏 婚 ②浑 魂 ④混 【huo】②活 ③火 ④货 或 惑 获

J 【ji】①机 鸡 击 圾 积 基 激 肌 几 ②及 级 极 即 急 嫉 集 辑 吉 ③几 挤 脊 给 ④计 纪 技 寄 继 既 际 季 迹 【jia】①加 夹 家 佳 ③甲 假 ④价 驾 架 假 嫁 【jian】①尖 间 肩 监 兼 煎 ③检 减 剪 简 ④见 件 间 建 健 剑 荐 渐 箭 【jiang】①江 将 ③讲 奖 ④匠 降 酱 【jiao】①交 教 胶 骄 ③角 脚 狡 ④叫 教 觉 较 酵 【jie】①接 阶 街 结 ②结 节 杰 洁 截 ③姐 解 ④介 界 戒 借 【jin】①斤 今 巾 金 筋 ③仅 尽 紧 锦 ④近 进 禁 劲 尽 【jing】①经 京 惊 鲸 精 ③景 井 警 ④径 净 竟 境 镜 静 敬 【jiu】①究 ③九 久 韭 酒 ④旧 就 救 舅 【ju】①居 ②局 橘 菊 ③举 ④句 距 具 剧 据 聚 【juan】①圈 捐 ③卷 ④卷 绢 【jue】②决 绝 觉 角 【jun】①军 均 君 菌 ④俊 骏 郡

K 【ka】③卡 【kai】①开 ③凯 慨 【kan】①看 刊 勘 堪 ③砍 ④看 【kang】①康 慷 ②扛 ④抗 【kao】③考 烤 ④靠 【ke】①科 棵 颗 磕 ③可 ④克 客 课 刻 【ken】③肯 啃 【kong】①空 ③恐 孔 ④空 控 【kou】③口 ④扣 寇 【ku】①哭 枯 窟 ③苦 ④库 裤 酷 【kua】①夸 ④跨 【kuai】④快 块 筷 会 【kuan】①宽 ③款 【kuang】①匡 筐 ②狂 ④矿 况 框 【kui】①亏 盔 窥 ②葵 ④溃 愧 【kun】③捆 ④困 【kuo】④扩 阔

L 【la】①拉 垃 ④辣 蜡 ⑤啦 【lai】②来 ④赖 【lan】②兰 蓝 栏 ③榄 懒 ④滥 烂 【lang】②狼 郎 朗 ④浪 【lao】①捞 ②劳 牢 ③老 ④酪 【le】④乐 ⑤了 【lei】②雷 ③累 垒 ④累 类 泪 【leng】③冷 【li】②离 梨 厘 ③里 理 李 礼 ④立 利 历 丽 厉 例 【lia】③俩 【lian】②连 帘 怜 联 ③脸 ④练 恋 【liang】②良 凉 量 ③两 ④亮 谅 量 【liao】②聊 疗 辽 ③了 ④料 【lie】④列

242

烈 裂 劣 【lin】②林 淋 临 邻 【ling】②零 铃 灵 ③领 ④另 令 【liu】①溜 ②留 流 ④六 【long】②龙 ③拢 笼 【lou】②楼 搂 ④漏 露 【lu】②炉 ③鲁 ④陆 路 录 鹿 露 【lü】②驴 ③旅 ④绿 律 率 虑 【luan】③卵 ④乱 【lüe】④略 【lun】②轮 伦 ④论 【luo】②罗 逻 萝 螺 ③裸 ④落

M 【ma】①妈 ②麻 ③马 码 ④骂 【mai】②埋 ③买 ④卖 麦 脉 迈 【man】②埋 鳗 瞒 ③满 ④慢 漫 【mang】②忙 盲 芒 【mao】①猫 ②毛 矛 ④冒 帽 贸 【mei】②没 煤 眉 莓 霉 ③每 美 ④妹 【men】①闷 ②门 ④闷 【meng】①蒙 ②猛 蒙 ③蒙 ④梦 【mi】②迷 谜 ③米 ④秘 密 蜜 【mian】②眠 绵 ③免 勉 ④面 【miao】②描 瞄 苗 ③秒 ④妙 庙 【mie】④灭 蔑 【min】②民 ③敏 【ming】②名 明 鸣 ④命 【mo】①摸 ②模 摩 磨 魔 ③抹 ④末 沫 莫 漠 墨 【mou】②谋 眸 ③某 【mu】②模 ③母 亩 ④木 目 牧 幕 暮 睦

N 【na】②拿 ③哪 ④那 纳 【nai】③奶 乃 ④耐 奈 【nan】②男 南 难 ④难 【nang】②囊 【nao】③脑 恼 ④闹 【ne】⑤呢 【nei】③哪 ④内 那 【nen】④嫩 【neng】②能 【ni】②泥 ③你 拟 ④逆 匿 腻 【nian】②年 粘 ③捻 ④念 【niang】②娘 【niao】③鸟 ④尿 【nie】①捏 ④镍 【nin】②您 【ning】②宁 柠 凝 ③拧 ④宁 【niu】②牛 ③扭 纽 【nong】②农 浓 ④弄 【nu】②奴 ③努 ④怒 【nü】③女 【nuan】③暖 【nüe】④虐 【nuo】④诺

O 【ou】①欧 ③偶 藕

P 【pa】①趴 ②爬 耙 扒 ④怕 【pai】①拍 ②排 牌 ④派 【pan】①攀 ②盘 ④判 【pang】②旁 ④胖 【pao】①抛 泡 ②刨 袍 ③跑 ④泡 【pei】②陪 培 ④配 【pen】①喷 ②盆 ④喷 【peng】①烹 ②朋 棚 ③蓬 ④碰 【pi】①批 劈 披 ②皮 疲 脾 ③匹 劈 ④僻 譬 【pian】①片 篇 偏 ②便 ④片 骗 【piao】①漂 剽 ③漂 ④票 漂 【pie】①撇 瞥 ③撇 【pin】①拼 ②贫 频 颦 ③品 ④聘 牝 【ping】②瓶 平 评 苹 凭 屏 【po】①坡 泼 ②婆 ④破 迫 【pou】①剖 【pu】①扑 铺 ②仆 葡 ③普 谱 朴 ④铺

Q 【qi】①七 妻 期 欺 漆 ②齐 祈 其 奇 旗 骑 棋 ③起 企 启 岂 ④气 汽 器 弃 泣 【qia】③掐 ③卡 ④恰 【qian】①千 迁 签 牵 铅 谦 ②前 钱 潜 ③浅 遣 ④欠 嵌 歉 【qiang】①枪 腔 ②强 墙 ③强 抢 【qiao】①悄 跷 敲 ②桥 翘 ③巧 ④俏 窍 【qie】①切 ②茄 ③且 ④切 窃 怯 挈 慊 【qin】①亲 侵 ②勤 芹 琴 秦 禽 【qing】①青 清 轻 氢 倾 ②情 晴 ③请 顷 ④庆 【qiong】②穷 琼 穹 【qiu】①秋 丘 ②求 球 ③糗 【qu】①区 驱 曲 屈 趋 ②渠 ③曲 取 ④去 趣 【quan】①圈 ②全 权 泉 拳 ④劝 券 【que】①缺 ④确 却 雀 【qun】②裙 群

R 【ran】②然 燃 ③染 【rang】③嚷 壤 ④让 【rao】②饶 ③扰 ④绕 【re】③惹 ④热 【ren】②人 仁 ③忍 ④认 任 【reng】①扔 ②仍 【ri】④日 【rong】②容 溶 融 绒 茸 【rou】②柔 揉 蹂 ④肉 【ru】②如 茹 儒 濡 ③乳 汝 辱 ④入 【ruan】③软 阮 【rui】③蕊 ④锐 瑞 【run】④润 闰 【ruo】④若 弱

243

S 【sa】①撒 ③洒 撒 ④飒 【sai】①腮 塞 ④赛 塞 【san】①三 ③伞 散 ④散 【sang】①丧 桑 ③嗓 ④丧 【sao】①骚 搔 ③扫 嫂 ④瘙 【se】④色 涩 啬 【sen】①森 【seng】①僧 【sha】①杀 刹 沙 纱 ③傻 ④厦 煞 【shai】①筛 ③色 ④晒 【shan】①山 衫 杉 删 珊 扇 ③闪 陕 ④扇 善 擅 【shang】①伤 商 墒 ③赏 ④上 尚 裳 【shao】①稍 烧 ②勺 ③少 ④少 哨 【she】②舌 蛇 折 ③舍 ④设 社 舍 射 涉 赦 摄 【shei】②谁 【shen】①身 深 申 伸 绅 ②什 神 ③沈 审 婶 ④甚 渗 慎 【sheng】①升 生 牲 声 ②绳 ③省 ④省 胜 盛 【shi】①师 湿 失 狮 诗 施 ②十 时 石 食 实 识 拾 ③使 始 史 屎 ④是 士 氏 示 式 试 似 势 事 视 适 室 誓 释 匙 逝 【shou】①收 ③手 守 首 ④受 授 寿 售 瘦 兽 【shu】①书 舒 叔 殊 梳 输 疏 ②熟 ③属 数 鼠 薯 署 暑 ④数 术 述 束 树 竖 庶 【shua】①刷 ③耍 【shuai】①衰 摔 ③甩 ④帅 率 【shuan】①拴 ④涮 【shuang】①双 霜 ③爽 【shui】③水 ④睡 税 【shun】④顺 瞬 【shuo】①说 ④硕 数 烁 【si】①私 司 丝 思 斯 ③死 ④四 寺 似 饲 【song】①松 ③耸 ④送 颂 讼 宋 诵 【sou】①搜 艘 ③嗾 薮 ④嗽 【su】①苏 酥 ②俗 ④宿 塑 素 诉 速 【suan】①酸 ④算 蒜 【sui】①虽 ②随 ④岁 遂 隧 穗 【sun】①孙 ③损 隼 笋 【suo】①缩 唆 ③所 锁 索

T 【ta】①他 她 它 塌 踏 ③塔 ④踏 蹋 【tai】①胎 ②台 抬 ④太 态 泰 【tan】①贪 摊 ②弹 坛 ③毯 坦 ④叹 炭 探 【tang】①汤 ②糖 堂 唐 ③躺 倘 ④烫 趟 【tao】②涛 桃 逃 淘 陶 ③讨 ④套 【te】④特 【teng】②疼 腾 藤 【ti】①踢 梯 剔 ②题 提 ③体 ④替 屉 剃 【tian】①天 添 ②田 甜 填 【tiao】①跳 ②条 调 ③挑 ④跳 【tie】①贴 ③铁 【ting】①听 厅 ②停 庭 ③挺 【tong】①通 ②同 铜 童 ③统 桶 筒 ④痛 【tou】①偷 ②头 投 ④透 【tu】①突 ②图 ③土 吐 兔 【tuan】②团 【tui】①推 ③腿 ④退 【tun】①吞 ②屯 臀 【tuo】①脱 托 拖 ②驼 鸵 ③妥 ④拓 唾

W 【wa】①挖 ②娃 ③瓦 ④袜 【wai】①歪 ④外 【wan】①弯 湾 豌 ②完 玩 丸 顽 ③晚 腕 ④万 【wang】①汪 ②王 亡 ③往 网 枉 ④望 忘 【wei】①危 威 微 ②违 围 为 维 惟 ③伟 纬 伪 尾 委 ④卫 为 未 味 位 喂 胃 谓 慰 魏 【wen】①温 ②文 蚊 闻 ③吻 稳 ④问 【weng】①翁 ④瓮 【wo】①窝 涡 ③我 ④卧 握 斡 【wu】①屋 乌 污 恶 ②无 吴 蜈 ③五 午 武 忤 捂 ④物 务 雾 悟

X 【xi】①西 吸 夕 希 稀 惜 析 息 悉 蟋 锡 膝 牺 ②习 席 袭 媳 ③洗 喜 ④戏 系 细 隙 【xia】①虾 瞎 ②狭 侠 霞 ④下 夏 吓 【xian】①先 仙 纤 鲜 ②闲 贤 弦 嫌 ③显 险 ④现 县 限 馅 献 羡 腺 陷 【xiang】①乡 香 相 箱 ②详 祥 降 翔 ③想 响 享 ④向 项 相 象 像 橡 【xiao】①消 肖 销 削 ③小 晓 ④笑 孝 效 校 【xie】①些 蝎 ②鞋 协 胁 邪 斜 挟 ③写 泄 泻 屑 械 谢 蟹 【xin】①新 心 欣 薪 ④信 芯 【xing】①星 兴 ②行 形 型 刑 ③省 醒 ④姓 兴 杏 幸 性 【xiong】①凶 胸 兄 ②雄 熊 【xiu】①休 修 羞

244

③朽 ④秀 绣 袖 【xu】①须 需 虚 ②徐 ③许 ④序 叙 恤 续 绪 【xuan】①宣 ②玄 悬 旋 ③选 【xue】①靴 ②学 穴 ③雪 ④血 【xun】①勋 熏 ②旬 询 寻 巡 ④训 迅 讯 殉 逊

　　Y 【ya】①压 押 鸦 鸭 丫 ②牙 芽 ③雅 ④亚 轧 【yan】①烟 咽 ②盐 言 研 颜 岩 焰 严 延 沿 ③眼 演 掩 ④厌 艳 宴 验 燕 【yang】①央 ②羊 杨 阳 洋 ③养 仰 氧 痒 ④样 【yao】①腰 邀 要 ②摇 ③咬 ④要 药 钥 耀 【ye】①椰 ②爷 ③也 野 ④业 叶 页 夜 液 【yi】①一 衣 依 医 ②仪 移 宜 遗 疑 ③椅 以 蚁 ④亿 义 艺 异 抑 译 易 益 意 【yin】①因 音 阴 ②银 ③引 饮 隐 ④印 【ying】①应 英 樱 ②迎 营 赢 ③影 ④应 硬 映 【yong】①拥 庸 ③永 泳 勇 ④用 【you】①优 悠 幽 ②油 游 邮 由 尤 ③友 有 ④又 右 幼 柚 宥 【yu】①迂 ②鱼 渔 愉 余 于 愚 ③雨 语 与 羽 宇 ④玉 浴 欲 育 芋 狱 域 豫 喻 遇 誉 【yuan】①鸳 渊 ②员 元 原 园 圆 援 源 缘 垣 ③远 ④院 愿 怨 【yue】①约 曰 ④月 越 乐 悦 跃 粤 【yun】①晕 ②云 ③允 ④运 孕 韵 熨

　　Z 【za】①扎 ②杂 砸 【zai】①灾 栽 ③载 宰 ④再 在 载 【zan】②咱 ③攒 ④赞 暂 【zang】①脏 ④脏 藏 葬 【zao】①糟 遭 ②凿 ③早 枣 ④造 皂 灶 燥 【ze】②责 则 泽 择 ④仄 【zei】②贼 【zen】③怎 【zeng】①增 憎 ④赠 【zha】①渣 ②札 炸 ④炸 诈 【zhai】①摘 斋 ②宅 ③窄 【zhan】①占 沾 毡 粘 ③盏 斩 辗 ④站 占 战 【zhang】①张 章 ③长 掌 涨 ④丈 帐 账 障 【zhao】①朝 招 着 ②着 ③找 爪 沼 ④照 罩 赵 兆 【zhe】②折 哲 蛰 ③者 ④这 浙 ⑤着 【zhei】④这 【zhen】①真 针 珍 侦 ③枕 诊 疹 ④镇 阵 震 振 【zheng】①争 征 挣 蒸 筝 ③整 拯 ④正 证 政 症 郑 【zhi】①知 只 汁 之 芝 支 枝 肢 织 ②直 值 职 侄 执 ③纸 只 止 址 指 旨 ④至 致 志 痣 秩 制 质 治 智 置 稚 【zhong】①中 钟 终 忠 ③种 肿 踵 ④中 重 众 种 【zhou】①周 粥 州 舟 ③肘 ④皱 轴 宙 昼 骤 【zhu】①猪 朱 珠 诸 ②竹 逐 烛 ③主 煮 嘱 ④祝 助 注 著 筑 【zhua】①抓 【zhuan】①专 砖 ③转 ④转 传 赚 篆 【zhuang】①装 妆 庄 ④状 撞 壮 【zhui】①追 锤 ④坠 赘 【zhun】③准 【zhuo】①桌 捉 拙 ②卓 着 浊 灼 酌 琢 【zi】①资 姿 滋 ③子 仔 ④字 自 【zong】①宗 综 踪 ③总 ④纵 【zou】③走 ④奏 揍 【zu】①租 ②足 族 ③组 阻 祖 【zuan】①钻 ③纂 ④钻 攥 【zui】③嘴 ④最 醉 罪 【zun】①尊 遵 【zuo】②昨 ③左 ④做 作 坐 座

注意すべき筆画

北 步 差 长 车 带 单 德 底 丶 发 饭 给
吕 骨 贵 户 花 回 几 角 经 决 乐 门
与 马 钱 舍 谁 收 所 象 牙 以 真 专

数字の大字（大写 dàxiě）

壹 贰 叁 肆 伍 陆 柒 捌 玖 拾 佰 仟
一 二 三 四 五 六 七 八 九 十 百 千

証明書類などの金額の記載に用います。

主要多音字（破读字 pòdúzì）

背：bēi / bèi 　　　　背 行李 bēi xíngli / 背后 bèihòu 背景 bèijǐng
便：biàn / pián 　　　方便 fāngbiàn / 便宜 piányi
差：chā / chà / chāi　差别 chābié / 差不多 chàbuduō / 出差 chūchāi
朝：cháo / zhāo 　　　朝东走 cháo dōng zǒu 王朝 wángcháo / 朝日 zhāorì
长：cháng / zhǎng 　　长短 chángduǎn / 成长 chéngzhǎng 部长 bùzhǎng
重：chóng / zhòng 　　重新 chóngxīn / 重量 zhòngliàng
处：chǔ / chù 　　　　处理 chǔlǐ / 处长 chùzhǎng
传：chuán / zhuàn 　　传达 chuándá / 自传 zìzhuàn
大：dà / dài 　　　　大小 dàxiǎo / 大夫 dàifu
倒：dǎo / dào 　　　　打倒 dǎdǎo / 倒立 dàolì
得：dé / děi / de 　　得到 dédào / 得 去 děi qù / 说得快 shuō de kuài
的：dí / dì / de 　　　的确 díquè / 目的 mùdì / 我的 wǒde
都：dōu / dū 　　　　每天都来 měitiān dōu lái / 都市 dūshì
恶：è / ě / wù 　　　　善恶 shàn'è / 恶心 ěxīn / 憎恶 zēngwù
发：fā / fà 　　　　　出发 chūfā / 理发 lǐfà
行：háng / xíng 　　　银行 yínháng / 行李 xíngli
好：hǎo / hào 　　　　好吃 hǎochī / 爱好 àihào

和：hé / huó / huò / huo　　和平 hépíng / 和面 huómiàn / 和稀泥 huòxīní /
　　　　　　　　　　　　暖和 nuǎnhuo

会：huì / kuài　　　　　宴会 yànhuì / 会计 kuàijì

假：jiǎ / jià　　　　　假定 jiǎdìng / 假日 jiàrì

间：jiān / jiàn　　　　房间 fángjiān / 间隔 jiàngé

降：jiàng / xiáng　　降低 jiàngdī / 投降 tóuxiáng

教：jiāo / jiào　　　教 历史 jiāo lìshǐ / 教室 jiàoshì 教师 jiàoshī

角：jiǎo / jué　　　角度 jiǎodù / 角色 juésè

结：jiē / jié　　　　结实 jiēshi / 结果 jiéguǒ 结婚 jiéhūn

尽：jǐn / jìn　　　　尽管 jǐnguǎn / 尽力 jìnlì

看：kàn / kān　　　看法 kànfǎ / 看护 kānhù

空：kōng / kòng　　天空 tiānkōng / 空白 kòngbái

乐：lè / yuè　　　　快乐 kuàilè / 音乐 yīnyuè

累：lěi / lèi　　　　累计 lěijì / 累死 lèisǐ

模：mó / mú　　　模型 móxíng / 模样 múyàng

难：nán / nàn　　　难 写 nán xiě / 灾难 zāinàn

强：qiáng / qiǎng　强度 qiángdù / 勉强 miǎnqiǎng

散：sǎn / sàn　　　散文 sǎnwén / 散步 sànbù

省：shěng / xǐng　河北省 Héběi shěng 省略 shěngluè / 反省 fǎnxǐng

数：shǔ / shù　　　数 钱 shǔ qián / 数字 shùzì

相：xiāng / xiàng　互相 hùxiāng / 照相 zhàoxiàng 首相 shǒuxiàng

兴：xīng / xìng　　兴奋 xīngfèn / 高兴 gāoxìng

为：wéi / wèi　　　以为 yǐwéi / 为了 wèile

要：yāo / yào　　　要求 yāoqiú / 需要 xūyào

着：zháo / zhuó / zhe　着急 zháojí / 找着 zhǎozháo / 着陆 zhuólù /
　　　　　　　　　　　开着 kāizhe

中：zhōng / zhòng　中餐 zhōngcān 中央 zhōngyāng / 中毒 zhòngdú

种：zhǒng / zhòng　各种 gèzhǒng / 种 树 zhòng shù

转：zhuǎn / zhuàn　向 左 转 xiàng zuǒ zhuǎn / 轮子 转 lúnzi zhuàn

行政区の基礎データ（2018 年）

行政区名（略称）	省都（省会：shěnghuì）	面積（万㎢）	人口（万人）
○東北地区			
黑龙江省（黑）Hēilóngjiāng	哈尔滨 Hā'ěrbīn	45.4	3773
吉林省（吉）Jílín	长春 Chángchūn	18.7	2704
辽宁省（辽）Liáoníng	沈阳 Shěnyáng	14.6	4359
○華北地区			
北京市（京）Běijīng		1.7	2154
天津市（津）Tiānjīn		1.1	1560
河北省（冀 Jì）Héběi	石家莊 Shíjiāzhuāng	18.8	7556
山西省（晋 Jìn）Shānxī	太原 Tàiyuán	15.6	3718
内蒙古自治区（内蒙古）Nèiměnggǔ	呼和浩特 Hūhéhàotè	118.3	2534
○華東地区			
上海市（沪 Hù）Shànghǎi		0.6	2418
山东省（鲁 Lǔ）Shāndōng	济南 Jǐnán	15.4	10047
江苏省（苏 Sū）Jiāngsū	南京 Nánjīng	10.3	8051
安徽省（皖 Wǎn）Ānhuī	合肥 Héféi	13.9	6324
浙江省（浙）Zhèjiāng	杭州 Hángzhōu	10.2	5737
江西省（赣 Gàn）Jiāngxī	南昌 Nánchāng	16.7	4648
福建省（闽 Mǐn）Fújiàn	福州 Fúzhōu	12.1	3941
○中南地区			
河南省（豫 Yù）Hénán	郑州 Zhèngzhōu	16.7	9605
湖北省（鄂 È）Húběi	武汉 Wǔhàn	18.6	5917
湖南省（湘 Xiāng）Húnán	长沙 Chángshā	21.0	6899
广东省（粤 Yuè）Guǎngdōng	广州 Guǎngzhōu	18.0	11169
海南省（琼 Qióng）Hǎinán	海口 Hǎikǒu	3.4	934
广西壮族自治区（桂 Guì）Guǎngxī Zhuàngzú	南宁 Nánníng	23.6	4926

〇西北地区

陕西省（陕 / 秦 Qín）Shǎnxī	西安 Xī'ān	20.6	3835
甘肃省（甘 / 陇 Lǒng）Gānsù	兰州 Lánzhōu	45.4	2637
青海省（青）Qīnghǎi	西宁 Xīníng	72.1	603
宁夏回族自治区（宁） Níngxià huízú	银川 Yínchuān	6.6	688
新疆维吾尔自治区（新） Xīnjiāng Wéiwú'ěr	乌鲁木齐 Wūlǔmùqí	166.0	2487

〇西南地区

重庆市（渝 Yú）Chóngqìng		8.2	3102
贵州省（黔 Qián / 贵 Guì） Guìzhōu	贵州 Guìzhōu	17.6	3600
四川省（川 / 蜀 Shǔ）Sìchuān	成都 Chéngdū	48.5	8341
云南省（滇 Diān / 云）Yúnnán	昆明 Kūnmíng	39.4	4830
西藏自治区（藏） Xīzàng Zìzhìqū	拉萨 Lāsà	122.8	344

〇特别行政区

澳门特别行政区（澳）Àomén		0.01	64
香港特别行政区（港）Xiānggǎng		0.1	748

※略称は車のナンバーなどに使われます。
※省会の～市は省略してあります。
※市 shì　省 shěng　自治区 zìzhìqū　特别行政区 tèbié xíngzhèngqū
リソース：中国国家統計局 http://www.stats.gov.cn

参考文献リスト

《中国語学》

日本中国語学会 (2022)『中国語学辞典』岩波書店，東京.

相原茂・荒川清秀・大川完三郎主編 (2004)『東方中国語辞典』東方書店，東京.

相原茂・石田知子・戸沼市子 (2016)『Why? にこたえるはじめての中国語の文法書』同学社，東京.

荒川清秀 (2003)『一歩すすんだ中国語文法』大修館書店，東京.

王亜新 (2010)『中国語の構文』アルク，東京.

朱春躍 (2012)「中国語発音教育の問題点——音声研究成果の教育への応用」,『中国語教育』10, pp. 10-24.

杉村博文 (1994)『中国語文法教室』大修館書店，東京.

橋本永貢子 (2014)『中国語量詞の機能と意味』白帝社，東京.

橋本陽介 (2022)『中国語はどのような言語か』東方書店，東京.

牧秀樹 (2018)『The Minimal English Test (最小英語テスト) 研究』開拓社，東京.

牧秀樹 (2022)『それでも言語学——ヒトの言葉の意外な約束』開拓社，東京.

丸尾誠・李軼倫 (2022)『これならわかる中国語文法』NHK 出版，東京.

三宅登之 (2012)『中級中国語文法　読み解く文法』白水社，東京.

守屋宏則・李軼倫 (2019)『やさしくくわしい中国語文法の基礎　改訂新版』東方書店，東京.

山下輝彦 (2016)『中国語の入門　最新版』白水社，東京.

李禄興 (楊達監修)『新 HSK2 級必ずでる単スピードマスター』J リサーチ，東京.

林松濤 (2017)『つたわる中国語文法』東方書店，東京.

李億民 (1995)《现代汉语常用词用法词典》北京語言大学出版社，北京.

刘月华 (2019)《实用现代汉语语法　第三版》商务印书馆，北京.

中国社会科学院语言研究所词典编辑室 (2016)『现代汉语词典』商务印书馆，北京.

《コラム》

天児慧 (1999)『岩波現代中国事典』岩波書店，東京.

石川忠久 (2005)『漢詩への招待』文藝春秋，東京.

上原麻子 (2009)「日中高等教育機関に学ぶ中国人学生の友情観」, 広島大学『大学論集』40.

桓寛 (佐藤武敏訳 1970)『塩鉄論——漢代の経済論争』平凡社，東京.

鹿島茂 (2017)『エマニュエル・トッドで読み解く世界史の深層』ベストセラーズ，東京.

近藤泉 (2008)「中国人の恋愛意識：恋愛に対する意識の日中比較」,『名古屋学院大学研究年報』21, pp. 9-32.

沙銀華・片山ゆき (2009)『中国保険用語辞典』保険毎日出版社，東京.

武吉次朗 (2007)『日中中日翻訳必携』日本僑報社，東京.

張愛玲 (藤井省三訳 2018)『傾城の恋 / 封鎖』光文社．東京.

殿木圭一 (1942)『上海』岩波書店，東京.

中島楽章 (2009)『徽州商人と明清中国』山川出版社，東京.

中出哲 (2012)「わが国の海上保険の現状と課題と進むべき方向性」,『海事研究』61 pp. 3-12.

仁井田陞 (2006)『中国法制史 増訂版』岩波書店，東京.

はちこ (2019)『中華オタク用語辞典』文学通信，東京.

林幸秀 (2020)『中国における科学技術の歴史的変遷』ライフサイエンス振興財団，東京.

藤田拓之（2010）「「国際都市」上海における日本居留民の位置」，『立命館言語文化研究』21-4，pp. 121-134.

府中明子（2018）「現代中国女性の恋愛観と結婚観：杭州における大学院生のインタビューから」，『千葉大学大学院人文公共学府研究プロジェクト報告書』332，pp. 23-42.

松島倫明・編（2022年）『WIRED』43，コンデナスト・ジャパン，東京.

山岸俊男（2009）『ネット評判社会』NTTライブラリー，東京.

山本史郎（2020）『翻訳の授業』朝日新書，東京.

吉川幸次郎（1958）『中国人の知恵』新潮社，東京.

魯迅（竹内好訳 1970）『魯迅集』，『世界文学全集』54，筑摩書房，東京.

ロバート・テンプル（牛田輝代訳 1992）『中国の科学と文明』河出書房，東京.

《ネットワークリソース》

観光庁 https://www.mlit.go.jp

日本絹人繊維物工業会 http://www.kinujinsen.com

日本経済新聞 https://www.nikkei.com

国立研究開発法人新エネルギー・産業技術総合開発機構 https://www.nedo.go.jp

東方新報 https://www.afpbb.com （国際ニュース・日本語）

農林水産省 https://www.maff.go.jp

『美的』https://www.biteki.com

Science Portal China（日本語）https://spc.jst.go.jp

北京智研科信咨询有限公司 https://www.chyxx.com

蜂鸟即配 https://fengniao.ele.me

国家体育总局 https://www.sport.gov.cn

国家统计局 http://www.stats.gov.cn

教育部教育技术与资源发展中心 https://www.zxx.edu.cn

联合国经济和社会事务部 https://sdgs.un.org/zh/goals

全国人民代表大会 http://www.npc.gov.cn

上海博物馆 https://www.shanghaimuseum.net

上海地铁 http://www.shmetro.com

上海市发展和改革委员会 https://fgw.sh.gov.cn

中国互联网信息中心 https://www.cnnic.net.cn

中国会展经济研究会 https://www.cces2006.org

中国金融新闻网 https://www.financialnews.com.cn

中国汽车工业协会 http://www.caam.org.cn.

FOURIN（自動車産業専門調査会社）http://www.fourin.jp

IMF https://www.imf.org/en/Data

Jeff Desjardins, 35 Chinese Cities With Economies as Big as Countries, https://www.visualcapitalist.com

UNESCO World Heritage Convension https://whc.unesco.org

《現代中国語データベース》

愛知大学「中国語語彙データベース」https://hcs.aichi-u.ac.jp
北京大学中国语言学研究中心「CCL 语料库检索系统」http://ccl.pku.edu.cn:8080/ccl_corpus
中華民國教育部「重編國語辭典修訂本」https://dict.revised.moe.edu.tw/index.jsp

《古典籍データベース》

漢籍リポジトリ https://www.kanripo.org
早稲田大学「古典籍総合データベース」https://www.wul.waseda.ac.jp/kotenseki
中華民國中央研究院「漢籍電子文獻資料庫」http://hanchi.ihp.sinica.edu.tw
Chinese Text Project   https://ctext.org

《中国書書店》

亜東書店 https://www.ato-shoten.co.jp
内山書店 http://uchiyama-shoten.co.jp
中国書店 https://www.cbshop.net
東方書店 https://www.toho-shoten.co.jp
書虫 https://www.frelax.com/sc/

オリジナル単語帳

簡体字	ピンイン	意味

簡体字	ピンイン	意味

オリジナル単語帳

簡体字	ピンイン	意味

簡体字	ピンイン	意味

著者紹介

牧 秀樹（まき ひでき）
岐阜大学地域科学部シニア教授。博士（言語学）。主な著書：『誰でも言語学』（2019 年，開拓社），『これでも言語学 ——中国の中の「日本語」——』（2021 年，開拓社），『それでも言語学 ——ヒトの言葉の意外な約束——』，『最小中国語テスト（MCT）ドリル』（以上，2022 年，開拓社）。

齊藤 正高（さいとう まさたか）
岐阜大学・愛知大学非常勤講師。博士（中国研究）。主な著書・論文：「『物理小識』の脳と心」（2009 年，『日本中国学会報』61），「最小中国語テストオンライン版：初期研究」（牧秀樹氏との共著，2021 年，『岐阜大学地域科学部研究報告』48），『円 劉慈欣短篇集』（大森望氏・泊功氏との共訳，2021 年，早川書房）。

王 港雲　　岐阜大学 大学院 地域科学研究科（日本語教育）
董 珺儀　　岐阜大学 大学院 地域科学研究科（英語教育）
馬 佳奇　　浙江工業大学 之江学院 機械工学部卒業（車両工学）日本留学（～ 2022）。
田中 麻美　「小美の中国お仕事コラム」担当。繊維関連企業で上海駐在員の経験あり。

MCT 中国語実践会話
——学びなおしとステップアップ 上海出張・日本紹介——
ISBN978-4-7589-2314-9　C0087

著作者	牧　秀樹	齊藤正高	王　港雲		
	董　珺儀	馬　佳奇	田中麻美		
発行者	武村哲司				
印刷所	日之出印刷株式会社				

2023 年 3 月 13 日　第 1 版第 1 刷発行 ©

発行所　　株式会社　開 拓 社

〒112-0013 東京都文京区音羽 1-22-16
電話　（03）5395-7101（代表）
振替　00160-8-39587
http://www.kaitakusha.co.jp